Legal Aid and Public Interest Lawyering in Asia

アジアの法律扶助

公益的弁護士活動と
臨床的法学教育と共に

財団法人法律扶助協会[編]

宮澤節生[監修]

現代人文社

アジアの法律扶助 公益的弁護士活動と臨床的法学教育と共に **もくじ**

序文 001
本書の背景と構成
宮澤節生

総論：グローバリゼーションと公益的弁護士活動

グローバリゼーションと公益的弁護士活動 023
法における新しいチャンス
ルイーズ・G・トゥルーベック、エドワード・ベイカー

司法改革：韓国の新しい政治環境下の課題 043
尹 大奎

グローバリゼーション下の紛争処理における文化衝突 053
法律扶助のための国際協力
佐藤安信

法律扶助制度の展開と課題

中国における法律扶助　067
宮 曉氷

韓国の法律扶助制度　079
金 貞善

フィリピン法律扶助制度：課題に立ち向かう　095
ジェファーソンR.プランティリア

ヴィエトナムにおける法律扶助　121
ドー・イー・タイン

タイにおける法律扶助　133
ティプチャノック・ラタノソス

カンボジアにおける法律扶助　155
ソク・サム・ウン

アメリカにおける低所得者のための民事法律扶助に関する小史　175
マーサ・バーグマーク

敵方をも弁護する　193
アメリカの公設弁護人による貧困者のための刑事弁護活動
ニコラス・L・チャーカス

民事法律扶助法の制定と残された課題　205
大石哲夫

コーズ・ローヤリングとしての公益的弁護士活動

公益的弁護士活動：韓国の経験　　225
尹 大奎

中国の社会正義問題および弁護士の公益活動　　237
季 衛東

臨床的法学教育による公益的活動

コミュニティへのサービスと法学トレーニングを結びつける　257
臨床的法学教育
ニナ・カミック

タマサート大学の臨床教育と法サービスの配備　　267
歴史的・個人的観点から
マリー・プルエクオングサワィー

中国における大学法律相談所プログラム　　289
古 静

序　文
本書の背景と構成

早稲田大学法学部教授　宮澤節生

本稿の目的

　本稿の目的は、本書の背景と構成を説明することにある。私自身は、本稿の付録1・2に記載されているように、本書の背景となっている国際シンポジウムの共同オーガナイザーの一人にすぎず、本シンポジウムの企画・実行は、もう一人の共同オーガナイザーであるウィスコンシン大学ロースクールのルイーズ・G・トゥルーベック（Louise G. Trubek）教授をはじめとする多くの人々との協議によって行なわれたものである。以下の議論は、私自身の理論的・実践的関心に基づくものであって、国際交流基金日米センター（Japan Foundation Center for Global Partnership）と法律扶助協会をはじめとする共催団体や他の報告者達の理解とは、必ずしも一致しない点があるかもしれない。本稿にそのような偏りがあることは認めざるを得ないが、私としては、少なくとも「一つの読み方」を示すことによって、読者自身が以下の諸報告の相対的位置づけを行なう一助になることを期待したいと思う。

本書の背景
内発的改革者の国際的ネットワーキング

　本書は、1999年12月17日・18日に東京で、同19日に神戸で、連続して開催された国際シンポジウム「東アジア・東南アジアにおける法律扶助と公益的弁護士活動（Legal Aid and Public Interest Lawyering in East and South-East Asian Countries）」（以下、本シンポジウム）について、東京での報告から日本関係以外のものを抽出し、翻訳し、配列し直したものである。両シンポジウムのプログラムは、本稿の付録1・付録2として添付してある(*1)。日本関係では大石哲夫法律扶助協会本部事務局長による論稿があるが、これは、民事法律扶助法の成立（2000年4月21日）・施行（10月1日）を踏まえて新たに書き下ろ

したものであって、本シンポジウムでの報告ではない。

　本シンポジウム自体の背景にあるのは、1998年7月21日〜23日にタイのタマサート大学で行なわれた国際シンポジウム「東アジア・東南アジアにおける十分に代理されていない集団のための法的サービスの提供：対話のためのフォーラムの創造（Providing Legal Services for Underrepresented Groups in East and Southeast Asia: Creating A Forum for Dialogue)」である。同シンポは、トゥルーベック教授のイニシアチブにより、ウィスコンシン大学東アジア法研究センター（University of Wisconsin East Asian Legal Studies Center）と国際交流基金日米センターの資金提供により行なわれたものである。

　本書の佐藤報告(*2)が指摘するように、1960年代のアメリカでは、理想主義的な法学者達が、貧困と経済発展の停滞にあえぐ発展途上国、特に南米における司法制度改革・法学教育改革をめざして「法と開発」(Law and Development)と呼ばれる運動を展開した(*3)。その運動は、主として対象地域における強固な権威主義的政治体制の抵抗に直面して失敗するのであるが、運動側に対しても、対象地域の内在的諸条件を軽視してアメリカのモデルを性急に導入しようとした自国中心主義が厳しく批判され、多くの運動メンバーもそのような自己批判を行なった。

　ところが近年、旧東欧諸国やアジア諸国において、司法制度改革・法学教育改革をめざす運動が、地元改革者の内発的イニシアチブによって急速に高まってきた。それらが共通に志向するものは、法を政府による統治の手段としての地位から解放して、政府をも法的責任を問われる存在とする「法の支配」を導入あるいは強化することであり、「正義への平等なアクセス」を追求することである。現在我が国で議論が闘わされている司法制度改革・法学教育改革も、巨視的にはそのような国際的潮流の中に位置づけることができる。

　そこで、かつて「法と発展」運動に参加した法学者達や、新たに社会変革的な法運動に関心を持った若い世代の法学者達が、再び世界各国における司法制度改革と法学教育改革に強い関心を示し、積極的に関与するようになってきた。アジアに対するトゥルーベック教授の関心も、そのような文脈に位置づけられるものであって、1998年のタマサート大シンポは、その具体的成果の一つであった。

　「法と発展」運動への自己批判を経た現在、アメリカの経験は、他の諸国の

改革者達に対して必ずしも肯定的モデルとして提示されるわけではない。本書のトゥルーベック論文もそうであるように、高度に発達した司法制度や巨大な弁護士人口が必ずしも「正義への平等なアクセス」を実現するものではなく、人種・民族、社会階層、性別等による不平等性が存在し続けており、資本主義社会における司法と弁護士の根本的限界として企業活動分野における法務サービスの供給が優先され、支配的イデオロギーの変化によって「正義への平等なアクセス」に対する公的支援が断たれるおそれすら存在するということである（トゥルーベック報告・バーグマーク報告）。したがって、むしろ、アメリカの経験は、非西欧世界の内発的改革者達が予期あるいは回避すべき諸問題を教える実例として参照されることが期待されているといえよう。

他方で、しかし、アジア諸国で支配的地位にある者の多くが「アジア的価値」なるもの(*4)を強調しているように、また日本でも、特に最高裁や保守派財界人・政治家・弁護士等が日本固有の法文化を持ち出して司法制度改革を最小限にとどめようと努力しているように(*5)、ステレオタイプ化されて主張される各国の特殊事情を安易に認めてしまうならば、既存体制と既得権益を擁護しようとする者達の思う壺にしかならないであろう。したがって、各国の現状に対する内在的批判が先行し、そこから浮かび上がってきた諸問題に対処する方策を検討する上で、すでに他の国々に存在する制度のメリット・デメリットが検討されるのは、実験が困難な社会制度の変革を志す者たちに許容されるべき理論的・実践的営みであるといえよう。そのような内発的改革者達の闘争は、アメリカ的価値の普遍化にすぎない新たな帝国主義の尖兵であるかのように非難すべきものではなく(*6)、現状打破をめざす切実な努力として評価すべきものである。トゥルーベック教授のような西欧圏からの参加者は、内発的改革者達のニーズに応答して資源と知識を提供しようとしているにすぎない。

このような視点から特に注目すべきものは、超国家的な（transnational）規範としての国際人権概念のインパクトである。これは、アメリカを含む西欧諸国をも批判的評価の対象となし得る点で、まさに普遍的意義を持つものであるが、それが「法の支配」が相対的に低レベルにとどまっている国々において特に社会変革的インパクトを持ち得るものであることは、否定し得ないであろう。しかも、普遍的規範を共有することによって、各国の内発的改革者達は国境を越えた連帯を形成し、相互に支援を行なうことができるのであって、現

に、「国際人権文化（the international human rights culture）」とでも呼ぶべきものが形成されつつあることが報告されている(*7)。そして、その焦点の一つが、法律扶助（legal aid）の拡大・改善にほかならない。

このように考えれば、トゥルーベック教授がタマサート大学法学部の協力を得て、東アジアと東南アジアの改革者達に連帯の場を提供しようとしたのは、高く評価すべきものである。タマサート大シンポでは、タイとアメリカのほか、中国、韓国、ヴィエトナム、カンボジア等に関する報告があり、日本からも一木剛太郎弁護士と大石氏が共同報告を行なったほか、私も報告を行なった(*8)。日米以外で開催された国際会議であるにもかかわらず資金を提供した国際交流基金日米センターの協力は、特記すべきものである。

タマサート大シンポの最終日に問題となったのが、せっかく生まれた国際的協力の芽をいかにして育てるかということであった。その結果、日本での継続開催を検討することになったのである。

日本側では、民事法律扶助法の制定を目前に控えて法律扶助への関心を高めたいという実践的期待があったことは明らかである。しかし、それ以上に、日本が国際的ネットワーキングの機会を提供したことの意義は大きいといえよう。その成果はすでに現われていて、2000年9月20日～24日には、法律扶助協会の元事務局長である岩瀬外嗣雄氏が中国司法部に招聘され、重慶で開催された法律扶助ワークショップで講師を務めている(*9)。

後述するように、日本の現状は、今回の立法に伴う機構改革と国庫補助の大幅増額にもかかわらず、他のアジア諸国との比較においてすら、決して傑出したものとは言い難い。しかし、このようなネットワーキングのハブとして機能するための資源自体には、他の国々に比べて恵まれているはずである。日本側は、今後も、より多くの国々の改革者達に交流の場を提供すると共に、自己の法律扶助制度と公益的弁護士活動の拡大と強化のための世論形成の場とする努力を継続すべきであろう。

本シンポジウムの最大の支援者は、再び国際交流基金日米センターであった。同センターは、資金援助だけではなく、会場とスタッフをも提供することによって、決定的に重要な役割を果たした。このことについて、同センターに謝すると共に、高橋力丸氏をはじめとするスタッフの協力を特記したい。

日米センターに次いで大きな資金援助を行なったのは、法律扶助協会、日本

弁護士連合会、および神戸大学（創立90周年記念事業奨学寄付金）である。法律扶助協会と日本弁護士連合会からは、スタッフが準備と実施にも参加した。

神戸大学の資金は神戸シンポジウムにのみ使用したが、準備と実行にあたっては、法社会学大講座の同僚、助手、大学院生等の協力を得た。なかでも、石塚雅子助手（当時）の協力を特記したいと思う。また、神戸シンポジウムについては、兵庫県弁護士会と法律扶助協会兵庫県支部からも支援を受けることができた。

最後に、本書自体の作成にあたって、佐藤安信教授と季衛東教授に監訳者の役割を分担していただいた。心から感謝したい。私を含めた3名の間で訳語の不一致があるとすれば、全体の監修者である私が責任を負うべきものである。

公益的弁護士活動の諸類型

本書は、公益的弁護士活動を取り巻く政治的環境を論ずる総論と、公益的弁護士活動の二つの類型と公益的弁護士活動を促進するための法学教育の役割とを論ずる各論とによって構成される。ここで、公益的弁護士活動をめぐるいくつかの概念を整理しておきたい。

はじめに、最も一般的な概念として、英語でpublic interest lawあるいはpublic interest lawyeringと表記される概念がある。これを私は、公益的弁護士活動と翻訳しているのであるが、その意味は、弁護士が法的サービスを提供している当該依頼者の個別的利益の救済にとどまらず、より広範囲な人々に対してその成功がもたらすインパクトを期待して弁護士の法的サービスが提供される場合のすべてである。

続いて、公益的弁護士活動がめざす公益の性質によって、法律扶助(legal aid)とコーズ・ローヤリング（cause lawyering）を区別することができる。

これらのうち、法律扶助の概念は、基本的に、経済的地位の違いによる司法アクセスの不平等性に対処しようとする公益的弁護士活動を意味するものである。少なくとも建前として「法の下の平等」という理想を掲げる政治体制においては、司法アクセスの極端な不平等性は体制の正統性に対する批判を生み出す危険性がある。そこで、そのような国々では、貧困者に対する法律扶助が国家政策として考慮されることになる。興味深いことに、同じ必要性は、急速な経済改革が貧富の差を生み出しつつある中国においてむしろ切実に感じられて

おり、法律扶助の制度化が国家的課題とされている（季報告・宮報告）。

　他方で、法律事務の独占を多かれ少なかれ認められている弁護士達も、「法の下の平等」に極端に反する事態が生ずれば、自己の独占的地位の正統性に対する批判を招くという危険性を抱えている。したがって、彼らもまた、貧困者に対する法律扶助を提供するインセンティブを有する。それは、主観的には慈善（charity）と認識されて開始されるかもしれないし、国家の財政負担なしで弁護士側の自己負担によって開始されるかもしれない。しかし、そのような活動が必要とされる構造的背景は、プロフェッションとしての地位それ自体にあるのである。そのため、国家がそれ自体の必要性に基づいて財政負担を行なうことは、自己の負担を軽減しつつ正統性の危機を縮減する方法として、多くの場合、弁護士によって歓迎されるであろう。

　ちなみに、アメリカで legal services という表現が使われることがある。これは、法的サービス一般を意味する legal service と区別して、貧困者、少数民族、障害者等を含めた、司法過程において「十分に代理されていない人々（the underrepresented）」に対して法的サービスを提供する場合を意味している。その意味で、法律扶助の一形態に位置づけてよいものである。

　さらに、貧困な被疑者・被告人に対する法的サービスの提供もまた、刑事手続における法律扶助に位置づけることができるのであって、civil legal aid に対比して criminal legal aid という表現が使われる。公設弁護人（public defender）は、それをフルタイムの専門家が行なう形態である（チャーカス報告）。

　以上のように、法律扶助という概念で語られるときには、貧困者その他の「十分に代理されていない人々」が法的サービスの対象とはなっていても、貧困その他の格差の是正自体に対する寄与は、間接的・抽象的なものにとどまっている。直接的な目的は当該依頼者の権利実現に置かれていて、弁護士活動は、訴訟あるいは訴訟に発展し得る交渉等を中心とする伝統的形態を取ることが一般的となる。

　これに対して、貧困自体の解消や、少数民族、障害者、高齢者、女性等に対する差別的政策あるいは社会構造の変革が、弁護士活動の目的とされる場合がある。この場合は、紛争あるいは訴訟を具体的に担っている依頼者は貧困者あるいは被差別者の代表にすぎないのであって、弁護士活動の戦術・戦略も、当該依頼者の権利実現という直接的目的よりは、より大きな運動目標との関係に

よって選択される可能性が高まる。このタイプの公益的弁護士活動を、コーズ・ローヤリングと呼ぶ。つまり、主義・主張という意味でのコーズ（cause）を追求する公益的弁護士活動である(*10)。法律扶助が、主として貧困者を対象として基本的に無償であるのに対して、コーズ・ローヤリングは有償の場合もあり得る。しかし、「十分に代理されていない人々」に共感を抱く価値観に基づく場合には、事実上無償あるいは低廉な報酬による場合が多くなるであろう。

　コーズ・ローヤリングにおいては、仮に訴訟を行なっていても、その重要性は全体的な運動目標との関係において相対化され、訴訟外の活動を組み合わせた総合的な運動戦略の一環として位置づけられることが多くなる。そのため、たとえば貧困者のための活動であれば、単に生活保護等の打ち切りや借家からの立ち退き命令に対する行政手続・訴訟手続を取るだけではなく、貧困な地域の再開発をめざす政策提言を行なったり、貧困者を対象とする金融機関の設立を図ったりするのである。また、弁護士だけではなく、ソーシャルワーカー等、弁護士以外の専門家との共同作業が行なわれることが多くなるし、地域住民自体の教育を行なって住民の問題解決能力を高めること（empowerment）も重要な活動内容となるであろう。このような弁護士活動は、反抗的弁護士活動（rebellious lawyering）(*11)、政治的弁護士活動（political lawyering）(*12)、批判的弁護士（critical lawyer）(*13)等と呼ばれて、訴訟中心の正統的弁護士像に対する代替的弁護士像を提起することにもなっている。

　もちろん、法律扶助とコーズ・ローヤリングの境界は、明確に識別できないことが多いであろう。貧困者のための法律扶助に従事する弁護士は、多かれ少なかれ貧困の解消という理想を抱いていることが多いと思われるし、場合によっては制度や法律それ自体にチャレンジする活動に取り組むこともあり得るからである。

　しかし、概念としては両者を区別することに意味がある。なぜならば、コーズ・ローヤリングは弁護士自身の価値観に基づいて依頼者や事件を選択するものであるから、法律扶助のように、一律の基準によって公的支援を提供する制度になりにくいからである。その意味で、コーズ・ローヤリングの存在は、法律扶助整備の必要性を否定するものではない。

　他方、両者が両立し難いものとしてとらえられる可能性にも注意する必要が

ある。アメリカにおける法律扶助の発展は、1960年代に始まった連邦政府資金の提供によるところが大きいのであるが、それは、フルタイムで公益的弁護士活動に従事する機会を作り出し、それによって法律扶助機関に就職した活動家弁護士達は、法律扶助をコーズ・ローヤリングの機会として活用するようになった。レーガン大統領以来の共和党による、法律扶助予算の削減・削除をめざす執拗な運動は、それ自体「法の下の平等」という理念自体を否定するものとして批判に値するとはいえ、活動家弁護士側の行動に対する反動としての性質を持つことも否定し得ないであろう（バーグマーク報告）。したがって、国家依存ではない法律扶助制度もまた必要なのであって、現にアメリカでは、連邦資金を拒否して他の財源を開拓する法律扶助機関が現われている（バーグマーク報告）。それに対して、コーズ・ローヤリングは、法律扶助全体を補完する機能を果し得るのである。

　ちなみに、アメリカでは、保守化を続ける連邦最高裁の下で勝訴の機会が激減しつつあることから、公益的活動に従事する弁護士達の「燃え尽き」現象が指摘されており、公益的活動からの撤退が問題とされている。上記の代替的弁護士像は、この問題に対処する視点の転換ということもできる。これに対して、もともと敵対的な裁判所を相手としてきた日本の公益的弁護士活動では、訴訟への期待はアメリカほど高くはないのであって、訴訟外の活動をも同時に展開することに、アメリカの弁護士ほど抵抗はないように思われる(*14)。ただし、裁判所が、当事者と弁護士がやむを得ず取っている和解志向的な行動を逆用して和解を強制し、法準則の確立・発展という本来の機能を放棄することがあるとすれば、それ自体が抱える問題性も指摘すべきである。

　最後に、プロボノ（pro bono）概念の使用法に注意する必要がある。これは、無償の法務サービスを示す概念であって、法律扶助の場合もあれば、コーズ・ローヤリングの場合もあり得る。しかし、いずれにしても具体的な依頼者のためのサービスを意味するのが通常であって、日本の弁護士会の委員会活動のようなものは含まないのが、一般的な用法である。また、日本の法律扶助制度も国選弁護活動も、低廉とはいえ弁護士にとっては有償であり、弁護士自身に報酬が帰属するから、厳密にはプロボノ概念にあたらないであろう。

　以上が、本書全体を読む上で注意すべき概念整理である。もちろん、報告によっては、これらの概念定義に一致しない用語法が取られていることがあり得

る。しかし、その場合にも、以上のような概念整理を念頭に置いて当該報告が何を議論しているのか理解すれば、報告間の実質的異同をより明晰に知ることができるであろう。

本書の構成

以下の本文では、まず総論で、公益的弁護士活動をめぐる政治的・社会的環境を取り上げる。アメリカの状況とグローバリゼーションのインパクトを包括的に論ずる報告（トゥルーベック報告）、韓国の司法改革状況と法曹界の腐敗に関する報告（尹報告）、それに、アメリカ基準の押しつけではない、各国固有の条件と調和しつつも異文化にまたがって適用可能な、真のグローバル・スタンダードの必要性を唱える報告（佐藤報告）の、3本である。

それに続く各論の第1部では、法律扶助について、中国（宮報告）、韓国（金報告）、フィリピン（プランティリア報告）(*15)、ヴィエトナム（タイン報告）、タイ（ラタノソス報告）、カンボジア（ウン報告）、アメリカ（民事についてバーグマーク報告、刑事についてチャーカス報告）、日本（大石報告）に関する報告を収める。これが本書の中心的内容である。刑事に集中した報告が1本しかないのは残念である。しかし、その反面、民事法律扶助のあり方については、極めて包括的な検討を可能にする報告が揃っているといえよう。

特に、スタッフ弁護士によって急速に法律扶助を発展させてきた韓国の状況は、経済力の差を考慮すれば、日本の現状は決してアジアにおいても傑出した存在ではないことを示している。また、金報告は、スタッフ制による質の向上というメリットを示すと同時に、民事法律扶助が償還制である点で日本の制度と同様の問題を抱えていること、行政事件が排除されていること、検察庁に所属することで独立性への信頼を勝ち得ていないこと、起訴前弁護が提供されていないこと(*16)等を率直に述べており、日本での将来の制度改革において考慮すべき問題点を明示している。

これに対して、コーズ・ローヤリングに集中した報告は、実は韓国に関する報告（尹報告）のみである。中国に関する報告（季報告）は、部分的にコーズ・ローヤリングに該当する活動に触れているという意味で、ここに分類したものである。韓国に、ごく少数とはいえフルタイムでコーズ・ローヤリングに従事する弁護士がいるという事実（「参与連帯」と呼ばれる組織）や、中国にクラ

ス・アクションが存在するという事実（「集団訴訟の代表者訴訟」と呼ばれる）は、多くの読者にとってはおそらく意外な知見であり、ステレオタイプ的な見方が妥当しないことを示している。さらに、両国の代表的法社会学者によるこれらの報告は、フルタイム弁護士を増員する基金が不十分であることや、パートタイムのプロボノ弁護士が提供するサービスの質の問題を指摘し（尹報告）、あるいは、自由職業に転換したはずの弁護士に法律扶助の義務を負わせながら国家の財政力がそれを支えるには乏しく、しかも、財政力が乏しい地方ほど法律扶助の需要が大きいという問題を指摘するなど、制度の単なる記述を超えた分析を提示している。なお、フィリピンについて報告されている代替的弁護士活動（プランティリア報告）は、ほぼコーズ・ローヤリング概念に該当するものであることを注意しておきたい。

　最後に、本書は、弁護士になろうとする者に公益的弁護士活動への関心を得る機会を与える場であると同時に、それ自体が公益的弁護士活動を展開する機関でもあるという意味で、大学における臨床的法学教育あるいはコミュニティ・サービスを取り上げる。最も発達しているアメリカに関する報告（カミック報告）、軍政との対立の中で問題意識を培われ、現在は政府資金を受けて法律扶助と臨床教育の両方を行なっているタマサート大学に関する報告（プルエクオングサワィー報告）、およびフォード財団の支援によって数年前に立ち上げられた北京大学と武漢大学のセンターに関するもの（古報告）である。また、この点については、アメリカと同様に最高裁規則によって学生が実際の事件を担当し得るというフィリピンの状況（プランティリア報告）も参照すべきである。日本の司法制度改革審議会は、去る2000年11月21日の中間報告において法科大学院構想を打ち出していながら、この点については及び腰である(*17)。プロフェッショナル・スクールとして必要な教育カリキュラムという点ではもちろんであるが、法曹に必要な公益的関心を育成し、同時にコミュニティに貢献するという意味で、実際のサービス提供を含む臨床的法学教育は不可欠であるから、最終報告ではぜひ明記すべきである(*18)。

　本書に収録された諸報告から、日本における公益的弁護士活動と法学教育の将来像について、どのような問題提起を読み取るかは、読者に委ねられたことである。しかし、各国の改革者達が、各自が置かれた歴史的条件の下でいかにして「正義への平等なアクセス」という理想に近づこうと努力しているかを知

ること自体、日本での改革努力を激励してくれるはずである。経済力においてはるかに優位にある日本が、他のアジア諸国の内発的改革者達によって参照されるような制度改革を実現し得ないはずはないのである(*19)。

*1——ただし、カンボジアに関する報告は、報告者のビザ取得が間に合わなかったためプログラムには記載されておらず、文書で配布されるにとどまった。

*2——以下、本書所収の報告は著者名で引用する。

*3——Mary McClymont and Stephen Golub (eds.), *Many Roads to Justice*, The Ford Foundation, 2000, pp.56-58 を参照。

*4——さしあたり、青木保・佐伯啓思（編）『「アジア的価値」とは何か』TBSブリタニカ（1998年）と、Joanne R. Bauer and Daniel A. Bell (eds.), *The East Asian Challenge for Human Rights*, Cambridge University Press, 1999 を参照。

*5——最高裁の法文化論について、阿部昌樹「最高裁判所の法文化論『21世紀の司法制度を考える』を考える」月刊司法改革7号（2000年）。

*6——グローバリゼーションを「ポストモダン植民地主義」として批判するものとして、Susan Silbey, " 'Let Them Eat Cake': Globalization, Postmodern Colonialism, and the Possibilities of Justice", *Law & Society Review*, Vol.31, No.2 (1997).

*7——Stephen Ellman, "Cause Lawyering in the Third World", in Austin Sarat and Stuart Scheingold (eds.), *Cause Lawyering*, Oxford University Press (1998), pp.351-361.

*8——他に、中国に関して、季衛東神戸大学教授も参加した。一木・大石両氏の報告 "Current Issues for Legal Aid in Japan - Reform Perspective"、季教授の報告 "Legal Aid in the People's Republic of China"、および私の報告 "Lawyering for the Underrepresented in the Context of Legal, Social, and National Institutions" を含む5本の報告が、Louise G. Trubek and Jeremy Cooper (eds.), *Educating for Justice Around the World*, Ashgate, chapters 2-6 に掲載されている。

*9——「中国法律扶助ワークショップ報告」法律扶助だより70号（2000年）22～23頁。

*10——日本語文献では、短いものであるが、ステュアート・A・シャインゴールド（大塚浩訳・宮澤節生監訳）「アメリカにおける公益的弁護士活動」判例時報1544号（1995年）がある。国際的研究プロジェクトの大きな成果として、前*7のSarat and Scheingoldを参照。

*11——Gerald Lopez, *Rebellious Lawyering*, Westview Press, 1992.

*12——Martha Minow, "Political Lawyering", *Harvard Civil Rights-Civil Liberties Law Review*, Vol.31, No.2, 1996.

*13——Louise Trubek and M. Elizabeth Kransberger, "Critical Lawyers", in Sarat and Scheingold, supra note 7.

*14―拙稿前 *8、p.36、および Robert L. Kidder and Setsuo Miyazawa, "Long-Term Strategies in Japanese Environmental Litigation", *Law & Social Inquiry*, Vol.18, No.4 (1993)を参照。

*15―ちなみに、フィリピンでは、公設弁護人は民事・刑事の双方を担当するものであることと、アメリカと同様に多様な非政府機関が活動しており、代替的弁護士活動の概念が知られていることが興味深い。

*16―刑事弁護も担当している。

*17―月刊司法改革 15 号（2000 年）に全文掲載されている。特に 176 〜 180 頁。

*18―文部省の法科大学院に関する検討会議に参加したメンバーが、このような視点が明晰な提言を行なったものとして、川端和治「法科大学院構想の一試案」月刊司法改革臨時増刊『法科大学院の基本設計』（2000 年）がある。

*19―参考までに、私自身の理解に従って、いくつか具体的な提言を記してみたい。

(1)プロフェッショナル・スクールとしての法科大学院が創設される機会に、公益的弁護士活動への関心を育成し、実際にもコミュニティの法的ニーズに応えるために、実際の依頼者にサービスを提供するクリニックの設置を義務づけるべきである。医学部が必ず付属病院を有することからすれば、不合理な要求ではない。

(2)後述のように、通常の民間法律事務所よりも低い給与で、しかしフルタイムで貧困者・被差別者のために活動することを可能にするため、法科大学院段階から必要な措置を取るべきである。具体的には、在学中は授業料をカバーするに十分な金額のローンを与えるとともに、卒業後実際に公益的弁護士活動に従事した場合にはローン返済を免除するといった、事後的奨学金とでもいうべき制度を導入すべきである。ニューヨーク大学ロースクールにおける例について、第二東京弁護士会法曹養成二弁センター『ニューヨーク・ロースクール調査報告書』（非売品・2000 年）25 〜 26 頁がある。

(3)貧困を基準とする法律扶助は、立替制ではなく給付制にすべきである。ようやく獲得した損害賠償の中から償還を要求することは、特に貧困者に対する救済としては理不尽である。それに、そもそも、日本のような先進国で立替制を取っている国はない。

(4)司法制度改革審議会が設定した新規法曹年間 3,000 人という目標が実際に達成され、しかも全国各地で法科大学院が設置されて法曹養成がなされるようになれば、法律扶助に参加する弁護士数は全国的に飛躍的に増加するであろう。しかし、民間開業弁護士の任意参加のみに依存する民事法律扶助制度では、貧困者や被差別者の権利擁護のために必要とされる専門的能力は十分に蓄積されない。同様に、国選弁護事件も任意参加弁護士のみによって行なわれている限りは、検察官に対抗し得る専門的能力は育たない。

したがって、フルタイムのスタッフ弁護士によって組織され、民事法律扶助事件と国選弁護事件のみを受任する、政府から独立した非営利民間団体としての公益法律事務所の設立を可能にすべきである。その方式は、民法34条による公益法人のように主管官庁側に「公益」定義の権限を与える制度ではなく、特定非営利法人（いわゆる NPO 法人）のように、主管官庁の判断基準が、対象の不特定性や活動の非営利性といった中立的基準にとどまる制度が望ましい。

ちなみに、何が公益であるかを定義する権限を国家に与えることの危険性を考えさせてくれる格好の事例が、アムネスティ・インターナショナル日本支部の法人格取得である。同支部は、特定非営利法人としてではなく、民法34条の公益法人としての地位を獲得した（2000年9月26日）のであるが、問題はその経緯である（以下は、http://www.incl.ne.jp/ktrs/aijapan/2000/09/000905.htm にある同支部のプレス・リリースによる）。

　同支部では、本格的な法人格取得運動を開始した1993年には外務省（国連局人権擁護課）を主務官庁として想定していたのであるが、同省から人権問題の国内的課題は法務省の管轄であるという指摘を受けて法務省とも折衝を続けた結果、95年3月に至って法務省から、「アムネスティ日本支部の……目的・理念は法務省のめざすところと本質的に一致しており矛盾はな」く、「アムネスティ日本支部が外務省を主務官庁とする公益法人となることについて法務省として異論はない」という正式見解を得たというのである。その後も外務省との交渉は続き、超党派のアムネスティ議員連盟による後押しなどもあった結果、ようやく99年12月に至って両省の共管とすることで内諾が得られたということである。

　このように難航したにもかかわらず公益法人としての設立を追求した理由を、同支部のプレス・リリースは、その目的が「目下の日本政府と異なる目的を有する団体の活動」をも公益法人の「公益」として認めさせることにあったからであると説明しており、その目的を達し得たことに今回の法人格取得の最大の意義があると評価している。確かに、同支部の成功は、他の人権擁護団体に希望を与えるものであろう。

　しかし、国連加盟によって日本も受け入れている世界人権宣言を掲げるアムネスティ活動の公益性を否定することは、外務省や法務省といえども困難であったはずである。それにもかかわらず、本格的な法人格取得運動の開始から取得まで7年を要しており、その間、アムネスティ以外に試みた団体があるとは思われないのである。したがって、これは、国家が「公益」の認定権を独占している制度自体の問題性を浮き彫りにした事例であると見ることもできるであろう。

　このように考えれば、対象の不特定性や活動の非営利性という中立的基準による制度のほうが、国家による「公益」判断権の行使を必要としない点において、多様かつ自律的な視点からの「公益」の追求を可能にすると思われる。そのような公益事務所は、特定非営利活動促進法の活動目的に法律扶助を追加するだけでも可能のように思われるが、もしそれが不適切であれば、新たな立法を行なうべきである。

　現在の民事法律扶助法は、全国に単一の民事法律扶助事業を行なう機関しか予定しておらず、その規定との抵触に疑問があるかもしれない。しかし、ここで提唱しているのは法律扶助協会と競合する資金配分機関ではなく、現在の民間法律事務所と競合するサービス提供組織にすぎないから、その点での問題は生じない。

　さらに、このような公益事務所に対する寄付者には免税措置を認めることによって、民事法律扶助あるいは国選弁護に対する国庫からの報酬以外の収入源を開拓する自由を与えるとともに、公益事務所自体の収入に対しても、法人税法上の優遇措置を設けるべきである。アメリカの公益弁護組織は、財団、企業、民間法律事務所等から資金を得ることで、政府資金に依存しすぎることの危険性を回避しようとしているのである。現在、たとえばアジア刑政財団が特定公益増進法人として認められているが、同財団は不特定

多数の対象者に対して具体的サービスを提供しているわけではないのに対して、ここで提唱している公益法人は具体的サービスを提供するのであるから、その公益増進的性格ははるかに明確なはずである。

　このような公益事務所で働く弁護士の報酬は、必然的に民間法律事務所よりも低くなる。

　しかし、収益をあげる必要はなく、フルタイムで自分が関心を持つ分野のみを担当し、価値観と実務の分裂に悩む危険性がないという意味では、極めて生き甲斐に満ちた状態なのであって、現にアメリカでは、たとえば拙稿「大手ローファームが支える公益事務所」月刊司法改革9号（2000年）や、同「弁護士900名を擁する公益事務所」同12号（2000年）で報告しているように、限られた公益関係のポストに多数の応募者が殺到しているのである。日本でも、公益的関心に満ちた弁護士志願者達に対して、同様な業務環境を与えるべきである。

(5) 上記のようなフルタイムの公益事務所が設立されたとしても、民間開業弁護士が任意ベースで民事法律扶助事件・国選弁護事件を担当する必要性はなくならない。しかし、現在のように専門を問わずに受任を認める方式は、提供される法的サービスの質の点で問題がある。そこで、上記のような公益事務所が設立されたならば、そこに民間開業弁護士に対する専門能力の判定と受任資格認定の権限を与えるべきである。アメリカでは、たとえば丸島俊介「マサチューセッツ州の公的弁護制度」日本弁護士連合会刑事弁護センター（編）『アメリカの刑事弁護制度』（現代人文社、1998年）164～166頁が報告するように、刑事事件について公設弁護人事務所に同様な権限を与えている実例があるから、日本でも検討すべきである。

(6) コーズ・ローヤリングの場合には、ときには民事法律扶助や国選弁護を扱って国費による報酬が期待できる場合があるにしても、基本的には国費による補助金を当てにするべきではない。コーズ・ローヤリングのために公益事務所を作ってフルタイムの公益活動をしようと思えば、基本的に民間資金に依存せざるを得ないのである。したがって、民事法律扶助と国選弁護の専門公益事務所について指摘した制度設計上の要点は、コーズ・ローヤングに対してより強く妥当するはずである。

〈付録1:東京シンポジウム・プログラム〉

公開シンポジウム
東アジア・東南アジアにおける法律扶助と公益的弁護士活動
Symposium: Legal Aid and Public Interest Lawyering in East and Southeast Asian Countries

共催:
神戸大学法学部法社会学講座
国際交流基金日米センター
ウィスコンシン大学東アジア法研究センター
ウィスコンシン大学アジア・パートナーシップ・イニシアチブ
日本弁護士連合会
(財)法律扶助協会

共同オーガナイザー:
ルイーズ・トゥルーベック、ウィスコンシン大学教授
Louise Trubek, Professor, University of Wisconsin
宮澤節生、神戸大学教授
Setsuo Miyazawa, Professor, Kobe University

日程:1999年12月17日・18日
会場:国際交流基金国際会議場

プログラム:
第1日　1999年12月17日
9:30-9:45am　　歓迎挨拶
　　　　　　　　小堀　樹、日本弁護士連合会会長
　　　　　　　　Shigeru Kobori, President, Japan Federation of Bar Associations
　　　　　　　　竹林節治、(財)法律扶助協会理事長
　　　　　　　　Tokiharu Takebayashi, President, Legal Aid Association
　　　　　　　　和久本芳彦、国際交流基金日米センター所長
　　　　　　　　Yoshihiko Wakumoto, Executive Director, Japan Foundation Center for Global Partnership

9:45am-0:30pm　法的・社会的・政治的変化の影響
　　　　　　　　ルイーズ・トゥルーベック、ウィスコンシン大学教授
　　　　　　　　Louise Trubek, Professor, University of Wisconsin
　　　　　　　　宮澤節生、神戸大学教授
　　　　　　　　Setsuo Miyazawa, Professor, Kobe University
　　　　　　　　尹大奎、慶南大学校教授
　　　　　　　　Dae-Kyu Yoon, Professor, Kyungnam University

季衛東、神戸大学教授
Weidong Ji, Professor, Kobe University
佐藤安信、名古屋大学助教授
Yasunobu Sato, Associate Professor, Nagoya University

0:30-2:00pm　昼食

2:00-3:15pm　刑事法律扶助—日本とアメリカ
中島繁樹、福岡県弁護士会弁護士
Shigeki Nakajima, Attorney, Fukuoka Prefecture Bar Association
ニコラス・チャーカス、ウィスコンシン州公設弁護人事務所
Nicholas Chiarkas, Office of the Public Defender, State of Wisconsin

3:15-3:30pm　コーヒー・ブレーク

3:30-5:00pm　東南アジアの法律扶助
ティプチャク・ラタノソスおよびアナン・チャンタラ・オパルコーン、タマサート大学教授
Tipchanok Ratanosoth & Anan Chantara Oparkorn, Professors, Thammasat University
ド・イ・タイン、ベトナム商工会議所
Do Y Thanh, Chamber of Commerce and Industry of Vietnam
ジェファーソン・プランティラ、アジア太平洋人権情報センター
Jefferson Plantilla, Asia-Pacific Human Rights Information Center

5:15-7:00pm　レセプション

第2日目

9:30-11:30am　東アジアとアメリカの法律扶助
山城崇夫、桐蔭横浜大学教授
Takao Yamashiro, Professor, Toin University of Yokohama
金貞善、韓国法律救助公団
Jeong Seon Kim, Korea Legal Aid Corporation
マーサ・バーグマーク、全国法律扶助・弁護士協会（アメリカ）
Martha Bergmark, National Legal Aid and Defender Association
宮暁氷、中華人民共和国司法部法律援助センター
Xiaobing Gong, Legal Aid Center, Ministry of Justice, PRC

11:30-1:00pm　昼食

1:00-2:30pm　法的ニーズを満たされていないグループのための法的資源としての大学におけ

る臨床プログラム
ニナ・カミック、ウィスコンシン大学教授
Nina Camic, Professor, University of Wisconsin
古静、ニューヨーク大学ロースクール博士課程学生
Jing Gu, J. S. D. Student, New York University School of Law
プラノム・アイユムプラヨーン、タマサート大学教授
Pranom Aiumprayoon, Professor, Thammasat University
（報告書作成は、マリー・プルエクオングサワィー、タマサート大学教授
Malee Pruekpongsawalee, Thammasat University）

2:30-2:45pm　コーヒー・ブレーク

2:45-4:15pm　法律扶助を補完する公益的弁護士活動
ルイーズ・トゥルーベック、ウィスコンシン大学教授
Louise Trubek, Professor, University of Wisconsin
塚原英治、第二東京弁護士会弁護士
Eiji Tsukahara, Attorney, Tokyo Daini Bar Association
尹大奎、慶南大学校教授
Dae-Kyu Yoon, Professor, Kyungnam University

4:15-5:00pm　総括
デイヴィッド・トゥルーベック、ウィスコンシン大学教授
David Trubek, Professor, University of Wisconsin
小島武司、中央大学教授
Takeshi Kojima, Professor, Chuo University

〈付録2：神戸シンポジウム・プログラム〉

東アジア・東南アジアの法律扶助と公益的弁護士活動
Legal Aid and Public Interest Lawyering in East and Southeast Asian Countries

共催：
神戸大学法学部法社会学講座
国際交流基金日米センター
ウィスコンシン大学東アジア法研究センター
ウィスコンシン大学アジア・パートナーシップ・イニシアチブ
日本弁護士連合会
（財）法律扶助協会
兵庫県弁護士会

(財) 法律扶助協会兵庫県支部

共同オーガナイザー：
ルイーズ・トゥルーベック、ウィスコンシン大学教授
Louise Trubek, Professor, University of Wisconsin
宮澤節生、神戸大学教授
Setsuo Miyazawa, Professor, Kobe University

日程：1999年12月19日
会場：神戸国際会議場

プログラム

9:30 - 9:40 am	歓迎挨拶 間瀬俊道、(財) 法律扶助協会兵庫県支部長 Toshimichi Mase, President, Hyogo Prefecture Branch, Japan Legal Aid Association
9:40 - 11:15 am	法的・社会的・政治的変化の影響 ルイーズ・トゥルーベック、ウィスコンシン大学教授 Louise Trubek, Professor, University of Wisconsin 季衛東、神戸大学教授 Weidong Ji, Professor, Kobe University 尹大奎、慶南大学校教授 Dae-Kyu Yoon, Professor, Kyungnam University
11:15 am - 0:15 pm	法律扶助―アメリカ マーサ・バーグマーク、全国法律扶助・公設弁護人協会（アメリカ） Martha Bergmark, Natl. Legal Aid & Defender Association ニコラス・チャーカス、ウィスコンシン州公設弁護人事務所 Nicholas Chiarkas, Office of the Public Defender, State of Wisconsin
0:15 - 1:30 pm	昼食
1:30 - 3:15 pm	法律扶助―東アジア・東南アジア 正木靖子、兵庫県弁護士会弁護士 Yasuko Masaki, Attorney, Hyogo Prefecture Bar Association 金貞善、韓国法律救助公団 Jeong Seon Kim, Korea Legal Aid Corporation ティプチャク・ラタノソスおよびアナン・チャンタラ・オパルコーン、タマサート大学教授 Tipchanok Ratanosoth & Anan Chantara Oparkorn, Professors, Thammasat

University
宮暁氷、中華人民共和国司法部法律援助センター
Xiaobing Gong, Legal Aid Center, Ministry of Justice, PRC

3:15 - 3:30 pm	コーヒー・ブレーク
3:30 - 4:30 pm	法的ニーズを満たされていないグループのための法的資源としての大学における臨床プログラム ニナ・カミック、ウィスコンシン大学教授 Nina Camic, Professor, University of Wisconsin マリー・プルエクオングサワィー、タマサート大学教授 Malee Pruekpongsawalee, Professor, Thamassat University （報告書作成は、マリー・プルエクオングサワィー、タマサート大学教授 Malee Pruekpongsawalee, Thammasat University）
4:30 - 5:00 pm	総括 デイヴィッド・トゥルーベック、ウィスコンシン大学教授 David Trubek, Professor, University of Wisconsin 宮澤節生、神戸大学教授 Setsuo Miyazawa, Professor, Kobe University 丹治初彦、兵庫県弁護士会会長 Hatsuhiko Tanji, President, Hyogo Prefecture Bar Association
5:15 -7:00 pm	レセプション

※付録1・2共に、肩書きは当時のものである。

総論：グローバリゼーションと公益的弁護士活動

グローバリゼーションと
公益的弁護士活動
法における新しいチャンス(*1)

ウィスコンシン大学　ルイーズ・G・トゥルーベック(*2)
ウィスコンシン大学　エドワード・ベイカー(*3)

はじめに

　今世紀初頭、アメリカにおける公益的弁護士活動を基礎づけた一人である、ルイス・ブランダイス判事は、当時の法律家が「人々の利益」を守るという法実務に内在する「偉大なチャンス」を十分に利用していないことを嘆いた(*4)。ブランダイスは、アメリカ社会が産業化を達成し、新たに富を得る方法の開拓についての遅れを取り戻した結果、法律家は「巨大企業に付随する存在になって、……人々を擁護するために彼らの力を使うという義務を忘れてしまった」と主張したのである(*5)。我々は、それからほぼ100年を過ぎて、その世紀が幕を下ろし、新たなミレニアムが始まろうとしている2週間前に、自らが、似たような状態にいることを見い出す。貿易や取引、通信手段のグローバリゼーションは、いくらかの言い訳はあるのかもしれないが、法律家にとって、公益のために働く義務から気を逸らせる新たな理由を生み出しながら、経済的な富への新たな道を開いてきた。この会議では、公益というものが、グローバル・エコノミーに突進する中でも忘れられるべきではないということを思い出すためのものである。この会議は、どうすれば公益というものが、現に存在する法システムと、現在、新たなグローバルな秩序の規制を展開している人々の両方に対して効果的に組み入れられ得るのかについての情報と考え方を共有するための機会である。そして、いかに我々が、我々自身のコミュニティの中で人々の利益を守るためにより多くのことをなし得るのかについての対話をするための機会である。我々は、このような会議を可能にしてくれた国際交流基金のような組織を持つことができて本当に幸せである。ブランダイス判事もこのような努力には拍手を送ることであろう。

　私自身のこの会議への貢献は、ささやかなものだろう。私は、皆さんに、現在アメリカで行なわれている公益的弁護士活動に関するいくつかの考え方を伝

え、それを共有したい。私がはじめに紹介したブランダイス判事の指摘から推測されるように、アメリカにおける法律扶助と公益的弁護士活動の歴史は、スムーズで努力を要しないという類のものではなかった(*6)。確かに、たくさんの干ばつを乗り切った木のように、アメリカにおける法律扶助と公益的弁護士活動はごつごつした奇妙な代物であって、アメリカ法の植物誌に加えるには歓迎されないような見てくれをしているように思われる。しかしながら、私の意図はこの歴史を見直すことではなく、ここではなにより実務家の視点に関心を持つのであって、科学史のような法の歴史は、それと同じくらい興味深いのかもしれないが、法の現実の実務にとっては限られた価値しか持たないということを取り上げたい。むしろここで私がやりたいことは、アメリカで現在行なわれている公益的弁護士活動について、論争中の領域のいくつかを素描することである。そうすることで私が期待するのは、皆さんが、皆さんご自身の国で法律扶助と公益的弁護士活動を発展させ実践するために学ぶべき点をこれらの議論から見いだすということである。そして、アメリカで直面している諸問題を理解したその結果として、皆さんが、私達にその問題について取るべき道を示唆してくださるために、よりよい立場に立っていただければと思うのである。

　私の報告には、分かれてはいるが、相互に関係する、二つの分析のレベルが現われる。まず、アメリカの法の世界の中にあるいくつかの議論を検討する。これらの議論は、法の研究や実務を扱う際に3つに分けられる問題の中心に位置づけられるものである。第1は、公益弁護士の顧客は誰であるべきか、というものである。限られたリソースを個人としての顧客に費やすべきか、より大きな顧客層を助けるために費やすべきか。第2に、プロフェッショナリズムの理念の中で、公益的弁護士活動はどこに位置づけられるのだろうか。貧しい人々へのサービスは、法専門職の自律性を腐食するものであったり、法律家の輝かしい社会的地位を脅かすものなのであろうか。第3に、民間実務での金銭的報酬を前にして、ロースクールはどうすれば卒業生に対して、公益に関与することを教え込むことができるのだろうか。どうすれば、我々は学生に、たとえ公益弁護士でないとしても、公益に関与する法律家になるように、教育できるのであろうか。アメリカの法学者や実務家は、長いこと、これらの問題への解答を試みてきた。ここでは、彼らが何をいってきたのかと、現在の議論の所在を簡単に紹介しよう。この分析は、本質的に超国家的（transnational）なも

のとして描かれるもので、国境を越えた理念の交換に関係している。私は、公益的弁護士活動の実務に現在重要なインパクトを与えている2つの交換の方法に焦点を当てたい。すなわち、グローバルな規模の法律事務所の展開と、民間の財団からの財政支援である。私は、超国家主義が、公益弁護士に多くの好機を提供するが、同時にまた危険をも提供することが明らかになってくるだろうと思う。これらの好機と危険とを明らかにできればと思うのである。

これに着手する前に、この分析自体の文脈を設定しておくことが重要であろう。皆さんの多くがお気づきのように、この会議は、「東アジアと東南アジアの十分に代理されていない人々のための弁護活動」について、1998年の夏に、タイのバンコクで開催されたプログラムを受けるものである。タマサート大学、国際交流基金日米センター、ウィスコンシン大学東アジア法研究所によって主催されたその会議は、『世界における正義のための教育：法学教育、法実務、およびコミュニティ』という題名を持つ書物に結実した[*7]。これは、貧しい、社会の周辺的なコミュニティにおける社会活動的な弁護士活動に従事する法学生と活動家の願望やそれを達成する能力について、ロースクールの経験が与える影響を調査した、先行研究が自然に発展したものである[*8]。この先行する書物は、国際的コミュニティから参加した法律家の非公式なネットワークである「法における社会的価値に関する国際的ワーキンググループ」の所産であった[*9]。今回の会議の発表原稿からも、同様のものが刊行されることと思うが、そうすれば、エドガー・カーンとジャン・カーン[*10]、カペレッティ[*11]、リチャード・エイベル[*12]、そして、フィリップ・ルイス[*13]といった人々が、1960年代から現在まで貢献を続けている、比較研究の学問的な伝統を継承し永続的なものにすることになろう。

これらの先行する研究のように、今日における我々の作業は、ネットワークを形成するために、他の社会の知識を共有し、研究者を結集したいという願望に由来している。しかしながら、先行する研究が比較研究の視角を採用したのに対して、ここで行なわれようとしている作業は、文字どおり、より超国家的なものである。すなわち、以前には、特定の国の内部における議論は、世界の他の場所で実行されていることにほとんど影響を受けないものであったが、今日では、他の場所で起こった出来事は、一国での議論自体の性質の形成に重要なインパクトを与えるのである。このような会議が超国家的な影響を奨励する

ことを支援するものである以上、ここでの我々の作業は極めて重要なものなのである。

アメリカの公益的弁護士活動コミュニティにおける現在の議論──
コミュニティのニーズ 対 個人のニーズ

　上述のより大きなコンテクストを心に置きつつ、アメリカの公益弁護士コミュニティの中で発生している議論のいくつかを選んで提示したい。第1の議論は、次のような問題である。すなわち、誰が公益弁護士の適切な顧客なのか。公益弁護士は、彼あるいは彼女の限られた資源を個人の当面のニーズを満たすことに焦点を合わせるべきか、より広く、より予防的な態度を取って、コミュニティやグループにおいて予測されるニーズに焦点を合わせるべきなのか。伝統的なアプローチは、裁判所で彼らの主張を積極的に訴訟にすることにより、個人の顧客のニーズに焦点を合わせてきた。この方法は、アフリカ系アメリカ人と他のマイノリティの重要な公民権を確立するための一連の著名な事件があった1960年代には、うまくいっていた。明らかに、これらの勝利から見ると、公益弁護士の顧客として個人を選択することは、好都合であった。うまくいく場合には、個々の顧客に対してだけではなく、法廷の下で先例を確立することによって他者に対しても不正義の軽減をもたらすことができた。

　しかしながら、最近では、公益弁護士達は、このような個人を中心とする弁護活動についての留保や問題点を指摘し始めている。法廷における勝利は、個人の提訴の基礎にある、原因である制度的構造の変化をもたらすとは限らないようなのである。選挙に関する法的な権利やバスに乗る権利を持つことは、貧困というものの抑圧的な力を軽減するものではないのである。それはまた、社会的態度の変化や、より強く、活気のあるコミュニティの構築をもたらすとは限らない。さらに、一個人のための法廷での勝利は、他の人の勝利にいつも翻訳されるものではなく、異なる裁判官や陪審員は、異なる観点でまったく同じ、あるいは類似した事実を見るかもしれず、結果的に、別な法的な結論に至るかもしれないのである。最後に、法律扶助へのアメリカにおける圧倒的なニーズゆえに、そして、このニーズを満たすための資源が限られているがゆえに、個々の顧客に焦点を合わせる公益弁護士達は、助けを求めて彼の下を訪れ

る大多数の人々を拒否しながら、注意深く彼らの受任する事件を選択しなければならない。このプロセスによって、公益弁護士たちは、ニーズが満たされない人々からの批判にさらされることになるのである。

　これらの、個人を中心とした弁護活動の欠点に対応するために、公益弁護士達は、1970年代から1980年代に異なるアプローチを採用し始めた。個々の顧客のニーズに対応する代わりに、民主国家の立法的あるいは行政的な機構に深い関わりを持つことによって、アメリカ社会の不正義の根本的な原因に取り組もうとしたのである。そして、公益弁護士達は、彼らが以前はやってこなかったようなロビイング活動や、監視者としての役割を果たすようになったのである。法の起草や成立過程に影響を与えたり、行政の公聴会に参加したり、人々に情報を普及させることによって、彼らは、特定の対象者の擁護をより推進してきた。そして、環境保護団体であるシエラ・クラブ（Sierra Club）は、環境保護法のより厳格な執行について、州と連邦の両方で、立法者に働きかけることに成功したのであり、有色人種の地位向上に取り組んできたNAACPのような団体は、差別の弊害の解決に努力する法律の成立に影響を与えたのである。さらに最近、1990年代に、公益弁護士達は、コミュニティの経済的な発展を推進し、法律扶助とコミュニティでの教育プログラムを統合を試みることによって、伝統的な訴訟モデルからさらに離れていった(*14)。これらの実務は、効果を高めながら、他の専門職や職業との共同的な実務を含むようになったのである(*15)。

　これらの代替的な形態での弁護活動によって成功がもたらされたので、公益弁護士は、個人よりもむしろ、単純にグループや目標自体（the cause）、その主張を顧客として選択すべきだと考えられるかもしれない。しかし、不運なことに、公益弁護士達の選択はそれほど単純なものではなかった。特定の状況の下では、そして特定の顧客のためであれば、個人を代理するということは、社会変動の最も効果的で適切な手段であり続けている。グループの利益のために個人の状況を省みないことは、時として不可能で、不正義でさえあって、個人のためにある事件で勝つことは、時として、その個人が属するコミュニティを支援する最もよい方法である。そして、公益弁護士達は、絶えず、いかに彼らの限られた資源を配分するのかという困難な選択に直面している。公益弁護士は、グループを中心とする弁護活動と、個人を中心とする弁護活動の両方に従

事する十分な時間や、資金、人材を持つことは、ほとんどまれであるがゆえに、裁判所での訴訟活動と立法者へのロビイング活動のいずれかや、個々の顧客への相談活動と共同的な運動に従事することのいずれかの、選択をしなければならないのである。弁護活動の一つのタイプを選択することは、必然的に他方の利益の一部を放棄することを意味する。したがって、公益弁護士にとって、顧客の選択という問題について結論は存在しないのである。

プロフェッショナリズムの問題

　アメリカの法律家のコミュニティでの第2の議論は、法専門職自体の中での公益弁護士の位置づけに関するものである。この議論は、リーガルサービスの供給への寡占を享受する法専門職が、民間の個人に損害を与えるほど企業利益に過度に気を配るようになったことが明らかになった今世紀の初期において、最も重要な位置を占めるようになったものである。富める個人のみが弁護士のサービスを享受することができるのであり、その余裕のない大衆はますます被害を受けやすい状態に置かれたのである。ブランダイスのような公共心のある法律家は、法律家が貧しい人々に対して無料でサービスを提供することによって、この不均衡に対処すべきであると主張するが、それは専門職の地位と自律性を弱めると批判されたのである。大衆による批判の流れの強まりに直面すると、弁護士会は、十分に代理されていない人々へのリーガルサービスを提供することを、会員のプロフェッションとしての義務として課すことによって、その批判を弱め、その自律性と地位を守ろうとした。今日、ほんの一部の例外を除いて、公認のロースクールでの3年間の大学院のプログラムを修了し、各州の弁護士会によって実施される厳格な試験に合格した者のみが、他者に対するリーガルサービスやアドバイスを行なうことができる。このようなやり方で、法専門職は、その自律性を守り、会員の高い社会的な地位を維持することができたのである。

　しかしながら、法専門職と社会とのこの暗黙の了解事項は、公益弁護士の地位の問題を完全に解決するものではなかった。アメリカの公益弁護士は、大邸宅に立ち入ることを拒否するわけにはいかない貧しい親戚のような、法専門職の中のすっきりしない地位にあるとしても、広く認められた地位を占めていたし、現在も占め続けている。今日でさえ、公益弁護士達は、いくつかの点で、

専門職の自律性と地位を脅かす存在とみなされている。第1に、公益弁護士達は、一見したところ無尽蔵のニーズを極めて限定された手段によって、満たすための方法を絶えず探しているので、彼らはいつもリーガルサービスの供給を補佐する非法律家を採用することによって彼らの限られた資源をより広い対象のために用いる誘惑にさらされている。第2に、先に述べたような、グループを中心とする弁護活動を採用することは、公益弁護士が、社会のより深い構造的な問題を解決したり、少なくともそれに注意を向ける際に、他の専門職や職業とより密接に作業をすることを推進するものであった。これらの戦略は、資格のある法実務と資格のない法実務との間の区別を曖昧にし、その結果、法専門職の地位を基礎づけている自律性を弱める。この区別は必ずしも明確なものではないため、弁護士会はしばしば目こぼしをしている。しかし、専門職内でのサンクションの可能性は存続しており、公益弁護士にかなりの緊張を与え続けているのである。

　驚くべきことではないが、様々な緊張が、公益活動に従事しようとする個々の弁護士に存在する。民間の法律事務所は、そのメンバーに対して、彼らが選択できる、推奨されるプロボノ・プロジェクトのリストを提供するのが典型であり、これらのプロジェクトは、彼らが作り出してくれるかもしれないビジネス・コンタクトのために、管理職の弁護士によって選ばれたものである。しかしながら、プロボノ活動に従事することを選ぶ際、その弁護士は、そのような実務が彼あるいは彼女のキャリアにどのような影響を与えるかを考慮しなくてはならない。多くの弁護士事務所は、1年間で一定時間数の収入を期待している一方で、この全体時間数にプロボノ活動の時間を含めていないのである。結果として、プロボノ活動に従事するということは、アソシエイトの昇進のチャンスの現実的な障碍となり得るのである。さらに、弁護士がこれらの個人的な危険にもかかわらずプロボノ活動に従事する場合、彼は、また、このサービス自体を提供する過程における困難に直面する。顧客の信頼性や利益相反の問題、つまり、彼のプロボノの顧客と弁護士事務所の顧客とのどちらに利益を提供するかという選択を強いるような力が発生し得るのである。アメリカ法曹協会はまだ弁護士に対してプロボノ活動に従事することを義務にしていないので、葛藤する立場にある弁護士は、彼自身を擁護するときに、そうした義務があると主張することができない。そうした危険に直面しているのであるから、

民間の実務についている弁護士がプロボノ活動に従事する時間をほとんど取らないことは、驚くにはあたらないのである。

　法専門職は、その当初の約束を果たしていないということで、アメリカ社会における強力な批判にさらされることになった。アメリカの政治システムの中で、裕福で権力がある地位にいるにもかかわらず、弁護士はいつも大衆メディアの嘲笑の対象である。プロフェッションは危機的状況にあると、幅広く考えられているのである。この危機は、ある程度は、人々が、法専門職の高貴な理念と高い地位が、人々がその周りに見る現実、特に貧しい人々への法的な代理が明白に足りないという現実に一致しないということに気がついたという事実の帰結である。この危機に対していかに答えるのかという議論においては、公益弁護士たちは、二つの立場のはさみ撃ちにあっている。一方では、彼らは、コミュニティや、法的な代理が足りない人々の需要を支援したいと考えている。その一方では、専門職への忠誠というものの引力をも感じているのである。この緊張はどうやったら解決されるのか、あるいは解決され得るのかさえ、明白ではない。

法学教育

　法専門職の中での公益弁護士の適切な位置づけに関する議論は、法学教師のコミュニティの中でも波紋を広げてきた。これはおそらく、法学教師が、法専門職の３つの門番の一つとして、裁判所や弁護士会と並立している存在である限り、予想可能なことであった。このコミュニティの中では、しばらくの間、ロースクールの在学中と卒業後の両方で学生の大部分に公益的弁護士活動への関与を推進するために、法学教育の役割とは何であるのかということについての白熱した議論が展開されたことがある。ロースクールがそのような役割を果たすとすれば、この役割はどうすれば最もよく果たされ得るのかについて議論された。卒業後に大規模法律事務所で働く圧倒的な数の卒業生によって示されるように、アメリカのロースクールの支配的な文化は、企業実務の利益を反映したものなので、法学教師は、もし彼らが公益サービスにおける関心を維持したり、促進したりしようとすれば、この文化を変容させるという困難な作業に直面するのである。

　いくら欠点があるとはいっても、アメリカのロースクールは、どのようにし

てこの文化を変容させるのかという点について、何も提案をし得なかったということではない。一つのアプローチは、ロースクールのカリキュラムを変更することであった。すなわち、ロースクールは、公益のための弁護士活動を履修する科目をさらに加えたり、学生が入学後すぐに履修する特別なカリキュラムを創設しさえしたのである(*16)。より限定的な試みは、既存科目の中に公益的な要素を統合するというものである(*17)。学生が履修できる科目は限られているし、包括的な法学教育を構成する「コア・カリキュラム」はかなり多いので、表面的には、後者のアプローチが最も基本的なものであることが明らかとなるだろう。臨床プログラムは、当然のことながら、公益サービスを法学のカリキュラムに統合するため、多くの類似した機会を提供している。他の論者がこの話題について話すと思われるので、ここでは、これ以上扱うことはしない。ここでは、臨床的法学教育の人気は、どんどん高まっているということだけを述べておきたい。

しかし、ロースクールは、カリキュラムの変更とは別に、カリキュラム外での変革の試みも始めていた。これらの変革は、公益部門でのキャリアを追求しようとする学生が直面する、財政的・実務的な障碍に対処するものである。たとえば、卒業後に典型的に直面する巨額の教育ローンの返済に対応する学生を助けるために、多くのロースクールでは、現在、公共サービスのキャリアに入った学生に対してローン返済に関する支援を提供している。この財政的支援は、民間の実務よりも公益弁護活動をやってみるよう学生を説得し得るかもしれない。公益のルートを選択するよう学生を奨励するために、奨学金も存在している。しかしながら、これらの機会に学生の注意を向けさせ、学生が公益活動に応募することを支援するためには、効果的な進路指導が必須不可欠である。ロースクールがそうすることをより奨励するために、アメリカ・ロースクール協会（AALS）は、最近、広範な調査を実施し、二つの主要な提案を行なった(*18)。その第1は、「ロースクールの全学生が在学中に少なくとも一度、十分な監督の下で法に関連するプロボノ活動の機会を持つことを可能にするべきであり、学生の参加を義務とするか、大半の学生をボランティアに引きつけるような方法を発見するべきこと」である(*19)。第2には、「教員がプロボノ活動を行なうことを推奨し支援すること」をロースクールに求めた(*20)。ここで期待されているのは、学生と教員に対してプロボノ活動への圧力をかけること

によって、公共サービスへの専門職の関与が生まれるであろうということである。しかし、どれだけのロースクールがこれらの提案に従って実行するかは、今後の課題である。

　アメリカの法学教師のコミュニティでは、学生の大半に公益弁護活動への関心を高めさせる方法についてのアイデアが欠けているわけではないことは明らかである。これらのアイデアに対する最近の支持は明らかに高まっている。しかし、企業実務関連のキャリアに適合されているロースクールの支配的文化を変えさせるためには、どれほどのことが必要であるかを、忘れてはならない。多くの学生は、民間の巨大な法律事務所の若いアソシエイトに提示される、6桁で表示される巨額な給料に、絶えず誘惑されているのである。彼らは、このような財政的報酬を超えて物事を見て、法専門職から別なものを、よりやりがいのあるものを期待するように、教育されなければならないのである。これらの誘惑を乗り越えるに十分な決意を持った学生には、(公益弁護活動という)別な道筋を選択するよう支援されることが必要であり、自分が専門職の完全なメンバーであることを感じさせることが必要である。法学教師は、この(一般的学生と公益的関心がすでにある学生という)両方の学生層のニーズに応ずるよう、常に配慮しなければならないのである。

超国家的な進出

　ここまで私が素描してきた議論は、アメリカの法律家コミュニティの中で現在継続しているものである。アメリカにおいて、法実務と教育の両方に対して公益への実質的コミットを統合するための格闘がどれほど行なわれているかを理解してもらえたら幸いである。この格闘は、ブランダイス判事によってはじめて表明されたものだが、いまでも継続しているのである。しかしながら、ブランダイスがこの問題をどのように見ていたかということと、今日我々がどのようにこの問題を見るかということの間には、重要な違いがある。それは、ブランダイスが生きていたのは国内の産業化の時代であったのに対して、我々は、グローバリゼーションの時代を生きているということなのである。貿易障壁が取り払われ、国際的な旅行やコミュニケーションが急速に容易になっていくのに伴い、ローカルとグローバルの間の区別は薄れてきているのであって、アルフレッド・アーマンという学者は、それを「グローバル化する国家」と呼

んだ(*21)。アーマンにとって、グローバル化する国家は、「完全に国家中心の、あるいはアメリカ化された形の国家と、グローバリゼーションへの完全に非国家化された、国家のないアプローチとの間の、中間領域」を明示するものなのである(*22)。それは、グローバルなものとローカルなものの一定の弁証法的な緊張を反映しているのであり、「単一でダイナミックなシステムの諸様相であって、単なる部分と全体という組み合わせではない」ものとして考えられるのである(*23)。このように、グローバル化する国家の概念は、両刃の剣である(*24)。利益を得ようとしてグローバル化の過程に参加すると、国家は他者に影響を与えるだけではなく、それ自身が影響を受け、時には変容といってもよいほどの影響を受けるのである。この変容は、国家が他の国家や非国家的主体と諸権力を共有することによって国家権力がますます断片化されていくということの、自然の帰結である(*25)。

　このような超国家的な影響はすでに観察されており、以前から指摘されてきたが(*26)、それらについては、以前にもまして、特に法専門職の中で、より明白になっているのである。今日、法という分野はより国際化が進み、法実務のための国際的あるいは超国家的な領域が生み出されている(*27)。これは、アメリカ型の法律事務所が他の国に波及していることを見ても、またアメリカの中で巨大でグローバルな法律事務所が発展していることからも、明らかなことである。これらの発展は、アメリカの外部だけではなく内部においても、法実務と法専門職の性格に影響を与えている。たとえば、アメリカ法曹協会（ABA）は、つい最近まで、弁護士が異業種と協同的な実務（multidisciplinary practices）(MDPs)を形成することを認めることに強力に反対していた。このような実務は、顧客に対してより便利で総合的なサービスを提供できるが、法専門職の自律性、ひいては地位への脅威と考えられたのである。このような協同組織は、オーストラリア、カナダ、そして多くのヨーロッパ諸国で認められたので、ABAは最近になって、MDPsについて、その立場を再考せざるを得なくなった。現在では、弁護士がMDPsを形成することを認めるよう勧告されているのであって、アメリカにおける法実務にとって新たな機会の扉が開かれたのである(*28)。これは、グローバリゼーションが、アメリカにおける法実務に超国家的影響をどれほど与えたかということに関する一つの事例にすぎない。弁護士が他の専門職や職業と一緒に仕事をする方法に影響を与えたからこそ、重要であるので

ある。法専門職が自分自身を見る見方自体に影響を与えることも確実である。

　この、また他の超国家的な影響は、公益的弁護士活動にどのようなインパクトを与えるのであろうか。水平線に暗雲を見る人は、グローバリゼーションは、環境や労働者の権利、消費者の安全を守るために長年にわたってなされてきた規制を解体することによって推進されていると考えている。このように、グローバリゼーションは、より制約の少ないビジネスの環境から利益を得る者、特に企業や企業弁護士にとっては利益があると考えられており、公益弁護士やその組織を含めて、それらの保護を導入するために懸命に働いた人々にとっては壊滅的であると考えられている(*29)。これらの個人やグループは、今度は、国家的な規模ではなくグローバルな規模において、同じ規制のための闘いを、一からまた闘わねばならないのであるが、そこでは、戦闘のルールはおなじみのものではなく、予測がより困難なものなのである。公益弁護士達は、国際的レベルの権力メカニズムに、企業の役員達や政府の政策担当者と同じアクセスを有しないのであるから、彼らは、この拡大された競技場で決定的に不利な状態に置かれるであろう。インターネットが、同じ考えを持った人々がコミュニケーションをすることを支援し、規制緩和の有害な影響に抵抗することさえあるかもしれないが、そのような影響が生じないということは保証しないのである(*30)。最悪のシナリオは、一部の人が心配するように、グローバリゼーションが「底辺への競争」を導くことであって、それによって、ほんの一握りの最も規制の少ない国々がこの競争を最もうまくやることができ、その結果、他の国々を彼らの主導の下に置き、労働者、消費者、環境などを、より脆弱なものにしてしまうということである。

　しかしながら、全員が、公益に対するグローバリゼーションの影響についての憂鬱な考え方を共有するというわけではない。一部の人々は、グローバリゼーションは公益弁護士によって支援される目標の可能性を高めるに違いなく、その結果、世界中の人々がそれらの問題により気づきやすくなるに違いないと主張する(*31)。グローバル・ネットワークの出現はまた、学者、運動家、弁護士達が、新しいより説得力のある方法で、公益に関する争点を形成することを支援するに違いないし、現在すでにそうなっているのであって、純粋に一国家のスケールでなされていた以前においては達成され得なかったような、それらの目標への活力を生むような支援をしているのである。女性への暴力をやめ

させるためのネットワークの形成は、グローバリゼーションがいかに肯定的な効果を生み出し得るかを示す、大変刺激的な事例である(*32)。この運動のリーダー達は、人権と女性の権利という言語を組み合わせることによって、世界の中の一国あるいは一地域の女性が自分の関心を単独で表明した場合に比べてはるかに大きな影響を持つような国際的同盟を、打ち立てたのである。グローバリゼーションの法的な性質によって、彼らは、自己の総合的な地位を利用して世界のリーダーや国際政策に影響を与えることができたのである(*33)。将来において他の同盟がこれらと同じような機会をどのように利用するかを見ることは、興味深いことであろう。

　グローバリゼーションはまた、法専門職の中での公益へのコミットを強化するための、新たな機会を提供する。この点で特筆すべきなのは、アメリカ法曹協会が、アメリカにおいてMDPsが許容されるよう勧告する際に、MDPsにおいて実務をする弁護士に、他のあらゆる弁護士と同じように公益サービスの義務を課すことを要求したことである。これは、実務をする国に関わりなく、MDPsに雇用されるアメリカの弁護士は、少なくともいくらかはプロボノ・サービスに従事することが要求されるであろうということを意味する。この事実は、アメリカ以外の法律事務所に、これとまったく同じ専門職基準に適応することを推奨するのであって、その結果として、外国の弁護士達が、彼らの能力を彼ら自身のコミュニティのために用いることを導くのである。外国の法律事務所は、アメリカにおいてアメリカの法律事務所が法律扶助を支援する際に確立した事例によって、積極的な影響を受け得るであろう。彼らはおそらく、彼ら自身の顧客層への法サービスを拡充しながら、自己の国において似たような役割を果たすことを選択するだろう。時間がたてば、グローバルな専門職の責任というものの意識が発生して、外国で活動しているアメリカの法律事務所が、進出先の国々において見られる社会病理への対応により一層貢献するように導くかもしれない。しかしながら、法専門職が新しいグローバル・エコノミーの中でどのように発展するのか、さらに、法学教育が、どれくらいこの新たな環境のニーズを満たすために変化するかを予測することは、困難である。しかしながら、あり得る発展可能性の多くは、肯定的であると思われる。

　グローバリゼーションに伴って、民間部門と公共部門の区別が曖昧になっていることは、また、さらなる機会をもたらしている。国家がますます中心的地

位を失うに従って、民間部門の組織の役割がより重要になってきている(*34)。この変動は、以前なら政府機関や多国籍企業のための領域とされていた(*35)超国家的な領域へのNGOの進出だけでなく、国際的なネットワークやプロジェクトに対する民間財団による財政支援が増えていることから明らかである。このような外部からの財政支援は、公益的弁護士活動に関する新しい実務の発展に、重要なインパクトを与えている。こうした実務は、1960年代という早期から、フォード財団やアジア財団によってインドやタイにおける法律相談に対して与えられた重要な援助において(*36)、また1970年代には、インドネシアにおける環境保護運動を推進する際の世界自然保護基金(World Wildlife Fund)や環境保護基金(Environmental Defence Fund)の仕事において(*37)、現われていた。このような作業の継続は、今日、今回の会議の組織において特筆すべきように、国際交流基金の広範な支援を通じて可能になっているのである。このような外部からの財政支援は、多くの利点を持っている。それは、人々やアイデアの相互交流を推進し、国内的な財政支援源では提供できない、革新的なプロジェクトを可能にする。しかし、それにはまた危険もある。国内の財政支援源を見つけ出すという困難な闘いは、アメリカの法律扶助プログラムについてよく知られているように、闘いの過程で制度的な独立性を推進し、政府、地元企業、そして法専門職による同盟を形成することを奨励するのである。ひとたびできてしまえば、これらの国内的なネットワークは、かなり安定した支援を提供する。外部の財政支援に依存するとこれらの利点を迂回してしまうかもしれないので、公益のためのプログラムは、国際政治やスポンサー組織の気まぐれに対して脆弱なままである。したがって、将来を考える公益弁護士であれば、これらの財政支援の戦略を統合し、どのような事態に対しても備えようとするはずであろう。

結語

　アメリカの法律家コミュニティの中での論争中の領域についての素描と、世界の法実務を変化させている超国家的な影響についての検討から得られる、公益弁護士のための教訓は、我々が、公益弁護士にとって大変刺激的ではあるが、不確実な時代を生きているということである。一方でグローバリゼーションは、公益弁護士に対して、積極的な変化を引き起こし、ほとんどあるいは

まったく声をあげない人々のための重要な保護を実行する、これまでになかったような好機をもたらしている。その一方でグローバリゼーションは、ほとんど自明のこととして、これまで制定されていた規制による保護を解体させ、公益についての大きな後退をもたらしている。公益弁護士が、これほど多くの好機を得たことはこれまでになかったが、これほどの危機に瀕したこともなかった。しかしながら、一つ確実なことは、アメリカの法律家コミュニティの中で継続している論争は、アメリカの法専門職とよく似た試みをしている他の国々において繰り返されるであろうということである。公益弁護士が彼らのエネルギーを個人に向けるかグループに向けるかという問題、法専門職の中で公益的活動をどのように位置づけるのかという問題、そして、公益に関する仕事へのコミットを法学教育の中に適切に統合するという問題は、他の国々でも問われることになる問題であろう。これらの問いにどのように答えるのか。グローバリゼーションは、結局、公益のためになるのか、それとも脅威なのか。この答えは、法律家として、そして市民としての我々が、企業利益に対抗しながら公益を擁護するためになす活動に依存しているように思われる。ブランダイスは、グローバリゼーションが公益弁護士達の役割に付加した複雑さを予期することはできなかったが、彼は、この一つの本質的な真理は見通していた。なぜなら、彼は、法専門職に内在する機会を認識していただけではなく、「法は市民行動の代用品ではない」ということも認識していたからである。

参考文献

Abel, R. (ed.) (1982), *The Politics of Informal Justice* (Vol.2), Academic Press, New York.

Abel, R. (1985), "Law without Politics: Legal Aid under Advanced Capitalism", *UCLA Law Review*, vol.32(3), 474.

Abel, R. and Lewis, P. (Eds.) (1988), *Lawyers in Society* (Three Volumes), University of California Press, Berkeley.

Abel, R. and Lewis, P. (Eds.) (1995), *Lawyers in Society: an Overview*, University of California Press, Berkeley.

American Bar Association (1999), *Commission on Multidisiplinary Practices*, Chicago, Illinois.

Baekey, C. and Gabriel, A. (1994), "Community Law Centre: Empowering Rural South African Communities", *Maryland Journal of Contemporary Legal Issues*, Vol.5(2), 399.

Basten, J. Graycar, R. and Neal, D. (1983), "Legal Centres in Australia", *University of New South Wales Law Journal*, vol.6, 163.

Block, F.S. and Ishar, I.S. (1990), "Legal Aid, Public Service, and Clinical Legal Education: Future Direction From India and the United States", *Michigan Journal of International Law*, vol.1, 92.

Cahn, E. and Cahn, J. (1964), "The War on Poverty: a Civilian Perspective", *Yale Law Journal*, vol.73, 1317.

Cappelletti, M. and Gordley, J. (1972), "Legal Aid: Modern Themes and Variations", *Stanford Law Review*, vol.28, 347.

Cappelletti, M. et al. (Eds) (1978-9), *Access to Justice: a World Survey* (Four Parts, Six Volumes), Sijthoff & Noordhoff, Alphen ann den Rijn.

Cappelletti, M. and Garth, B. (1981), "Access to Justice as a Focus for Research", *Windsor Yearbook of Access to Justice*, vol.1, ix.

Cappelletti, M. (Ed.) (1981b), *Access to Jusitce in Walfare State*, Sijthoff & Nordhoof, Alphen aan den Rijn.

Cappeleetti, M. and Garth, B. (1983), "Finding and Appropriate Compromise: a Comparative Study of Individual Models and Group Rights in Civil Procedure", *Civil Justice Quarterly*, April,111.

Cappelletti, M. (1993), "Alternative Dispute Resolution Processes within the Framework of the World-Wide Access-to-Justice Movement", *Modern Law Review*, vol.56(3), 282.

Cooper, J. (1983), *Public Legal Services:a Comparative Study of Policy and Practice*, Sweet and Maxwell, London.

Cooper, J. (1999), "China's Lawyers and the Rule of Law", *International Journal of the Legal Profession*, vol.6(1), 71.

Cooper, J. and Trubek, L. (Eds.) (1997), *Educationg for Justice: Social Values and Legal Education*, Ashgate, Aldershot.

De Groot van Leeuwen, L. (1997), *The Lawyer Poised Between Client and Society*, in Cooper, J. and Trubek, L. (1997), 39.

Economides, K. (1997), *Cynical Legal Studies*, in Cooper, J. and Trubek, L.(1997), 26.

Grossberg, M. (1997), *The Politics of Professionalism: the Creation of Legal Aid and the Strains of Political Liberalism in America, 1900-1930*, in Halliday, T. and Karpik, L., *Lawyers and the Rise of Western Political Liberalism*, Clarendon Press, Oxford.

Hander, J. Hollingsworth, J. & Erlanger, H.(1978), *Lawyers and the Persuit of Legal Rights*, Academic Press, New York.

Joerges, C. (1997), "The Impact of European Integration on Private Law: Reductionist Perspeceptions, True Conflicts, and a New Constitutionalist Perspective", *European Law Journal*, vol.3(4), 378.

Kahn-Freund, O. (1966), "Comparative Law as Academic Subject", *Law Quarterly Review*, vol.82, 40.

Kamba, W. (1974), "Comparative Law: a Theoretical Framework", *International and Comparative Law Quarterly*, vol.23, 485.

Keck, M. and Sikkink, K. (1998), *Activism Beyond Borders: Advocacy Networks in International Politics*, Cornell University Press, Ithaca, New York.

Kennedy, Duncan (1997), *A Critique of Adjudication*, Harvard University Press, Cambridge.

Maine, H. (1907), *Village Communities in the East and West* (7th Edition), Murray, London.

Markesinis, B. (1990), "Comparative Law - a Subject in Search of an Audience", *Modern Law Review*, vol.53, 1.

Menon, M. (Eds.) (1998), *A Handbook on Clinical Legal Education*, Eastern Book Company, Lucknow.

Noone, M. (1997), "Australian Community Legal Centeres - The University Connection", in Cooper, J. and Trubek, L. (1997), 257.

Pomeranz, W. (1996), "Legal Assistance in Tsarist Russia: The St. Peterburg Consultaiton Bureaus", *Wisconsin Internatinal Law Journal*, vol.14, 586.

Santos, B. de S. (1995), *Toward a New Common Sense*, Routledge, New York, London, U.K.

Sarat, A. and Scheingold, S. (Eds.) (1997), *Cause Lawyering: Commitments and Professional Responsibilities*, Oxford University Press, Oxford.

Savigny, F. (1831), *Of the Vocation of Our Age for Legislation and Jurisprudence*, Arno Press, New York.

Schmitthoff, C. (1939), "The Science of Comparative Law", *Cambridge Law Journal*, vol.7, 94.

Stover, R. (1989), *Making It and Breaking It: The Fate of Public Interest Commitment During Law School*, University of Illinois Press, Urbana and Chicago, Illinois.

Trubek, D. and Dezelay, Y. et al (1994), "Grobal Restructuring and the Law: The Internationalization of Legal Fields and the Creation of Transnational Arenas", *Case Western Reserve Law Review*, vol.44(2).

Trubek, L. (1999), "Context and Collaboration: Family Law Innovation and Professional Autonomy", *Fordham Law Review*, vol.67(5).

Trubek, L. (1996), "Embedded Practices: Lawyers, Clients and Social Change", *Harverd Civil Rights-Civil Liberties Law Review*, vol.31(2), 415.

*1――このペーパーは、一部、ルイーズ・G・トゥルーベックとジェレミー・クーパーによって書かれた論稿に基づいている。Louise G. Trubek and Jeremy Cooper, "Rethinkng Lawyers for the Underrepresented Aroud the World", in *Educationg for Justice Around the World: Legal Education, Legal Practice and the Community 1* (Louise G. Trubek and Jeremy Cooper eds., 1999)を見よ。

*2――ルイーズ・G・トゥルーベック（B.A., ウィスコンシン; J.D., イェール）はウィスコンシン大学マディソン校の臨床法学担当教授であり、公共代理センター（The Center for Public Representation）の上級弁護士である。

*3――エドワード・ベイカー（B.A. 1989, ダートマス; M.A. 哲学 1995, タフツ; M.A. 宗教学 1997, イェール）は、ウィスコンシン大学マディソン校ロースクールの2年生であり、公共代理センター（The Center for Public Representation）の助手である。

*4――Louis D. Brandeis, "The Oppotunity in the Law", 39 *Am.Law.Rev.* (1905), p.555, p.559（ハーヴァード倫理協会で1905年5月4日に行なった講演をまとめて出版したもの）．

*5――前注を見よ。

*6――アメリカの法律扶助の歴史に関する背景については、Michael Grossberg, "The Politics of Professionalism: the Creation of Legal Aid and the Strains of Political Liberalism in America, 1900-1930", in *Lawyers in the Rise of Western Political Liberalism 305* (T.C. Haliday and L. Karpik, eds., 1997)を見よ。アメリカの公益的弁護士活動に関する歴史的概観については、Council for Public Interest Law, "A History of Public Interst Law", in *Balancing the Scales of Justice: Financing Public Interest Law in America* (1976), pp.19-76 を見よ。

*7――Trubek and Cooper, supra note *1 を見よ。

*8―― *Educating for Justice: Social Values and Legal Educaiton* （Jeremy Cooper and Louese G. Trubek eds., 1997）を見よ。

*9――前注参照。

*10――たとえば、E. Cahn and J. Cahn, "The War on Poverty: a Civilian Perspective", 73 *Yale L.J.* (1964), p.1317 を見よ。

*11――たとえば、M. Cappelletti and J. Gordley, "Legal Aid: Modern Themes and Variations", 28 *Stanford L.Rev.* (1972), p.347 ; *Access to Justice: a World Survey* (M. Cappelletti et al. Eds., 1978-79)を見よ。

*12――たとえば、*The Politics of Informal Justice* (R. Abel ed. 1982)を見よ。

*13――たとえば、*Lawyers in Society: an Overview* (R. Abel and P. Lewis eds., 1995)を見よ。

*14 — Ingrid V. Eagly, "Community Education: Creating a New Vision of Legal Services Practice", 4 *Clinical L. Rev.* 433 (1998) を見よ。また、Leigh Goodmark, "Can Poverty Lawyers Play Well with Others? Including Legal Services in Integrated, School-Baced Service Delivery Programs", 4 *Georgetown Journal on Fighting Poverty* (Spring 1997), p.243 を見よ。

*15 — Mark E. Doremus, "Wisconsin's Elderlinks Initiative: Using Technology to Provide Legal Services to Older Persons", 32 *Wake Forest L. Rev.* (1997), p.545 を見よ。

*16 — カリフォルニア大学ロサンゼルス校のロースクールは、学生が入学する時点で選択できる、公益的弁護士活動に特化したプログラムを持っている。

*17 — ウィスコンシン大学ロースクールのラルフ・ケイグル教授は、「専門職責任」に関する科目の一部に、ルイーズ・トゥルーベックを招いて、公益に関する問題についての講演をさせた。

*18 — Cynthia F. Adcock, "AALS Pro Bono Project is Underway", *AALS Newsletter* (November 1999), pp.7-8 を見よ。

*19 — 前注。

*20 — 前注。

*21 — Alfred C. Aman, Jr., "Proposals for Reforming the Administrative Procedure Act: Globalization, Democracy, and the Furtherance of a Global Public Interest", 6 *Ind. J. of Global Legal Studies* (1999), p.397, p.410 を見よ。

*22 — 前注。

*23 — 前注。

*24 — 前注の 411 頁を見よ。

*25 — 前注参照。

*26 — たとえば、Abel and Lewis、前出注 *13 を見よ。

*27 — David M. Trubek et al., "Global Restructuring and the Law: Studies of the Internationalization of Legal Fields and the Creation of Transnational Areas", 44 *Case Western Res. L. Rev.* (1994), p.407, p.410 を見よ。

*28 — ルイーズ・G・トゥルーベックからウィスコンシン大学理事会に対して、1999年6月18日に出された個人的なメモ（これは著者の個人的な文書である）を見よ。また、ABA Commission on Multidisciplinary Practice, "Recommendation", URL: http://www.abanet.org/cpr/multicom.html。

*29 — 前出注 *27 の Trubek et al., の 461 頁を見よ。

*30 — 前出注 *21 の Aman の 419 頁を見よ。

*31 — 前出注 *27 の Trubek et al., の 473 頁を見よ。

*32 — Margaret E. Keck and Kathryn Siikink, *Activists Beyond Borders: Adovocacy Networks in International Politics*, (1998), pp.165-198 を見よ。

*33 — 前出注 *27 の Trubek et al. の 473 頁を見よ。

*34 — 前出注 *21 の Aman の 414 頁と前出注 *27 の Trubek et al. 474 頁を見よ。

*35 — 前出注 *27 の Trubek et al. の 474 頁を見よ。

*36 — 前出注 *1 の Trubek and Cooper を見よ。

*37 — 前出注 *27 の Trubek et al. の 491 頁を見よ。

……………………………………………【監訳】宮澤節生（早稲田大学法学部教授）
……………………………………………【翻訳】米田憲市（鹿児島大学法文学部助教授）

司法改革：
韓国の新しい政治環境下の課題

韓国慶南大学校教授　尹　大奎

司法改革の背景

　1980年代半ば以降、権力維持型の旧制度から国民の地位を高める新制度へと一変させようとする勢いが続いてきた。こうした変化は、1987年の大統領直接選挙制、1992年の文民政府への政権移譲、1997年の野党への政権移譲によって象徴される、政治における民主化過程に見られる。独裁主義的な政府の下、これまで司法制度は、必然的に現状維持と既得権保護を優先していた。それゆえ、法律の道具的役割は顕著であった。新たな権力集団は、自らの政権の正当化のためだけでなく、国民の要求によって、様々な社会領域において改革努力を始めた。このことは、1990年代初期の文民政府樹立以後の包括的な改革努力の一領域である司法改革分野においても明らかである。

　韓国において、改革努力を強いたもう一つの影響力は、経済的な要求、――ウルグアイラウンド協商と世界貿易機構（WTO）の創設以後、グローバル化した市場において激しくなった競争――に起因したものである。いわゆる「世界標準」が、我々が従うべき新しい規範になったのである。透明性、規制撤廃、消費者の視点、責任などが、改革のキャッチフレーズになった。政府は、社会の各分野において、その改革政策を推進した。

　本稿では、司法制度に関する最近の展開と改革努力とを概観し、分析する。
　司法領域は、その政治的権力との親密な紐帯と、他とは比べものにならないほどの既得権に起因する保守性のため、外部から最も神聖化され、また挑戦されることのなかった分野であった。次章で検討するように、新しい政治的・社会的要因によって、司法制度に対し、強い異議申立てが行なわれている。

憲法裁判所の積極的役割と司法の独立性の向上

　韓国において、立憲政治へ向けた最も重要な発展の一つは、1987年の憲法改正によって設置された憲法裁判所の積極的役割である。憲法裁判所は、主に違

憲法律審判と憲法訴願審判に携わっている。以前にも存在した同様の裁判所が、ほとんど休止状態か、少なくとも自らの司法審査の権限をなかなか行使しようとせず、その活動が名ばかりのものであったことを勘案すると、現在の憲法裁判所の活動は確かに驚くほどである。単に統計値をみるだけでも、その顕著な活動が十分に認められる。1988年9月の設置以来、1999年9月30日現在までに、憲法裁判所は総数4,658件の事件を処理した。同裁判所は、既済事件4,658件のうち、実体審理で2,088件に対して決定を下し、事前審査で2,305件を却下した。265件は当事者によって取り下げられた。

憲法裁判所は、違憲法律審判の実体審理に関して708件の決定を下した。そのうち、264個の法律について、その全部あるいは一部が違憲であると判断された。したがって、これらの判決の約37パーセントは、立法手続を通して制定された法律を無効にし、または一部否認する結果になった。この数字は、憲法裁判所の政治権力からの完全な独立を象徴的に示すものである。

このような憲法裁判所制度の新鮮な活躍は、制度自体の効用や手続的な改良というよりも、民主主義を支持する政治的環境が改善されたことによる直接的な結果である。憲法裁判所は、このような活躍によって、公権力の変化に大きく貢献した。違憲法律審判は、憲法的な基準に基づいて政権を監視する一番有効な装置となった。憲法裁判所の役割は、立憲政治の拡大に大きく貢献してきた。

より民主化された環境の下において、一般の裁判所も、独裁主義的な政府によって頻繁に害されてきた独立を享受している。政治的な動機に基づいた事件の数も著しく減少したが、一方で、憲法裁判所は多くの政治的な意味合いを持つ事件を処理している。憲法裁判所と大法院との間では、それぞれの管轄をめぐって不一致や葛藤が続いてきたものの、大法院は憲法裁判所の積極的な行動態様を意識し、憲法裁判所に遅れを取らないよう、少なくとも同様に積極的でなければならないと感じていた。両者は、業務上補完しあっているだけでなく、法の支配へのコミットメントにおいても拮抗している。裁判所は、政治的な干渉を懸念するよりも、今や、世論・利益集団等のような他の勢力からの影響を懸念している[*1]。大法院は、大法院長候補者を推薦しようとする大韓弁護士協会の動きに関して、それは司法府の独立に対する挑戦になるとして反対を表明した。現在、同協会は、大法院判事の任命において、推薦または聴聞を通

し、その役割を果たそうとしている。大法院は、こうした外部からの干渉を嫌っている。これらのすべての出来事は、民主主義へ向けた新たな政治的発展に起因するものである。

依然として存在する検察官の独立への疑い

　裁判官と同等の資格を有する韓国の検察官は、刑事司法実現のため、捜査、公訴、判決の執行をも含む広範な権限を行使している。しかし、独裁主義的な政府の下では、その捜査権限が、国家安全企画部（前の中央情報部）や軍機関のような他の公安機関によって、しばしば害されてきた。公安関連機関が文民政府の樹立に伴い退却したことで、検察庁は、法律上のみならず事実上も、捜査において広範な権限を享受している。政治権力者の立場からは、その法的能力、職業的安定性、階級構造を勘案すると、検察庁は、最も頼りになる部署である。

　韓国の検察庁は、独立組織ではなく、法務部長官の監督下にある行政機関である。法務部長官と検察総長は、行政部門を統括する大統領に対して、直接に責任を負う。検察の政治への関与は、その広範な権限を考慮すれば、ある程度は避けられない。最近数十年間の経験が示すところでは、検察は政治権力に対して柔順に従ってきた。つまり、政治権力を握る人々の意図を実行する忠実な手段であることが証明されたのである。そこで、政治的な影響力からのさらなる独立性を求めて、いくつかの方案が考え出された。1988年以来、検察総長は、大統領によって2年の任期で任命され、再任されないことになった。したがって、検察総長は、2年間の任期を保障され、大統領は自らの裁量で検察総長を解任することはできない(*2)。しかし、多くの検察総長はその任期を全うすることなく辞職し、法務部長官や政治家になった。検察総長は、その影響力と世間からの注目のため、政治家としての新たなキャリアを始めるには、最も魅力的な官職である。

　第2の方案は、検察総長の辞職後の公的な活動を制限することである。検察総長は、退官あるいは辞職後2年間は、公職への任命、または政治的活動をすることはできない(*3)。しかし、憲法裁判所は、政治的結社の自由および職業選択の自由を侵害すること、また制限が必要最小限の範囲をはるかに越えていることを理由に、この条項（検察庁法12条4項、5項）に対して、違憲決定を下

した(*4)。その結果、この条項は後に削除された。

　政治権力に対する検察の肩入れは、文民政府下においても改善されなかった。むしろ、文民政府が、その統治のために一層検察に依存しているため、検察が、政治的事件に関与する傾向はより大きくなっている。検察官が自らの政治的野心を実現するために政治権力に肩入れする一方で、政治権力はその任命権限を利用している。この悪循環が引き続き繰り返されている。しかし、韓国社会が民主化し、政権移譲も慣行として定着してゆくにつれて、政治権力に向かう検察官は少なくなるであろう。

　同時に、より民主化された社会では、検察が捜査権を独占する一方、警察が独自の犯罪捜査権を持たずに補助的な地位にとどまることは容認されないであろう。この二つの機関の間の衝突が、時に権限問題をめぐって発生する。犯罪捜査における独自の地位を確保しようとする警察の動きは、一層明白になっている。これは、政治権力者が将来的に解くべきもう一つの課題である。現在、政治権力は、検察の方に傾いている。

　検察の権限強化に関連して、アメリカの独立検察官と類似する、特別検事制度の設置をめぐる論争が存在する。野党は、いわゆる「政治的事件」に対する公正な捜査を保障する手段として、常にこの案を支持してきたが、与党は、その導入に絶えず反対している(*5)。検察もまた、それには強く反対している。世論は、既存の検察組織からの独立性が保障されるため、特別検事制度に賛成しているようである。

　この問題をめぐる論争は、検察の最高幹部が関与し、検察に相当な打撃を与えた二つのスキャンダルの発生と共に再燃した。その二つのスキャンダルとは、いわゆる「高級婦人服によるロビイング」と「検察に強制されたストライキ」事件である。一般に「毛皮ゲート」として知られている前者の事件では、保険財閥会長夫人が、毛皮のコートと他の高級婦人服を当時の検察総長夫人に贈り、夫の捜査に影響を与えようとしたため、起訴された。後者の「ストライキ操作」スキャンダルでは、検察自身が、弾圧を正当化するため、造幣公社の不法労働ストライキを扇動したとの疑惑が持たれている。

　世論は、検察自身が事件に絡んでいるため、検察がこの事件において公正な捜査を行なうことは信じ難いと思っている。国会もまた、この二つの問題に対して、それぞれ別の聴聞会を開くことを決定したが、その成果は、国民の期待

にはるかに及ばないものであった。結局、連立与党と野党は、この特定の二つのスキャンダルに限って捜査を行なうために特別検事を選任することに合意したが、充分には制度化しないまま、特別法を制定した(*6)。国会の要請によって、大統領は、各事件のために、大韓弁護士協会の推薦した候補者から二人の特別検事を任命した。元裁判官と元検察官がそれぞれの事件のために選任された。特別検察官には、捜査のため2カ月の制限期間が与えられた。その捜査は、現在進行中であり、本年（訳者注：1999年）内に終結すると思われている。正式な特別検察官制度の導入は、現在のスキャンダルの捜査終了後に行なわれる政党間の将来的な交渉にかかっている。現在の特別検察官の捜査が成功するかどうかは、特別検察官の捜査方針はもちろん、検察の協力に大きく左右される(*7)。

法曹の不正行為に対する異議申立て

韓国の法曹は、自らの既得権拡大のためにその地位を充分に利用しながら、排他的なギルド的団体として活動してきた。弁護士・裁判官・検察官の法曹三者間の関係は、独特な司法試験制度によって規模が小さいため、大変結束が固く、なれあいが強かった。そうした強い一体感、あるいは団結心が、腐敗を生み出す温床を提供していた。

独特な同志愛は、チェック・アンド・バランスの機能を欠いていた。弁護士・裁判官・検察官の親密な連帯は、スムーズで効果的な司法運営を促進せず、司法の公正さを機能不全にしてきた。法曹内部の腐敗と不正義な慣行は、様々な理由で正当化され、または容認された。法曹が利益集団として莫大な権力と法的な問題に対する最終的な発言権を保持していたため、不法行為を監督・禁止する外部的な装置は、うまく機能しなかった。この閉鎖的システムは、自己の利益に反するいかなる革新や改革も、効果的に防御することに成功した。

韓国の法曹において、最もひどく、深刻な慣行は、辞職間もない裁判官や検察官に対するいわゆる「前官礼遇」である。すなわち、裁判官や検察官が辞職後に弁護士として活動すると、彼らは、司法手続や判決において、そうした職業的経験がない弁護士に比べて、裁判所または検察官から友好的に扱われる。この事実上の特権は、年功序列と勤務経歴によって異なる。

そのような特別待遇のため、裁判所や検察官を辞めてから開業する弁護士は、訴訟依頼人に好まれる。こうして、彼らは、多くの訴訟依頼人を集め、高

額の受任料をもらえるのである。特別待遇は、刑事事件において特に明白である。たとえば、ある調査は、令状の発付や量刑の決定がそのような特別待遇によってどの程度強い影響を受けるかを、よく表わしている。拘束適否審査や保釈をみると、元裁判官や元検察官の成功率は、平均よりはるかに高い(*8)。

このような特別待遇は、彼らに数年間で莫大な財産をもたらす。それには、彼らが相対的に低かった前職での報酬を、弁護士としての開業によって補おうとする理由もある。

もちろん、このような特別待遇は、現職の裁判官や検察官の協力なしには不可能である。現職の裁判官や検察官は自己の利益のために協力しているのである。というのは、彼らは、自分が退職したときには、そうした待遇の分け前を得る側に立つことになるからである。この点において、法曹三者の利益は、からみ合い、また互いに補強し合っている。

韓国の法曹界のもう一つの忌むべき特徴は、訴訟依頼人を確保するため、ブローカーを使用することである。弁護士事務所には、二種類の職員がいる。一つは、弁護士の法律業務を補助する正式職員であるが、他方、もう一つは、もっぱら訴訟事件を受任するために雇用されている職員である。後者は、いわゆる「外勤事務長」と呼ばれる。彼らは、給料のほかに、訴訟依頼人が払う弁護士費用（訳者注：韓国では「受任料」という）の20～30パーセントを手にする。大手ローファームに比べると、個人経営の弁護士は、そのような外勤事務長により多く依存していることが知られている。ある報告書によれば、個人経営の弁護士の60パーセント以上が、外勤事務長を装ったブローカーを雇っている。これは、このような外勤職員がその仕事として、警察署、裁判所、検察庁、病院等で、訴訟依頼人を追い求めていることを意味している(*9)。

また、独立したフリーランスのブローカーも多数存在する。その中には、一定の弁護士と正式な提携関係を維持している者もあれば、自らの都合に合わせて事件を配分する者もある。これらのブローカーは、弁護士費用の40パーセントを手にする。彼らは、紹介料で生計を立てており、したがって、いわゆる「職業的な事件ブローカー」である。これらの職業的な事件ブローカーの大多数は、警察署、検察庁、裁判所等のような法執行機関に勤務した経験がある元公務員である。

弁護士の受任する事件数には、顕著な差がある。トップにいるのは、前官礼

遇を享受している裁判官や検察官出身の弁護士、もしくは、事件ブローカーを利用する弁護士である。訴訟依頼人の確保において果たす効果的な役割のため、弁護士にとっては、事件ブローカーを利用する誘惑を断ち切ることは大変難しい。事件ブローカーの広範な使用とそれに伴う紹介料は、韓国の高い法的費用の一因となり、他方、法律市場における公正な競争をひどく妨害し、また、法的慣行を改革するにあたり、その障害を生み出す一因となっている。

　韓国の法曹界に見られる、もう一つの慢性的な慣行は、新任、昇進、餞別、季節のあいさつ、休暇等の贈り物や、事務費等の名目で、個人経営の弁護士が裁判官と検察官に与える「寄付金」（訳者注：韓国では「寸志」という）である。ひどい場合には、毎月定期的に小遣い銭を受け取っていた者もいたといわれている。その寄付金は、補職、地位、親密度によって違うものの、数百ドルという額にのぼる。裁判官と検察官は、弁護士が莫大な財産を築いているのに対して、相対的に低い報酬しか手にしていないため、そのような寄付金を受け取ることを当然のことと考えている(*10)。

　異常なほど多くの数の訴訟依頼人を受任してきた二人の弁護士をめぐる最近の事件によって明らかにされたのは、彼らが裁判官と検察官に対して、そうした寄付金や饗応を提供していたことである(*11)。ある検察の高位幹部は、そのような寄付金を受け取っていない検察官は一人もいないことを認めた(*12)。間違いなく、同じことは、裁判官に対してもあてはまる。彼らは、このような寄付金を当然のことと思い、良心の呵責もほとんど感じていない。関係当局も、寄付金を受け取ることが不適切であることは認めるものの、賄賂とは考えていない。この特定の事件では、莫大な寄付金を受け取った者達は、刑事処罰はもちろん、解任されることもなく、辞表を提出した。少額を受け取った者達については、警告処分にとどまった(*13)。

　韓国が、より民主主義的な社会になり、またグローバルな資本市場に開放されるのに伴い、法曹の特権とその時代遅れの慣行は、一層激しく攻撃されることになった。法曹は、独裁主義的な支配の下では、権力の側に立ち、あるいは、少なくとも権力に黙従することで、既得権を維持してきた。政治権力は、現在では軍による支援ではなく、大衆の支持に基づいて行使されるがゆえに、公共の利益に対するより大きな関心と司法制度に対する根本的な変化が求められている。

司法試験の定員の増員は、法曹に重大な変化をもたらす重要な要素である。第1に、個人開業弁護士の増員は、司法市場における競争の増加を意味する。第2に、元裁判官や検察官であった弁護士とそうでない弁護士との間で、派閥争いが行なわれている。官僚主義的な雰囲気の洗礼を受けず、また裁判所や検察庁で特権が与えられなかった若い弁護士には、よりリベラルな傾向が見られる。彼らは、元裁判官や検察官に与えられる特権を拒否し、法律市場における公正な競争を要求する。

司法改革の課題

　1990年代初期の文民政府の樹立以来、司法改革は、政府の重要な課題であった。以前の政府の下では、改革の動きは失敗し、司法制度の構造的または根本的な変化をもたらすことなく司法試験定員を増員するだけに終わった[*14]。

　現在の金大中改革政府も、司法改革に関心を抱いている。1999年4月、大統領は、行政府に対して、司法改革のための包括的な提案を1999年末までに準備するよう命じた。法務部長官は、改革案を起草するために多様な分野から選ばれた19人で構成される、司法改革推進委員会を発足させた。この委員会は、大統領の諮問機関であるが、法務部の主導権の下で活動している。委員会に与えられた課題は、手続的な問題のみならず、検察の改善、法曹一元化、不適正な司法慣行の根絶、法律扶助の拡大等のような構造的変化を含む包括的なものである。

　委員会は、毎週定期的に会議を行なっていることは公表されている。しかし、そうした会議の結果についての発表や、その議題に関する公聴会が行なわれるようになったのは、9月上旬になってからである。9月7日に、委員会は、二つの争点に対する中間報告——捜査および公判手続における人権保護と法律扶助の拡大——を発表した。両者とも、手続上の問題に関わるものであるため、世論の反対のおそれもなく、結論に至りやすいものである。委員会は、それらの問題点を改善・解決するために、以下に挙げるようないくつかの提案を行なった。①迅速・公正な裁判を保障するため逮捕は最小限とする、②身柄拘束期間を短縮する、③起訴前刑事被疑者に保釈を認める、④法律扶助を拡大する、⑤弁護士にプロボノ活動を義務づける、⑥刑事事件における成功報酬を禁止する、⑦大規模で専門化したローファームを育成する、等である。

しかし、既得権に対する構造的変化をもたらす、より根本的で、議論の余地がある問題点については、処理されないままに残った。委員会には、ごく限られた時間のなかで、課題が山のように用意されている。その活動に対して、より正当な評価を引き出すために、委員会は、その手続きを公開し、公聴会において議論を行なうべきである。また、委員会の構成も批判されるべきである。その構成員は、改革に気の進まない法務部によって選任されていた。ジャーナリストや、消費者などの社会組織の代表は含まれているものの、法曹が大半を占めている。なにより、問題点に対する彼らの個別的な立場が予め公表されていなかった。彼らは、事務局を務める法務部によって操られる可能性がある。
　政治権力を保持する者にとって第1の目標は、権力を維持することである。したがって、彼らのジレンマは、既得権に基づく現状維持と、公共の利益一般を高め得る変化との間で、いかに取捨選択を行なうかということである。政治権力の観点からは、政治的に最も強い集団で権力を維持するために一番信頼できる道具の利益を損なうような改革を遂行することは、容易ではないであろう。公共の利益一般というものは、あまりに漠然としていて、選挙結果に直接には結びつかないものである。

結

　司法上の問題を是正する試みは国民の期待に応えるものではなかったが、憲法裁判所の活躍や司法の独立性の向上を通じて検討したように、司法制度においては大きな発展が見られた。活発な公共的な議論と、問題点をめぐる論争は、制度の進歩にとって、よい前兆でもある。韓国社会がより民主化されるのに伴い、司法をめぐる慢性的な問題点に対する世論の監視は一層強くなっている。社会変革というのは、対立する利益間の闘争を通じて生じるものである。韓国の司法改革の過程は、そうした過程を示す一例である。一般大衆が現在の問題点についてさらに多くの関心を示すようになれば、政治権力を握る者は、そうした世論を一層考慮して、次にはその改革政策を加速させることになるであろう。

*1──中央日報1999年8月17日。

*2──検察庁法12条3項。

*3──検察庁法12条4項、5項。

*4──憲法裁判所決定、1998年7月16日。

*5──金大中大統領の与党は、野党時代には特別検察官制度の導入を強く支持した。しかし、大変興味深いことであるが、彼は、政権を掌握後の現在、同制度に反対している。

*6── 1999年9月30日法律第6031号。

*7──特別検察官とその補佐官との間の衝突が、捜査初期からすでに報告されていた。結局、一人の検事を含む5人の捜査官が、辞任を表明した。

*8──朝鮮日報1995年3月3日。

*9──「法曹三者の食物連鎖大解剖」(月刊) 新東亜1998年4月、215～224頁。

*10─前掲、新東亜229～240頁。

*11─二つの事件は、それぞれ1998年2月と1999年1月に暴露されたが、それによって、この問題の深刻さが明らかになった。

*12─自らも関与しているその高位検察官は、そうした慣行は長い間当然とみなされていたため、そのような寄付金や饗応を受けたことで、そのスキャンダルに関与した検察官が処罰されることはないだろうと語った。後に、彼は、事件に関与したためではなく、検察高位層に対する背信的な非難のため、解任された。東亜日報1999年1月28日～2月4日。

*13─前掲、東亜日報。このような慣行は、裁判官や検察官だけに限らず、一般職員のような下位階層にも存在する。司法における下位階層の不正行為は、広く行なわれている。一般国民は、法的手続において、迅速な処理やよい結果を得るため、しばしば賄賂をつかませている。下位階層の清廉度や公共の信頼は、裁判官や検察官のそれよりはるかに低い。しかしながら、裁判官や検察官が関係する不正行為の程度は他の官庁より低いので、他よりも高い国民の信頼を得ている。

*14─ 1990年代初期の司法改革の問題点およびその過程について、詳しくは、Dae-Kyu Yoon, "Current Reform Efforts in Legal Education and the Delivery of Legal Service in Korea", in Louise G. Trubek and Jeremy Cooper (eds.), *Educating for Justice Around the World*, Ashgate (1999) 参照。

……………………………………………【監訳】宮澤節生(早稲田大学法学部教授)
……………………………………【翻訳】李 東熹(神戸大学大学院法学研究科博士後期課程)
……………………………………………………………………………菅野昌史(同上)

グローバリゼーション下の
紛争処理における文化衝突
法律扶助のための国際協力

名古屋大学大学院国際開発研究科教授　佐藤安信

はじめに─────

　正義が行なわれなければならない。しかし、いったいどのように？　1992年から1993年に国際連合カンボジア暫定統治機構（UNTAC）の人権担当官としてカンボジアに赴任していた際に、私は刑事的要素を含んだ２件の民事紛争を取り扱った。1件は、交通事故により女性一人が死亡した事件で、もう１件は強姦事件であった[*1]。

　最初の事件は遺族が加害者の運転手に損害賠償させることをUNTACへ嘆願したものだった。というのは、加害者が州知事の親類にあたるため、裁判所が遺族を助けるとは考えられなかったからである。遺族はUNTACがこの問題に干渉することはできないと知るや、ポルポト派（クメール・ルージュ）の将軍に助けを求めた。ポルポト派はパリ平和協定に反して武装解除をしておらず、知事に対して損害賠償をしなければ武力攻撃を行なうぞという恐喝がうまく働いた。それからしばらく後、遺族は相当額の賠償金を受け取ったのである。もう１件の強姦事件においては、私は被害者の母親から娘と結婚するように加害者を説得してほしいと懇願された。その母親は、それが未婚女性の処女性を重んじる社会の中で娘の尊厳を保ち、人権を保護する唯一の手段であると考えていたのである。強姦の結果、妊娠したとしても仏教の教えで中絶は許されないと母親は告げた[*2]。

　双方の事件において、私は、その当事者が取った正義の実現のための手段と紛争解決のための方法は不当でも不合理でもないとして受け入れざるを得なかった。平和および人権の任務を遂行するUNTACの人権担当官として相当の落胆を禁じ得なかったが、彼らの社会状況においては最良の手段であったのだろう。

　この逸話はその国の文化を学び理解することが、適切な法律を発展させる基本的要件となることを表わしている。ここで、自由市場経済のための法整備支

援を検証することで、グローバリゼーション（地球化）における文化衝突を検討していくことにする。事例として商事紛争処理の近代化における日本の経験を取り上げて分析する。最後に、グローバリゼーションにおける文化的差異を埋める法律扶助の国際協力を提案する。

自由市場経済のための法整備支援

　1960年代に法整備支援開発を提唱した「法と開発」運動は、自民族中心主義、帝国主義であり、非論理的で単純であると批判され失敗した(*3)。しかしながら、「良い統治（グッド・ガバナンス）」「持続可能な開発」「制度構築（インスティチューショナル・ビルディング）」のような新しい開発の言説において、法律は開発機関の中で再び脚光を浴びてきた。1997年の世界銀行開発報告は、発展途上国政府の最初の仕事として「法的基礎の確立」を特定した。アジア開発銀行は近年、「アジア経済の発展における法律と司法制度の役割」という題目で法の役割についての研究成果を出版した(*4)。

　デヴィッド・トゥルベックがまさに指摘したように、この新しい法と開発の現象は、開発における魔法の力である、民間セクターの投資による市場経済促進という「ワシントン・コンセンサス」(*5)に基づいている。グローバリゼーションの名の下にグローバルな自由市場の法的インフラが少しずつ形成された。言葉を変えれば、これはアメリカ「資本」拡大の過程である(*6)。

　この開発への新しいアプローチは、最新の多国間開発銀行である欧州復興開発銀行（EBRD）によって試みられている。EBRDは東ヨーロッパおよび旧ソビエト連邦の貧しい人々が西側諸国へ潜在的に大量流入することを遮断していたベルリンの壁が崩れた後の1991年に設立された。その任務は民間セクター融資による国の市場経済移行を支援することである(*7)。いうまでもなく、民間融資は投資家の利益を保護するためによい法的環境を保持することを必要とする。このために、EBRDはその管轄国、すなわち市場経済移行国における法整備支援を専門とする法的移行チーム(*8)を創設した。

　EBRDはその管轄国における民間投資に関する法律の現状の広範な調査を行ない、その結果が1995年の移行報告書において出版された(*9)。各国法の普及率および有効性が分析され、評価された。有効性は立法、行政および司法の3つの観点から検討された。たとえ法律が存在したとしても、全般に有効ではな

いことをその結果が表わしている(*10)。

　新しく制定された法律が一般的にいって、実務において容易に実施できないことからすればこの結果は合理的である。法律は人々の信頼なしには遵守されないであろう。人々の信頼は、それが社会的現実および文化合致するという事実によって得られるものであろう。経済法が民間投資に関係するものであるというのもまた真実である。民間投資家にとって、法律の実効性は特に紛争処理において不可欠である。このように法整備支援はいわゆる自由市場のためのグローバル・スタンダードと現地文化の間の衝突を扱わなければならない。

グローバリゼーションにおける文化衝突
商事紛争処理のグローバリゼーション

　取引きおよび通商は今では、国境を越えて行なわれている。国内実体法および手続法による国内民事法制は、もはや国境を越える取引きおよび商事に関する紛争処理に適当ではない。商事活動がグローバルになればなるほど、さらにグローバルな処理が必要である。しかしながら、グローバルな法律および手続きが近い将来に実現されることはないようである。国際商事仲裁が国境を越える商事紛争処理の実践的な方法であることは明らかである。その主な理由は、110カ国以上で批准されているニューヨーク条約（1958年外国仲裁判断の承認および執行に関する条約）を通して仲裁の管轄権の中立性および執行可能性を担保できるからである。仲裁の基準および手続きは、1985年に国際商事仲裁のモデル法を準備した国連国際商取引委員会（UNCITRAL）のような国際機関を通し標準化されてきた(*11)。それにもかかわらず、仲裁は当事者間の文化的差異の橋渡しまでは未だできておらず、その差は、東洋（アジア、アラブおよびイスラム社会）(*12)における調停文化と西洋（ヨーロッパおよびアメリカ）における対抗文化間で最も顕著であり、西洋内部でさえヨーロッパ大陸とコモンロー諸国では法的伝統の相違が見られる。

対抗文化　対　調停文化

　儒教哲学の影響を受けている日本、中国および他のアジア諸国は紛争処理の好ましい解決策として長い間、あっせんおよび調停を調停文化として有している。そのような非対抗的紛争解決処理によって対面を保ち、商業的関係を維持

することができる(*13)。

　紛争は社会の調和および平和を乱すと否定的にみなされ、妥協は社会の平和および秩序を導くと肯定的にみなされてきた。法律自体は、秩序および平和の典型とみなされてきた。この法文化の基礎には、西洋の個人主義に対するアジアの集団主義がある(*14)。

　この文化は、イェーリング（Jhering）の著書、Der Kampf ums Recht（権利のための争い）にあるように、衝突および紛争を積極的に考える個人主義に基づく西洋対抗文化と明確に対照をなしている。ここでは権利および法律とは闘争および紛争を通して獲得し、実現すべき事象と定義される。規則は、権利を実現するための紛争処理におけるフェアプレーのために作られる。特にコモンロー理論において、裁判所は権利を付与する実体法を発見し、訴訟法が形成された。このようにして手続的正義としてのデュープロセスまたは自然的正義は普遍的価値として強調された。

　国際仲裁は、西洋の対抗文化に基づく紛争処理のためのその規則および私的裁判を考案することによって、民事訴訟における国内法の間の齟齬および管轄間の齟齬の双方に対応するために開発されてきた。しかしながら、国際仲裁は異文化間の仲裁における文化的差異に妥当に対応することは不可能であると近年いわれている(*15)。また、仲裁は、当事者が選択する実体法の適用における手続的公正および形式性を確保するために、皮肉にも融通が利かなく、経費がかさみ、時間がかかる訴訟に近づいている。このようにして、代替的紛争解決（ADR）の型の一つである東アジアの伝統におけるあっせんおよび調停は、近年仲裁手続の代替または補完をなすものとして取り入れられてきている。これは国際仲裁の問題を解決する上で斬新な方法である。中国(*16)、香港(*17)、韓国(*18)およびシンガポール(*19)は正式に仲裁の枠内における調停の制度を採用した(*20)。

　しかしながら、谷口安平は、異なる文化におけるあっせん／調停で使われる基準が曖昧で流動的なため、あっせん／調停自体は文化的差異を小さくすることにはならず、むしろ文化的差異を拡大し、手続きにおける偏頗性を強化するとしている(*21)。私達は意思伝達および交渉に対する異なる価値感や態度を持つ国々の人々と対面している。したがって、国境を越える文化的紛争処理における標準または基準の統一が、自由市場経済のグローバリゼーションに必要な

予測可能性を高めるために長い間望まれてきたのである。

統一　対　地域性

　法規範および手続きの共通基準は、UNCITRALモデル法、UNIDROIT国際商業契約原則(*22)およびEBRD担保モデル法(*23)のように国際機関によるいくつかの比較研究を通じて提案されてきた。近年のアジア金融危機は、タイ、マレーシア、インドネシアおよび新興経済のヴィエトナム(*24)のようなアジア諸国に重要な構造改革を余儀なくした。特に、インドネシアにおいてIMF融資と引き換えに倒産法が作成されたように、市場原則に適合する膨大な法律が、経済の健全な発展のために立法されている。この改革は市場関係者に対してさらに透明性および説明責任を果たす経済にすることを目的としている。冷戦が終焉し、この自由市場の思想が新しいグローバルイデオロギーになりつつあるようである。

　このイデオロギーに導かれる国際機関(*25)および二国間援助機関(*26)による技術協力は現在、発展途上国および／または旧社会主義国に外国投資を誘引する自由市場経済構築のための法制度を築くことに積極的である。

　しかしながら、次章で検討する日本の経験より明らかであるように、現地制度およびその土地の状況を理解することなく、ある国の法律および制度を他国へ転用することはできない。その地域性はその土地にあった適切な法および制度を「創造」するために慎重に検討され、尊重されなければならない。そうでなければ、法改革に着手するグローバリゼーションは隠れた植民地主義または自由市場の名を借りた帝国主義の再来になりかねないのである(*27)。

　地域の文化および伝統を理解し尊重することは、すべての国際協力の基本的前提であり、特に紛争処理においてはそうである。これらの潜在的な批判を避けるためには、グローバル・スタンダードの創造に各文化および各国が参加することが保障されなければならない。グローバルな経済制度を支える法律の統一における西洋支配に照らして、西洋原理と現地文化を調和させた日本自身の経験に基づいた日本の関与は適切のように見える。日本はグローバリゼーション自体に対応していくために、現在の改革を進め、紛争処理のグローバル・スタンダードの形成において、調停者または触媒として参加することが望ましい。日本の貢献に移る前に、ここで紛争処理の近代化における日本の経験を簡

単に検討する。

紛争処理における日本の経験
紛争処理の近代化

近代以前の日本法および紛争処理の双方は、7世紀から9世紀にかけて律令制度として中国から日本にもたらされた儒教思想に基づいている。この点、日本の調停文化(*28)は、儒教思想に影響を受けた他のアジア諸国とも同様の基礎をなしている(*29)。

明治維新に西洋の原則を取り入れたことによる民事紛争処理の近代化は、西洋の大国と締結した不平等条約を改正する外交的動機が引き金となった。ドイツ法および制度を模範とした近代民事裁判制度を設立した過程において、伝統的調停はフランスの調停を模範として勧解として制度化され、これによって近代制度および実体法の空白を埋めることが模索されたのである。それは1891年に民事訴訟法が実施された時に廃止(*30)された(1890年代の民法および商法のようないくつかの重要な法律の法典化と共に1890年裁判所法が制定されていた)。

しかしながら、近代民事裁判制度が確立した後、1920年代の早期資本主義の間に、調停に関する様々な法律が増大した社会的紛争を扱うために再び導入された。これは外部からもたらされた民事裁判制度が、いかに現地の文化および社会的現実により近づくために重要な適応を求められたかを表わしている。つまり、近代化の過程で伝統的調停の実践は西洋の法の支配原理を日本社会にもたらし、近代法と伝統的価値観の衝突を和らげる役割を果たした。

法の支配は、連合国（主にアメリカ）により民主化として再び導入された。法の支配の構築は日本の独立回復の条件の一つであった。戦後の民主化は、明治の近代化が日本の独立に対する外国（アメリカ）の圧力の結果であったのと同じことであった。日本の法律は、独占禁止法および民事訴訟法に代表されるようにアメリカの法律の影響を強く受けている。しかしながら、日本経済の高度成長は商事紛争を防止する産業政策によりもたらされた。このような政策は、行政指導(*31)および伝統的な階層構造のような非公式な方法によって行政により実行された。日本人は国家権力およびビジネス団体を調停者と考え、それらが導く同意をめざした妥協を好む。したがって、司法制度は長いこと、小

規模で非効率な状態であった。これは急速な国家の経済発展と引き換えに、人権の促進および個人の法意識の発展を押しとどめるための暗黙の産業政策の一部であったようである。

　国家の経済発展を優先することで司法はまったく無視され非効率のまま、法律扶助の便益は貧弱なままであった。日本における法律扶助への国家助成金は、非常に小額である。予算は最近増えてきてはいるが、法律扶助協会(*32)の1997-98年総予算が30億4,500万円であったうち、法律扶助の助成金は4億4,300万円のみであった。国民一人あたりにすると、イギリスおよびウェールズのおよそ150分の1である(*33)。

グローバルな基準のためのビッグバン：規制緩和、行政改革および司法改革

　日本は現在、明治の近代化および戦後の民主化に続く大規模な法改革の第3の波である「グローバリゼーション」の波に直面している(*34)。日本経済のグローバリゼーションは、伝統的「制度」(*35)からの脱出を意味し、現在のグローバルな基準を反映する新制度を必要としている。

　1997年に日本政府はついに、自由かつ公正でグローバルな市場を築くために1986年のイギリスのビッグバンを模範にした金融ビッグバンを発表した。それは経済活動の重大な規制緩和を目指していた。商事紛争は行政による予防的手段に代わる司法の事後的規制により処理されるであろう。司法改革が司法へのアクセスを高める適切な司法の設立を期待される一方、現在の行政改革は各省庁の数および権力を縮小している。紛争処理のメカニズムを含む透明で説明責任ある制度は、外国政府(*36)から求められたばかりでなく成熟した日本経済自体によっても求められていた。

法律扶助制度の再考

　法律扶助は疑いなく司法へのアクセスを向上させるもう一つの重要な手段である。日本は現在、法律扶助法制の準備を含めたその貧相な法律扶助制度の見直しを進行中である。法務省法律扶助制度研究会が準備した1998年3月の報告書は、人々の自己責任を強調する近時の規制緩和の文脈において、法律扶助改革は行政の紛争予防機能を減少させる代わりとして、透明な紛争処理のために必要な司法機能の強化のための一里塚であるとしている。このように法律扶助

の任務は情報を有効に公開し、不公正な競争を改め、消費者の保護を求めることにより自由市場システムを支持することにも拡張されるべきである。さらに、いわゆる政策作成訴訟および法教育を通して、短期間では自由市場システムにより支えられない、人権、環境および他の公共利益の保護および促進もまた含むべきである。

法律扶助の国際協力

　これらの日本の経験は現在、自由市場経済のグローバル・スタンダードに適合するために大規模な法改革の波に直面しているアジア諸国と共有することができるであろう。新しい法制はその地域の文化および社会的現実に適応されなければならない。法整備支援は、特に紛争処理において、それがその地域の状況に強く根づいたものであることからそのような適合に向けられなければならない。この過程において、司法および法律家の役割は十分な法律扶助を通して強調されなければならない。

　また、コミュニティにおける慣習法、すなわちエーリック（Ehrlich）の Lebendes Recht （生ける法）は無視できないし、むしろ永続的な制度を創造するために徹底的に研究されなければならない。永続的な法制度は独創的で、特に各々の地域性に特別なものでなければならない。ポストモダニズムを背景にした法の多元性が近年議論されている。そのような視点はグローバルな基準の設定において考慮されるべきである。地域の智恵は普遍的実務に発展するものであろう。たとえば米国から発展し、正義運動にアクセスするカッペレッチの第3の波として世界に普及したADRが、ほとんどのアジア諸国で伝統的社会のあっせんまたは調停によって鼓舞されたことは間違いない。最近、あっせんと仲裁の組合せである、いわゆるMed-Arbが考案され、国際商事紛争処理の洗練された方式として開発されている。

　アメリカの基準ではない本来のグローバル・スタンダードは、文化的混沌を通して少しずつ形成されていくであろう。法律扶助はグローバル・スタンダードの基礎をなす、グローバル文化創造のための異文化間の意思伝達手段および理解に有効である。文化および法律の比較研究に基づく教育は、法律扶助活動において強調されなければならない。その地域の文化を尊重し社会的現実を考慮する法律扶助の国際協力は、平和の基礎を成す社会正義および人権を促進

するよい手段であるだろう。

　西洋諸国と異なり、日本は人権保障および促進ならびに平和創造のようなグローバルな問題に柔軟なアプローチをとることができる。法律教育および訓練を含む法律扶助協力は、自由市場経済のグローバリゼーションにおける国際的公共益を達成するために有効な法改革を行なう鍵となるであろう。この意味において、日本の法律扶助改革は、進行中の司法改革のみでなく日本の政府開発援助（ODA）政策にもリンクすべきである。近年の政府発表によれば、アジアの法改革および金融改革は、次の4年間におけるODA中期政策の優先課題として挙げられている。ここにおける司法改革は、IMFが求めている商法または金融法の制定のみに限定されるべきでなく、法律が人々の信頼を得るためにその地域文化および社会構造に法律を適応させる法律扶助を含むべきである。各々の地域文化を学び理解することは、真のグローバル・スタンダードを創造するために文化的差異の橋渡しをする最初の一歩である。

*1——詳細は以下を参照。Yasunobu Sato, *Lessons from UNTAC Human Rights Operation- Human Rights for Peace and Development*, Technology and Development (January 1997), pp.50-51.

*2——母親は人権教育キャンペーンの一環として私が赴任した地域の女性協会で行なった講義後に、この質問をした。

*3——David M. Trubek, *Law and Development: Then and Now*, in ASIL, Proceedings of the 90th Annual Meeting (1996), p.223.

*4——法律はアジアの経済発展に有効であったと結論づけている。

*5——これはブレトン・ウッズ体制における開発の考えにおいて主要なパラダイムを示している（Trubek、前出224頁）。

*6——これはアメリカ合衆国（レーガン経済）およびイギリス（サッチャー主義）に始まった、民間市場、経済活動の規制緩和、政府の役割の減少および自由貿易に強調される。以下を参照。David Trubek et al., *Global Restructuring and Law: Studies of the Internationalization of Legal Fields and the Creation of Transnational Arenas*, 44 Case Western Reserve Law Review, pp.409-410.

*7——国家への貸付は、EBRDの貸出額の40パーセントを超えることはできない。

*8——筆者はチームの創設メンバーであった。その職務の詳細は、以下を参照。Yasunobu Sato,

Financing infrastructure projects in central and eastern Europe, 4 European Financial Services Law 9 (1997), pp.228-233.

*9――詳細は、以下を参照。John L. Taylor and François April, *Fostering Investment Law in Transitional Economies: A Case for Refocusing Institutional Reform*, 4 The Parker School Journal of East European Law 1 (1997), pp.1-52.

*10――これはロシアで最も典型的にみられた。普及率が4、有効性が1であった(最高点4+、最低点1)。

*11――30以上の国および法域が新しい法律のモデルとして採用した。日本は現在、それを基にした新しい仲裁法の採用が進行中である。

*12 ― Bernardo M. Cremades, *Overcoming the Clash of Legal Cultures: The Role of Interactive Arbitration*, 14 Arbitration International 2 (1998), p.159 cites, Ahmed Sadek El-Kosheri, Is There a Growing International Arbitration Culture in the Arab-Isramic Juridical Culture? in Van den Berg (ed.), 前出 47-48 頁。

*13 ― David Bateson, *Mediation and Adjudication in Hong Kong: Are there Alternative Dispute Resolution Procedures Working?* 63 Arbitration 4 (1997), p.243.

*14 ― Nobuyuki Yasuda, *Law, Legal Culture and Regional Integration: Asian Perspectives*, GSID APEC Discussion Paper Series No.7 (1996), p.5.(名古屋大学大学院国際開発研究科(GSID)ホームページ)。中国に関しては、以下を参照。Benjamin Liebman, *Class Action Litigation in China*, in Note of 111 Harvard Law Review (1998), p.1524.

*15 ― Cremandes, 前出 158-161 頁。

*16―中国仲裁法 41 条。

*17―香港仲裁令 2B 条 3 項 (1989 年改正第 2 版)。

*18―ソウル韓国商業仲裁委員会は、仲裁／調停の組合せを支持している (Tang Houzhi, *Is There an Expanding Culture that Favours Combining Arbitration with Conciliation or Other ADR Procedures?* In Van den Berg, 同 103-104 頁)。

*19―1994 年シンガポール国際仲裁法 17 条。

*20―これらの東アジア諸国のみでなく、他の 10 数カ国および法域、いくつかのコモンローの法域においてさえ、仲裁手続において、和解、あっせん、調停、またはそれらの組合せを取り入れている(同 103-108 頁。いくつかのアメリカ合衆国の州は、仲裁法に調停を規律する規則を挿入した。ホウジ(Houzi)によれば、インド、ドイツ、スロベニア、ハンガリー、旧 CMEA 諸国、クロアチア、オーストリア、オーストラリア、カナダ、オランダ、スイス、フランス、アメリカ合衆国、ラテンアメリカおよび世界知的所有権機関(WIPO)がそうした組合せを持っている)。

*21―Yasuhei Taniguchi, *Settlement in International Commercial Arbitration*, 4 JCA News Letter (1999), pp.1-3 .

*22―これは、新しい商人の法の形成を目的としているようである（Gesa Baron, *Do the UNIDROIT Principles of International Commercial Contracts Form a New Lex Mercatoria?* 15 Arbitration International 2 (1999), pp.115-130.）。商人の法理論は、現行仲裁法および仲裁事件に多大な影響を与えた（Filip De Ly, *International Business Law and Lex Mercatoria* (1992), p.1）。

*23―EBRDが1993年に管轄国（中央および東ヨーロッパ諸国ならびに旧ソ連）における法整備支援のモデルとして作成したものである。

*24―ヴィエトナムは儒教思想の影響を強く受けている。タイ、マレーシアおよびインドネシア経済は華僑にコントロールされているといわれている。

*25―国連開発計画（UNDP）のような国連機関と同様に世界銀行ならびにEBRDおよびアジア開発銀行のような地域開発銀行。

*26―USAID（アメリカ合衆国国際援助庁）、DFID（イギリス国際開発省）、GTZ（ドイツ技術開発公社）およびJICA（外務省外郭団体の国際協力事業団）。

*27―ピエール・ボルデュー（Pierre Bourdieu）は、統一過程が次の二つの道の一つにすぎないと述べている。すなわち、(1) すべての文化的伝統の普遍的和解に導かれる流通および交換の強化および促進の機械的な類の効果をもたらすものかまたは、(2) 世界的規模でわずかな巨大産業力によるその生産物だけでなくその生活形式も輸出し押しつける帝国主義の効果をもたらすものである（Yves Dezalay & Bryant G. Garth, *Dealing in Virture*, Forward, p.vii(1996)）。

*28―Yasuhei Taniguchi, *Is There a Growing International Arbitration Culture? An Observation from Asia*, in Albert Jan van den Berg(ed.), International Dispute Resolution: Towards an International Arbitration Culture (1998), pp.31-40.

*29― M. Scott Donahey, *Seeking Harmony*, 50 Dispute Resolution Journal (1995), pp. 74-78. 以下も参照。Johannes Trappe, *Conciliation in the Far East*, 5 Arbitration International 2 (1989), pp.173-188.

*30―ある解説者は旧民事訴訟法下における裁判上の和解として残存したと議論している。

*31―これは非公式な（一般に口頭伝達）勧告である。法的拘束力はなく任意の遵守を勧めるものであるが、将来関係のない事柄に対しての行政上の裁量権限を使って事実上の制裁を非公式――法的に認められたものではない――に示唆するのが通常である。

*32―日本弁護士連合会（日弁連）により1952年に設立された。今も貧しい者の訴訟費用を支払う（貸与する）制度である法律扶助の主要な供与機関である（自治体は無料法律相談を行なっている）。

*33―1997～1998年のイギリスおよびウェールズの法律扶助総支出は、刑事事件の法律扶助を含めて16億7,000万イギリスポンドであった。日本は刑事裁判に46億円が支払われた。したがって、このことは計算に入れている。

*34 ─ 明治における近代化および戦後の民主化についての歴史的評価は議論の余地がある。筆者はこれらの双方が、国内的な要求および外圧による影響に基づく革命であったと考えている。現在の大規模改革の運動もまた、アジア金融危機後の「バブル」経済の崩壊に続く最近の日本金融危機に照らした外国投資家の圧力の結果である。

*35 ─ Karl van Wolferen, *The Enigma of Japanese Power* (1989), p.43.

*36 ─ 日本の商事紛争処理は通商障壁の一つとして厳しく批判されており、1992年米日構造協議の項目の一つとして取り上げられている。

……………………………【監訳】佐藤安信（名古屋大学大学院国際開発研究科教授）
…………………【翻訳】安藤由香里（名古屋大学大学院国際開発研究科博士後期課程）

法律扶助制度の
展開と課題

中

中国における法律扶助

中華人民共和国司法部・法律扶助センター副主任　宮　曉氷

中国における法律扶助制度の確立と実施への社会的背景

　古代より中華人民共和国建国に至るまで、中国において、法律扶助制度を確立することは不可能であった。法律扶助制度は、最終的には誰か個人の意思によるというよりは、むしろ中国の法制整備および市場経済の発展による必然的結果として生じたのである。

　中華人民共和国建国以降、弁護士制度が設立され、弁護士の地位は、以前よりもましてさらに大きな役割を伴って司法制度において確立されてきている。その結果、法律扶助に関して、完全な法体系が構築されなかったものの、関係する法律や規則がそのいくつかの側面をカバーしてきた。結局のところ、現在でもそのような法律扶助は体系化された法の形式になってはいない。

　中国が改革・開放の新しい時代に入ってから、社会主義市場経済は継続的に発展してきている。その結果として、人と人の間の接触が増加し、社会関係が複雑化した。改善された立法によって、人民の民主的権利・人身の権利や財産権などを保障するために、ますます多くの社会関係を法の規制範囲の中に収めてきた。それゆえに、社会主義民主制の樹立や法制整備を強化し、人民の民主的権利・人身的権利およびその他の合法的権利を保障する必要性を満たすために、関連する法律や規則に点在している法律扶助の規定を一つの法律にまとめることは今日まさに時機を得ているのである。

　中国の法律扶助制度は、1990年代半ばに現われた。それは、偶発的に起こった現象ではなく、むしろ中国の社会主義経済の成長に応じた社会保障制度の確立と調和の取れた発展への要求に根づいたものであった。

社会主義法システムの不断の改善は、中国における法律扶助制度実現のための社会的土台を築く

改革と開放に特徴づけられた新しい時代は、先進諸国の経験に学ぶのみならず、過去からも教訓を引き出す上に、社会主義法システムの形成および漸進的改善を見せてきた。1999年3月、第9期全国人民代表大会（全人代）の第2回会議において採択された中華人民共和国憲法の改正案は、法により治められる社会主義国家を建設するための法治の方針を強調した。このことは、法治の重要性と役割が高い度合いにおいて強化されてきているということを表わしている。ここ20年の間、中国において最高の国家権力機関である全人代は、300以上の法律や法律に関連する決定を採択した。一方で、国務院はおよそ800にわたる行政法規を公布し、地方の人民代表大会は6,000余りの地方法規を可決した。第8期全人代第1回会議が開かれた1993年3月以降、全人代およびその常務委員会は、100を超える法律および法律的事項に関する決定を制定してきた。憲法を中心として、主に制定法・行政法規や部門規則から構成される社会主義法体系は、絶えず改善され完備されつつある。このことは、社会関係をより一層法によって規制し、それにより、法と政治・経済・文化・社会における中国公民の活動との間の結びつきを強化することができる。そのような状況下で、中国の公民と企業法人は様々な法的行為をなす際、当然のことながら法による平等な保護を望んでいる。この客観的な要望は、個人の意思とは関係なく、中国における法律扶助制度の実現の土台を築いている。

改革開放の深化および社会主義市場経済体制の改善は、法律扶助制度の確立と制定を要求する

　開放政策は、合法的権益に対する人民の意識を目覚めさせながら、中国の経済を前へと推進し、国力全体を高めてきた。経済メカニズムの転換や人民の利益の再調整の結果として、必然的または人為的原因により貧富の差が大きく開き、そして中国人の間に財産上の不平等をもたらしていることは避けられない。多くの人々が、相対的貧困の状態で長い間生活していくことになるであろう。そこで、党（中国共産党）と政府が取り組むべき根本的な問題は、効率と公正、競争と秩序の間のバランスをとって、もって社会の安定性を維持するために、裕福でない公民の基本的な生活必需品を保障し、合法的権利を効果的に保障することである。貧困者・弱者・身体障害者の権利を保障する要求は、必然的に社会保障に適合できるような法律扶助制度を確立し実施するところの法

改革につながる。

裁判制度の改革は、法律扶助制度の確立と実施を要請する

　1980年代後半から1990年代前半にかけて、刑事・民事裁判制度は、公正な司法制度の上で社会主義市場経済を発展させるという要求に応えるために、いくぶん大きな改革を経てきた。職権主義による旧訴訟手続に代わり、当事者主義の新しい訴訟手続が実行され、弁護士の法的援助は、民事訴訟における訴訟当事者および刑事訴訟における被疑者や被告人を助けて当事者の合法的権益を保護することにおいて、ますます重要になりつつある。他の多くの諸外国と同様に、中国における弁護士の法律サービスもまた有料で、その結果、費用を支払うことができない公民は弁護士の法律サービスを平等に享受する権利を否定され、保障されるべき彼らの合法的権益を妨げられている。裁判制度の改革と新しい訴訟手続の実施は、世界中で実践されている司法救済メカニズムである法律扶助が中国においても構築され実施されることを要求したのである。

弁護士制度の改革の深化は、法律扶助制度の確立と実施の機会を与えている

　1979年に再建された中国の弁護士制度は、市場経済に合致するような法システムの発展に伴って、徐々に改革されてきている。1993年6月、司法部は、国務院に報告し、かつその許可を得た末、国家のために働く公設弁護士から、依頼者への法律サービスによって報酬を得なければならない自主開業の弁護士へと変えるという、弁護士制度の最も重大な改革に乗りだした。10年以上にわたる弁護士制度の改革は、ますます広範な法律サービスを提供する面において、確かに重要な役割を果たしている。しかしながら、改革・開放のプロセスにおいて生じてきている財産上の不平等に伴って、裕福でない一部の公民の中に弁護士費用を支払えず、法に基づいて彼らの権益を保障するための経済的手段を持たないという問題が生じている。したがって、1993年の後半から1994年の前半にかけて、司法部が弁護士制度改革の深化を考える際に、上述の問題を解決する手段として、法律扶助制度の導入をそのアジェンダに組み入れたのは自然のなりゆきであった。

中国の司法制度における
法律扶助制度の位置づけ──────
法律扶助制度は、裁判手続において不可欠の要素である。

　法律扶助制度は、裁判手続の範疇に属する。裁判手続における法律扶助の位置づけは、刑事訴訟と民事訴訟における弁護士の役割を通して説明することができる。

　刑事訴訟に関していえば、裁判所が職権主義によって性格づけられていた旧制度の下では、裁判官は、被疑者を訴追するための証拠を自ら調査・収集し、被疑者を起訴する検察機関の挙証責任の一部を実際に負っていた。それにより、裁判所が訴追と裁判の両方の責任を負い、裁判官は職権による調査の過程において形成した心証に拘束されやすく、公判は単なる形式的行為であるという印象を公衆に与えた。原告と被告の当事者対抗という新しい手続きにおいては、法に基づいて検察機関が被疑者を起訴し、証拠を提出し、一方では弁護人は、被告人が無罪であると立証したり、あるいは犯罪が軽微であるとか酌量すべき情状があるので刑罰は軽くすべきであると主張するために、被告人側の弁護をする。裁判官は、もはや証拠を収集したり調査したりせず、検察側と被告人側の挙証、交互尋問および弁論を聞きながら、公平に、客観的に判断し、そしてよく立証された事実に基づいて、法に従って、公正、かつ客観的に判決を下す。原告と被告の当事者対抗という刑事手続においては、起訴、抗弁、公判の機能は、鼎の三足のように検察官、弁護人、裁判官の間でそれぞれ厳格に区分される。実際、当事者主義的裁判手続は、弁護人の防禦なくしては審理としてはみなされず、それは明らかに刑事手続における弁護士の立場を強化している。

　民事訴訟においては、原告と被告は、平等な法的地位を享受する。過去では、民事訴訟は、職権探知主義によって処理され、交互尋問や挙証責任の問題は、裁判官によって収集され調査された証拠はとても信頼できるために、刑事手続ほどには深刻ではなかった。もちろん、そのような手続きは、裁判官は先入観にとらわれて両当事者の主張を聞かない、そしてそれはことによると実体的な裁判に不公平さをもたらすという結果にしばしば陥った。民事訴訟における当事者の挙証責任を強調する裁判方式の改革の後、両当事者がほとんどの証拠を提出するようになった。両当事者は、自分に都合のよい証拠しか提出しないの

で、証拠の信憑性は保障されないおそれがある。それゆえに、証拠の信憑性を保障するために、両当事者が交互尋問をすることが要求された。民事訴訟制度の改革により、両当事者はさらに法の専門知識を持つように要求され、どのように自分自身の権利を請求するのか、どのように証拠を得て提出するのか、どのように交互尋問を行なうのか等の訴訟技術も要求されるようになった。一般の人民は、たいていそのような分野に専門技術を持たない。だから、民事訴訟における原告と被告の間の対決の結果、裁判官による事実認定および法律適用の正当性を確実にするために、人民は弁護士の専門的サービスに頼らなければならない。

　弁護士の役割は、刑事・民事訴訟における当事者の合法的権益を守ることにおいて、今までよりさらに重要となっていくだろう。しかしながら、中国では、世界中の他の国々と同様に、弁護士は自らが行なったサービスについて報酬を受け取っている。このように、法的援助を得るために弁護士費用を支払うことができるかどうか、当事者の経済条件と密接に関連している。裕福でない当事者については、弁護士にかかった費用を支払うことができず、しかも国家の司法救済措置もないので、訴訟において不利な立場に置かれ、彼らの合法的権益が保護され得ない。それゆえに、先進国においては、弁護士費用を支払うことができない訴訟当事者を救済するために、法律扶助が行なわれてきている。ここでは、法律扶助制度は、司法制度において絶対に必要な構成要素であると同時に、司法手続における重要な一部分でもあるということが明らかになっている。

法律扶助制度は、手続的正義を保障する。

　広義において、裁判手続における法律扶助制度の役割は、一方では扶助を受ける人々が、法律知識の欠如と訴訟技術の欠如を補うための法律サービスを平等に受けることができるようにしており、他方では、扶助を受ける人々が平等に法律手続の中に入っていけるように彼らの権利を保障している。後者の内容は、主として民事訴訟を提起する当事者が、ただ単に訴訟費用が支払えないからといって原告として訴訟を提起する権利を否定されないということを指す。狭義においては、法律扶助は、法律サービスを得るために扶助を受ける人々の、費用の減額や免除の問題を解決するのに向けられる。

広義かそれとも狭義かは関係なく、法律扶助は、手続的正義に関わる問題を解決するという機能を果たす。厳格にいえば、法律扶助が保障しようとするものは、すべての人々は法の下において完全に平等であるという原則よりも、むしろすべての人々は法に平等にアクセスできるという原則である。すなわち、すべての国民は、平等に自ら訴訟を提起する権利を行使し、そして貧困者でも、関連費用の減額、免除、および支払猶予によって、法律サービスを得ることができる。法的援助は、相対立する当事者が事実に対して異なる意見を持ち法律の規定に対して異なる理解を持っている時に、裁判官による実体法の適切な適用を保障することが必ずしもできない。裁判官は独立しており、事実認定や法律規定の解釈においてだれかの影響を受けることはないが、適切に事件の事実を認定し法律を適用すべき裁判官に影響を与えるかもしれないのは、弁護士の意見であり、特に依頼者に費用負担の減免などの法的援助を提供した弁護士の意見である。実際に、弁護士が法廷に現われるケースにおいては、刑事・民事の訴訟に関係なく、弁護士が不存在の事件と比べて正当な判決の割合がはるかに高いのである。

有料法律サービスのメカニズムにおける欠点を補っている法律扶助制度

　法律扶助は、制度化された形で、法の下における公民の実際の不平等を是正するメカニズムを提供してきている。弁護士によって提供される法律サービスが有料であるがゆえに、供給と需要の関係、すなわち法律サービスを提供する弁護士と法律サービスを得ようとする当事者のニーズの間の関係が、市場の法則によって調節されなければならないということは否定できない。これは、客観的必然性を有する。法律サービスを提供した後、弁護士はその費やした時間や役務の質によって報酬を得るべきである。理論的にいえば、我々は、弁護士が計算的であるということを批判できない。もちろん、その一方で弁護士の職業倫理を主張することも重要である。職業倫理を備えた弁護士が、最終的によく報いられるのはいうまでもないことである。ここで鍵となる問題は、有料の法律サービスや民事訴訟の費用を十分に支払うことのできない、裕福でない国民のための、国家救済制度――有料法律サービスのメカニズムを導入するに伴って生じた司法制度の欠点を補う手段として――を構築することなしに、有料の訴訟や有料の弁護士サービスのメカニズムを実行するのは非合理的で非道

徳的であるということである。この問題を解決しなければ、裕福な人々の合法的権益だけが守られているということになる。この意味において、中国の司法制度における法律扶助制度は、正義を維持することにおいて重要な位置を占めているといえよう。法律扶助制度こそ、有料法律サービスのメカニズムを導入した結果として生じた裁判手続上の欠陥を補うものにほかならない。

ここでの結論は、中国における法律扶助制度の確立は、司法制度における革新、現存する法システムの改善であると同時に、司法制度の一つの創造的発展でもあるということになる。その役割は、個人の裁判を受ける権利を守り、法学者や弁護士の間に共有される信念としての正義を維持する面において重要である。なお、この制度は中国人民にも広く歓迎されている。

中国における法律扶助の発展の現状

1994年前半、中国において弁護士制度の改革が深まるのに伴い、司法部は、不利な立場にある人々が一般の人々と同じように法的援助を受ける権利を享受できるようにするために、中国における法律扶助制度の確立と実施するための計画を正式に打ち出した。それにより、正義は維持され、憲法に規定されている"法の下においてはみな平等"という原則は、真に実現されることになった。法律扶助の試験的なプログラムは、数カ所の大都市および中都市において実行された。その経験は、1996年の前半以降の全国範囲での法律扶助の発展のために堅実な土台を築いたのである。

法律扶助の制度化において若干の発展を成し遂げた

1996年3月と5月に、中華人民共和国刑事訴訟法、中華人民共和国弁護士法が前後して制定された。そして、中国の司法制度において、法律扶助の位置づけが正式に確立した。その後、法律扶助制度が確立、実施された。1997年4月、最高人民法院と司法部は、共同で、刑事法律扶助に関する通達を出した。また、司法部は、単独で5月と11月に法律扶助と公証人制度に関する二つの通達を出した。そして、1999年5月、最高人民法院と司法部は、再び共同で、民事法律扶助関連の問題についての通達を出した。同時に、全国各地で法律扶助に関する地域的規定が相次いで実施された。現在に至るまで、広東省や青島市、杭州市、武漢市、ハルビン市、アモイ市で、地方法規の制定機関は法律扶助に関

する地域的条例を制定している。深圳や鄭州などの市政府は、法律扶助に関する地方行政規則を制定している。法律扶助は、現在、立法化そして標準化の段階へと移行している。

法律扶助機関が急スピードで設立され、法律扶助専門家の数が増加している

　現在までに、中国の法律扶助センターの枠組みは固まってきており、それは4つのレベルに分類される。中央レベルでは、1996年12月16日に設立された23名のスタッフからなる（うち15人は弁護士）司法部の法律扶助センターがあり、そして省レベル、市レベル、県レベルでの組織がある。目下、900以上の法律扶助センターが中国全土に存在し、省レベルにおいては29、準省レベルにおいては15、市レベルにおいては211（市の総数において65パーセントを占めている）、そして県レベルでは700近く存在している。その他の法律扶助センターはまだ準備中である。全国では、3,000人以上の法律扶助実務担当者が存在する。多くの弁護士、公証人、そして地域法務マン（grassroots legal workers）が、法律扶助を行なう責務を引き受けてきている。さらに、様々な社会団体、たとえば全国女性連合会、中華総労働組合、青年団、身体障害者協会なども、弁護士による法律扶助活動を補足するための法律扶助の機構を設立したのである。

法律扶助の仕事量は着々と増え、サービスの範囲が拡張されている

　法律扶助の申請資格を得るには、中国公民は、第1に、自己の権益を守るために法的援助を要求するための充分な理由を有していることを示さなければならない。第2に、最低限生活水準、あるいは地方政府によって規定された失業救済水準に達していること、あるいは彼が本当に訴訟費用を支払うのに財力上の問題を抱えていることを示す他の証拠を示さなければならない。刑事手続においては、被告人は死刑判決を宣告される可能性があり、あるいは目が不自由であり、あるいは耳が聞こえず、あるいは口がきけず、あるいは未成年である場合には、法律扶助を受ける当然の権利を有する。中国では、法律扶助は法律相談、調停、刑事弁護、当事者の代理、そして公証人サービスの形式において提供される。

現在、中国における法律扶助は、より一層多くの専門家達の参加を得て、仕事の量も着実に増えている。不完全な集計であるが、1996年以降、220,000件以上の事件が扱われてきており、1,850,000人が、全国の各政府レベルの法律扶助機関に法的助言を求めてきている。1996年の上半期においても、45,701件の法律扶助の事件が扱われ、244,676人が、民事・刑事・行政の訴訟手続において、刑事弁護・法律相談・公証人サービス、そして非訴事件と訴訟における当事者の代理などの形で、山東省、吉林省、広東省、河南省のような省のレベルの24のセンターで法律相談を求めてきていることが確認されている。過去と比べて、公証人や地域法務マンや社会ボランティアによって法律扶助が行なわれる事件の数がかなり増大した。

　注目に値するのは、各レベルでの法律扶助センターが大量の国選刑事弁護事件に法律扶助を提供した結果、新しい刑事訴訟法の貫徹・執行を有効に保障したことである。省レベルにおける24のセンターに対する調査では、法律扶助を行なう弁護士は、裁判官に挙証における当事者間の弁論と弁護士意見の両方を聞かせることで、被告人に有利な公平的判決を出させることを示している。たとえば、死刑が宣告されそうに思われる被告人の中には、法律扶助弁護人の防禦を通して無実だとわかることもある。また、第1審で、死刑を宣告された人の中には、法律扶助弁護人が法律や事実に基づいて罪の情状酌量を嘆願したために、第2審において死刑の執行猶予や無期懲役刑を宣告された人も存在する。1999年上半期の統計は、弁護士の意見が、全事件の20パーセントは完全に受け入れられ、60パーセントは部分的に認められ、そして20パーセントは認められていないことを示している。こうして法律扶助担当の弁護士が正義を保障し、刑事被告人の権益を守ることにおいて重要な役割を果たしているのは明らかである。一方では、全国の各レベルの法律扶助センターは、多くの民事や行政の事件を処理して、公民の合法的権益を保護している。1999年の上半期だけで、省レベルの24の法律扶助センターが、16,832件の民事事件、391件の行政事件、そして11,863件の公証事件を処理したが、その内容が公民の権利のすべての面をカバーしている。それらのケースの中で、法律扶助つきの民事訴訟のおよそ90％が勝訴し、行政訴訟のおよそ85パーセントが勝訴している。

　中国において法律扶助を受ける人々は、広範囲にわたる。女性であれ、老人であれ、未成年であれ、身体障害者であれ、解雇された労働者達であれ、多く

の人々が、自らの権益を保護する手段として法律扶助を得られる。法律扶助は、社会の安定を維持し、人民の平等な法的権利を保障する面において積極的な機能を果たしている。

法律扶助の理論的研究が前進している

　法律扶助制度は、中国において新しいものである。過去において、中国の法学者や弁護士達は、法律扶助制度に関してほとんど知識がなかった。それゆえに、中国における法律扶助制度の確立と実施における主要な任務の一つは、法律制度が順調にそして適切に発展するために、まずはすでに法律扶助を実施している国々の経験を学び、そして中国の状況に合わせて法律扶助制度を理論的に模索していくことであった。そのような研究は、法律扶助の組織管理の方法からその範囲、構成、サービス、対象、方法、手続きまで、要するに法律扶助制度のすべての基本的内容を含むのである。1996年より、法律扶助に関するいくつかの国際的あるいは国内的シンポジウムが開催され、そこで中国の法律扶助実務担当者達は、理論と実務を結び合わせて、法律扶助の発展を考慮しながら問題点を研究し、またアメリカ、カナダ、イギリス、インドなどからの法律扶助専門家達の紹介により多くの情報を得てきた。法律扶助に従事する者は、多くの国々に出かけて、国際会議に参加している。法律扶助に関していえば、多くの論文が書かれ、何十冊もの本が出版されてきている。そのような法律扶助制度に関する理論的な研究は、中国における法律扶助に、より一層の深みのある有益な知識を我々に持たせることができる。今日では我々は、法律扶助制度についての理論的枠組みが形成できつつあると誇りを持って表明することができる。

　つい先頃、司法部長の高昌礼氏が、「5年から10年以内に中国における法律扶助制度を確立し完全なものとするのに努力していく。そして、次の10年で、中国の至るところに法律扶助センターを設置する」ということを指摘した。文明と進歩を表わす新たな事業である中国における法律扶助は、全国の各レベルの政府の支援および中国公民の需要が存在するゆえに、全国での法律扶助に従事する者達の努力を通して、中国経済の発展と法システムの改善に伴って輝かしい未来を有しているに違いないと我々は信じている。

………………………………………【監訳】季 衛東（神戸大学大学院法学研究科教授）
　……………………………【翻訳】河村有教（神戸大学大学院法学研究科博士前期課程）

韓国の法律扶助制度

弁護士／大韓法律救助公団法律救助課長　金　貞善

はじめに

　どの国も、その歴史、司法制度、経済および政治状況などに応じて、それぞれ独自の法律扶助制度を発展させてきた。しかしながら、法律扶助の発展過程においては、法律専門職や民間組織によって自発的に始められた法律扶助が、国家によって資金を供給される体系的な法律扶助へと発展するという共通性が韓国を含むほとんどの国で見られる。朝鮮戦争以後、韓国国民と政府は、その全精力を経済発展に注いできた。1980年代後半、経済状況が改善され、その結果、韓国政府は民主化と同時に、社会福祉制度にも関心を抱き始めた。以来、韓国の法律扶助制度（訳者注：韓国では、「法律扶助」よりも、むしろ「法律救助」という言い方が一般的である。したがって、本稿では、法律の名称、法律用語および団体の名称を指す場合には、"legal aid"の訳語として「法律救助」を採用した）は急速に発展してきた。

　21世紀を目前にひかえ、韓国政府は人権保障、法治社会の実現、そして福祉社会に大きな重点を置いている。法律情報と司法制度への平等なアクセスを保障することは、そうした目的の実現にとっては不可欠である。とりわけ、1997年後半以来始まった国家的経済危機のために、失業者が増加し、貧富の格差が深刻化するにつれて、法的なものの重要性はますます高まってきている。

　本稿では、韓国における法律扶助の歴史を概観し、公的資金と民間資金による現行の法律扶助制度を紹介する。本稿では、私が現在勤務する大韓法律救助公団（KLAC）による法律扶助プログラムとその問題点を中心に取り上げる。

韓国における法律扶助の歴史
1885年～1960年代

　韓国における近代的司法制度は、裁判所構成法が制定された1895年4月1日

をもって始まる。およそ10年後には、弁護士制度が弁護士法の制定によってその姿を現わした。しかし、基本的人権という近代的概念が導入されたのは、日本からの独立後、1948年に制定された最初の大韓民国憲法においてであった。経済的に窮乏した被告人のための国選弁護人制度は、1954年に制定された刑事訴訟法と同時に採用された。憲法上の規定にもかかわらず、政府予算の不足と弁護士の不足のために、国選弁護人制度は当時、その機能を十分に果たすことができなかった。

1956年、韓国家庭法律相談所（KLACFR）が、女性の権利の保護と促進を目的として、韓国で最初の女性弁護士である故李兌栄女史によって創設された。これが韓国では最初の法律扶助組織であると考えられている(*1)。また、ソウル地方弁護士会（SBA）は、1962年3月1日に法律救助相談所を設立し、貧困者に対する無料法律相談の提供を開始した(*2)。

当時、ほとんどの韓国国民は、伝統的な非法的文化による影響を受けて、自らの法的権利を積極的に主張しなかった。加えて、政府ばかりでなく国民も、朝鮮戦争がもたらした貧困の克服に懸命になっていた。したがって、法律扶助は、少数の弁護士や民間組織が慈善事業として自発的に行なったサービスによるところが大きく、活発とはいえなかった。

1970年～1980年代前半

1970年代を通じて、急速に経済が成長し社会が変化するのに伴い、紛争を解決するために司法制度を選択する傾向が次第に増してきた。しかしながら、裁判費用と弁護士費用があまりに高く、司法への平等なアクセスは保障されてはいなかった。

法律扶助に対する需要の増加に応えて、民事事件で無料あるいは少額の法的援助を提供する韓国法律救助協会が、1972年7月1日、法務部の出資による財団として設立された。法務部次官が協会の会長を務め、検察官と検察庁の職員が協会の人員不足を補うために法律扶助業務を提供した。訴訟法廷代理は、協会が法律救助委員として選任したボランティアの民間弁護士を頼みとしていた(*3)。協会の各事務所は、全国の検察庁舎内に置かれていた。協会の設立後、地方で暮らす人々も法律扶助を受ける機会を持つようになり、法律扶助の件数が増加した。それにもかかわらず、協会は、検察官の民事紛争への関与を理由に

批判された(*4)。さらに、協会による法的サービスの質が民間法律事務所のそれに比べて低いといった不満も存在した。

その間、民間の出資による法律扶助も大きく発展した。大韓弁護士協会（KBA）と各地方弁護士会は、弁護士から法律扶助プログラムのための資金を集め、1980年に法律救助基金を設立した(*5)。

その他、個々の弁護士や民間組織による法律扶助が、特に、人権の擁護と反独裁政権キャンペーンとの関連で、さかんに行なわれた。上記のような組織による法律扶助にもかかわらず、多くの国民は、国家が出資するより体系的で効果的な法律扶助組織の必要性を強く感じていた。

1980年代後半～現在

経済と政治の安定化に伴い、政府は国民のための福祉制度に深い関心を示し始めた。その結果、法律救助法が1986年12月23日に制定され、1987年7月1日から施行された。本法は、法の不知や貧困を理由に十分な法的保護を受けていない人々に対して法律扶助を行なうことで、基本的人権を擁護し、法的福祉の向上に寄与することを、その目的として掲げている。法律救助法にいう法律救助という概念は、個人の権利だけでなく、貧しい人々の生活を改善するために、ある種の福祉的権利をも保護するものであると理解できる。

韓国法律救助公団は1987年9月1日、法律救助法に基づいて設立された、政府出資による民間の非営利法人である。KLACは法律救助協会の職員と法律救助基金を吸収した。その設立以来、KLACは大きく発展し、現在では、最も大きな法律扶助制度として重要な役割を果たしている。

法律救助法によって、民間の法律扶助組織も法律に定める登録を行なえば、政府の補助金を受けることができる(*6)。

1980年代後半から、弁護士数が増加し、国民が法律専門職に対して、国民へのより大きな責任を要求するようになるのに伴い、弁護士会が行なう法律扶助がより活発化してきた。また、消費者保護、環境保護、女性の権利を含む様々な分野で、多くの非政府組織が市民的権利の促進と共に設立された。NGOは、自らの目的との関連で、貧困者に対する無料の法的サービスを提供してきた。KLACが個人の権利保護に焦点を当てるのに対して、NGOは法による社会変革にはるかに大きな重点を置いている。

現在は、過去には弁護士にとってさえなじみのなかった法律扶助が、経済的に窮乏した人々の法的権利として、国民と政府によって実現され始めたという点で、意義深いものがある。

国家主導による法律扶助制度
国選弁護人制度

憲法は以下のように規定している(*7)。

> 「何人も、逮捕あるいは拘束（訳者注：日本の「勾留」に相当）された場合には、直ちに弁護人よる援助を求める権利を有する。刑事被告人が、自ら弁護人を依頼することができない場合には、法律の定めるところにより、国が弁護人を附する。」

したがって、裁判所は自らの費用で弁護人を依頼することができない経済的に窮乏した刑事被告人に対して、開業している弁護士の中から弁護人を選任する。

事実審裁判官は、被告人が以下に該当する場合には、職権によって、弁護人を選任しなければならない。

(1) 未成年者
(2) 年齢70歳以上の者
(3) 聾唖者（訳者注：該当条文の用語を採用）
(4) 心神障碍の疑いがある者
(5) 死刑、無期または長期3年以上の懲役若しくは禁錮に当たる罪を犯した者(*8)

さらに、被告人が貧困その他の事由で弁護人を選任できない場合には、裁判所は、請求があれば、弁護人を選任することができる。ここ1年間で、裁判所が刑事被告人に対して弁護人を選任した数は、58,396件で、これは全刑事事件の20.9パーセントに相当する(*9)。

最近では、国選弁護人制度も裁判所と弁護士会の努力によって改善されつつあるが、この制度には依然として二つの問題が存在する。

一つは、被告人の弁護人依頼権が一般には被疑者には適用されないというこ

とである。被疑者は逮捕令状または拘束令状（訳者注：それぞれ日本の「逮捕状」、「勾留状」に相当）の適法性を審査する（訳者注：韓国の法律用語では「拘束適否審査」という）過程においてのみ、国選弁護人による法律扶助を受けることができる。弁護人による援助は、警察による捜査が開始された時点から必要とされるので、政府は、経済的に窮乏した被告人の弁護人依頼権の拡大を真剣に検討している。

もう一つの問題は、貧困な被告人が憲法上規定された弁護人による援助を受けていないことである。裁判所によって選任された弁護人に支払われる報酬は大変少ないので、実際には十分な代理を保障しているとはいえない。裁判所は国選弁護人の報酬を10万ウォン（約90米ドル）から、1997年には最高50万ウォンへと引き上げたが、刑事被告人からは、依然として、国選弁護人による代理は十分ではないという不満の声が聞こえてくる。

私が知るところでは、最近、政府は国選弁護人制度に替えて、公設弁護人制度、あるいは国選弁護人制度とKLACによる刑事法律扶助とを統合した制度の導入を検討している。

韓国法律救助公団（KLAC）による法律扶助
組織

KLACは法務部が監督する民間の非営利法人である。本部と、ソウル市内およびその周辺に5つのソウル支部（訳者注：出張所を含む）、そして韓国全土に11の支部、33の出張所を置いている。KLACの事務所は、裁判所と検察庁があるすべての地域に置かれている。理事会の議長でもある、KLACの理事長は、法務部長官によって任命される。理事長と事務総長のほかに、KLACには、38名の法律救助委員（後述「スタッフ弁護士制度と法律救助委員制度」を参照）を含む65名のスタッフ弁護士とそのほとんどが大学院法学研究科を修了している220名のスタッフ、そしてアシスタントスタッフ106名がいる。

しかし、KLACは韓国法律救助協会と同様に、依然として検察庁に従属している。たとえば、検事正はKLACの支部および出張所の長も兼務している。設立当初、本部を除くKLACの全事務所は検察庁舎に無償で間借りしていたが、現在では、支部のほとんどが検察庁舎の外部に独自の事務所を所有している。確かに、検察庁舎と検察庁職員を活用すれば、予算の面では経済的に好ましい

効果があるが、そのことは、国民がKLACの政治的独立性を疑いの目を持って見る理由になっている。

財源

(1) 政府からの補助金

　KLACはその財源を主として、政府から毎年受ける補助金に依存している。法律扶助を拡大するために、KLACは設立当初から、政府からの補助金の引き上げに向けて、できる限りの努力を行なってきた。その結果、政府の補助金は、1987年の7億2,651万7,000ウォン（約66万米ドル）から、1999年には88億7,202万4,000ウォン（約810万米ドル）へと増加した。しかし、本年の政府補助金は、いわゆる「IMF時代」といわれる国家的財政危機のために、前年に比べ減少した。政府からの補助金の額は、特別な理由がない限り、法律扶助件数の増加と物価上昇を基に決定されてきた。来年度（訳者注：2000年度）の、KLACに対する政府の補助金は大きく増加するだろう。というのも、KLACによる刑事法律扶助を受けられる資格が、公判前の手続き段階にある被疑者にまで拡大されることになるだろうからである。

　政府からの補助金の増加にもかかわらず、KLACによる法律扶助は、財源不足のために依然として限定的なものにとどまっている。加えて、KLACに対する政府の補助金は法務部の予算に組み込まれているために、KLACに行政からの実質的独立を期待することは不可能である。したがって、KLACの独立を保障するための法律扶助基金が必要である。1998年末までのKLACの法律扶助基金の総額は、74億2,945万ウォン（約670万米ドル）である。

(2) 政府以外の資金源

　KLACは、政府以外の資金源を見つけるために長い間努力してきた。結局、いくつかの新しい資金源が、1996年以降開拓され、農業協同組合中央会（NACF）、水産業協同組合中央会（NFFC）および畜産業協同組合中央会（NLCF）が、KLACによる法律扶助の新たな資金源となった。

　これらの団体からの資金は、農業、水産業、畜産業に従事する者に対する無料の法律扶助に充てられることになっており、全般的な運営資金となるものではない。主要な資金源としてKLACに対して様々な援助を行なっているNACFは、法律扶助を目的とした口座を特別に開設し、利息の2パーセントを法律扶

助基金として提供している。1999年前半までに、NACFは、主要な資金源としてKLACに対して様々な援助を行なっている。NACFはKLACに対して、30億ウォン（約280万米ドル）を提供しており、さらに100億ウォン（約900万米ドル）の追加提供を約束した。

　1997年9月からは、朝興銀行も、KLACに対して、郊外に住む貧しい人々に対する無料法律扶助のための資金の寄付を始めた。この銀行は、10億ウォンの追加提供を約束していたが、国家的経済危機による資金難のためにその約束を守るのが困難になっている。また、韓国タバコ・人参公社も1998年からKLACに無料法律扶助のための資金の提供を開始した。1998年12月31日現在、KLACの無料法律扶助基金の総額は、42億6,259万3,000ウォン（約390万米ドル）である。

(3) 法律扶助受給者によって償還された裁判費用と弁護士費用

　KLACは、民事事件において無料あるいは低額の法律扶助を提供する。たいてい、法律扶助事件の裁判費用は、KLACによって事前に支払われる。しかし、事件が終結した時点で、KLACから扶助を受けた者は、無償の法律扶助の場合を除き、KLACが支払った裁判費用と弁護士費用(*10)を償還しなければならない。扶助受給者が事件終結後に相手方から何ら金銭を得ることができない場合、あるいは受給者が裁判費用と弁護士費用を償還できない特別な理由がある場合には、受給者はKLACに対して、償還金の全部または一部についての権利の放棄を求めることができる。刑事事件の場合は、裁判費用も弁護士費用も不要である。

　受給者による償還金は、そのほとんどがKLACが法律扶助を行なうための運営資金として再活用される。つまり、KLACの予算に組み入れられる。残額は、法律扶助基金として積み立てられる。

法律扶助の対象となる事件の類型

　法律相談については何ら制限は存在しない。しかし、法廷訴訟代理の場合、民事、家事、刑事の事件では法律扶助が利用可能である。行政事件と地方政府を含む政府を相手取った訴訟はすべて法律扶助の対象外である。KLACが行政事件と政府を相手取った事件を除外する理由は、弁護士の不足と政府からの補助金への依存にある。しかし、法律扶助の精神から見た場合、行政事件と政府

を相手取った事件を除外することは、正しいことではない。

　刑事事件に対する法律扶助は、1996年6月1日から提供が開始された。刑事事件の場合、公判手続中の刑事被告人と逮捕令状あるいは拘束令状の拘束適否審査段階にある被疑者が法律扶助を受ける資格を持つ。

　KLACが主として扱う民事事件は、賃金および退職金、損害賠償、子どもの養育権、離婚、賃借人の権利、等である。

法律扶助有資格者

　法律相談はあらゆる人々に提供される。しかし、訴訟における正式の代理は、月収（税引き前）が130万ウォン（約1,100米ドル）以下である者に限られている。資力要件についてのガイドラインは、不定期ではあるが、だいたい3年ごとに、平均賃金の上昇率に基づいて引き上げられてきた。上記の資力要件に基づいた者のほかに、特別の法律扶助有資格者としては次のような人々がいる。すなわち、農業従事者、水産業従事者、恩給受給者として指定されている者あるいは退役軍人、下級官僚、中尉以下の地位にある軍人、身体に障害のある者である。

　無償の法律扶助が提供されるのは、農業従事者、水産業従事者、重度の身体障害者、恩給受給者として指定されている者あるいは退役軍人、生活保護法の保護を受けている非常に貧しい人々である。

　かつて政府は、KLACによる法律扶助の有資格者を拡大することに否定的であったが、現在では、肯定的になっている。

KLACによる法律扶助プログラム

(1) 法律相談

　紛争においては、事後的な解決よりも予防が重要である。加えて、当事者間の調停によって紛争を解決する方が、訴訟による解決よりも望ましい。したがって、KLACは法律相談を重要視している。KLACは、スタッフ弁護士、あるいは、大学で法律を専攻した者でスタッフ弁護士によって監督されているスタッフによる無料法律相談を行なっている。より多くの人々が法律相談サービスを享受できるように、KLACは自動電話応答システム（＝ARS）と、本部の相談センターに自動的につながる特殊番号「132」を稼動させている。さらに、

法律相談の依頼者が便利なように、本部は「自動相談サービス」を行なうことで、事務所以外の場所でも法律相談を提供している。コンピューターの普及に伴い、KLACはコンピューターネットワークを通じた法律相談サービスも開始した。仕事を持つ依頼者のために、法律相談は、夜間（午後7時から午後9時）、休日にも行なわれている。KLACによる法律相談件数は年間100万件を超える（以下の表を参照）。

年	訴訟における法律事務代理件数		調停件数	法律相談件数			
	民事・家事	刑事		合計	直接訪問	ARS	コンピュータ
1987.9.12	519		4,827	65,450	65,450		
1988	2,247		16,344	228,646	228,646		
1989	2,467		17,491	238,000	238,000		
1990	3,062		17,371	250,588	250,588		
1991	4,965		16,037	262,832	262,832		
1992	14,924		13,397	303,234	303,234		
1993	23,233		11,392	494,595	342,049	112,798	39,748
1994	28,405		9,324	634,128	344,364	215,166	74,598
1995	39,169		8,489	683,334	365,142	231,256	86,936
1996	43,623	654	9,074	1,082,152	489,205	442,113	150,834
1997	44,532	1,954	7,263	1,161,231	594,777	338,620	227,834
1998	54,408	2,716	6,168	1,590,768	804,535	379,226	407,007
1999.9	31,489	2,604	3,361	1,230,021	629,337	269,267	331,417
合計	293,043	7,928	140,538	8,224,979	4,918,159	1,988,446	1,318,374

(2) 調停と正式な代理

民事および家事事件において、正式に訴訟代理人をつけることを許可するか否かの決定は、以下の要件に基づいてなされる。

 (1) 勝訴の見込み

 (2) 勝訴後の判決執行の可能性

 (3) 法律扶助にとっての道徳的価値

しかし、法律扶助を申請する事件が上記の要件を満たす場合であっても、早急な訴訟提起が必要な事件を除いて、訴訟提起前に調停を行なうことが必要である。訴訟を提起するのは、常に最後の選択肢である。以前は、検察官と弁護士会によって推薦された個人開業弁護士からなる法律救助審査委員会が法律扶

助の許可の是非を決定していた。その間は、KLACが法律扶助の許可の決定を下すまでの時間が長すぎるという不満の声が多く聞かれた。委員会が平均すると2カ月に一度の割合で開かれていたことが、そうした遅延の主たる原因であった。そこで、1999年2月1日をもって、法律救助審査委員会は、中央委員会を除いて廃止となった。以来、KLACの理事長あるいは専務理事が、法律扶助の許可の是非を決定している。理事長あるいは専務理事によって不許可にされた者は、中央法律救助審査委員会に対して再審査の申立てをすることができる。この委員会の決定が最終的なものになる。

　刑事事件の場合、事務総長と本部のスタッフ弁護士からなる刑事法律救助審査委員会が1ないし2業務日の間に法律扶助の許可、不許可の決定を行なう。ほぼ過去12年間に扱った、法律相談、法律事務代理、調停事件の結果は表のとおりである。

(3) 法律扶助に対する地域教育と広報活動

　1996年7月1日から、KLACは、かつては法務部が行なっていた遵法精神高揚のためのキャンペーンを実施している。その一環として、KLACのスタッフ弁護士と法律救助委員による法学教育に関する講演会が、市役所、学校、社会福祉団体を含む多くの関連組織の協力を得て行なわれてきた。そして、KLACは、国民に法律情報を提供するために、KLACによる法律相談の事例を1冊の本にまとめた。

　KLACは、テレビ、ラジオ、新聞、雑誌といったマスメディアを利用して、KLACの法律扶助についての広報活動を行なってきた。裁判所、検察庁、警察署および多くの市民団体が、法律扶助の受給者となり得る人々をKLACに照会させることに協力的である。特に大統領府は、法律問題に関する国民からの請願を、毎週、KLACに報告している。

　最近では、KLACによる法律扶助制度が、小学校と中学校の教科書でも紹介されるようになった。

スタッフ弁護士制度と法律救助委員制度

　KLACは設立当初から、スタッフ弁護士制度を採用している。これは、法律扶助の質の向上と法律扶助の増加に寄与する制度として評価されている。韓国における弁護士の総数は、1981年以来、増加傾向にある（1999年3月31日現

在、3,485名)。弁護士の数が多くなかったため、KLACは、設立後長い間、スタッフ弁護士の確保に苦労していた(*11)。その結果、ほとんどの支部事務所が、スタッフ弁護士を配置することができなかった。スタッフ弁護士がいない支部事務所では、個人開業弁護士や検察官の協力を得て、法律扶助事件を処理していた。こうしたスタッフ弁護士の不足を解消するために法務部が検討を始めたのが、法律救助委員制度である。これは、法曹資格を有する者に、兵役に代えて法律扶助業務に従事することを認めるというものである。結局、1994年12月31日に、法律救助委員法が制定された。現在では、57名の法律救助委員がKLACで働いている。スタッフ弁護士と法律救助委員との間に、研修上および職業資格上の違いは存在しない。しかし、法律救助委員は、3年間しかKLACで働くことを義務づけられてはおらず、また、法務部に属する公務員であるという問題を抱えている。最近では、KLACで働くことを希望する弁護士は増加してきているが、国家予算を有効に使うためには、政府はスタッフ弁護士よりも法律救助委員のほうが望ましいと考えているようである。長期的に見れば、法律救助委員と同様、スタッフ弁護士の増加が、KLACによる法律扶助が大きく発展するためにも必要である。

裁判所が行なう民事事件における訴訟費用の援助

民事訴訟法上、申請があった場合、裁判所は、民事手続における訴訟費用を支払うことができない当事者に対して、訴訟費用の支払いに一定の猶予期間を認めることができる(*12)。

訴訟費用の援助を許可されるためには、係争中の訴訟であってはならない。支払いを猶予される訴訟費用には、申立手数料、弁護士費用、執行官費用が含まれる。

弁護士や執行官が後にその依頼人から費用の支払いを受けることができない場合に、裁判所から支払いを受けることができる。

この制度は、貧困者にとっては大変有効なものであるが、これまではほとんど名目上のものにすぎない。

憲法事件における国選弁護人制度

憲法裁判所法70条によれば、憲法裁判所は憲法請願手続段階にある原告が

弁護人を依頼することができない場合には、個人開業弁護士の中から代理人を選任しなければならない。月収100万ウォン（約900米ドル）以下の者であれば、憲法裁判所による国選弁護人の援助を受ける資格がある。この制度は、刑事手続における、裁判所による国選弁護人制度と同様のものである。

オンブズマンによる法律扶助

　政府組織である韓国のオンブズマンは、政府機関と市民との間の問題を解決するために、1994年4月9日に設立された。この組織は、市民から寄せられた違法あるいは不適切な行政処分について調査を行なう。そのうえ、違法あるいは不適切であると認められた行政手続および行政行為について、政府機関に勧告する。ときには、貧困者に対して、民事事件に関する無料法律相談を提供し、その範囲を越える問題は、たとえばKLACのような適当な機関へと移送することも行なう(*13)。

民間出資による法律扶助組織
弁護士会による法律扶助

　ソウル地方弁護士会（SBA）は、1963年に無料法律相談所を開設以来、無料の法律相談を行なってきている。

　1979年、大韓弁護士協会（KBA）は法律救助基金を設立し、貧しい人々に対して、会員による無料あるいは低額の法律援助の提供を始めた。基金の事務所は、全国の弁護士会館に置かれている。

　KBAによる法律扶助には、事件の種類による制限は存在せず、裁判費用の支払いにより生活に支障を生じる可能性のある者（たとえば、生活保護対象者）に対して提供される。しかし、KBAによる法律扶助の記録は、1989年から1998年までで、144件にすぎない。

　韓国籍のない韓国人や移民労働者といった市民権を持たない者のために、SBAは、1994年12月10日から、外国人労働者無料法律相談所を運営している。

　加えて、SBAは、警察あるいは捜査機関による尋問を受けている被疑者、とりわけ貧困な被疑者に対して、援助、相談を行なうために、1993年、当職弁護士制度を設けた。現在、この制度は346名のボランティアの弁護士によって運営されている。当職弁護士は、公判前の段階にある被疑者に対して、無償で法

的アドバイスを行なう。この制度は、国選弁護人制度の限界を補う重要な役割を果たしている。

　最近では、法律専門職に対する国民の不満に応えて、KBAは様々な改革のための手段を講じることを計画している。たとえば、KBAによる法律扶助制度の範囲の拡大や「人権センター」の設立などがその例である(*14)。

韓国家庭法律相談所（KLACFR）による法律扶助

　韓国において最も長い歴史を誇る法律扶助組織である、韓国家庭法律相談所は、女性の権利の保護、促進および家庭の民主化のために、無料法律相談の提供と訴訟代理を行なってきた。ソウルに本部があり、支部が全国に27、そして、アメリカ合衆国に7つの海外支部がある。KLACFRのために公益的なサービスを提供し始めたボランティアの弁護士は、100人から600人へと増加した。法的援助の他に、KLACFRは、貧困のために結婚式を行なえない貧しいカップルに対して、無料で結婚式を行なう扶助活動も行なっている。そして、福祉に関する相談や老齢者に対する特別な講義も提供している。

　とりわけ、KLACFRは、立法に関する主張を通じて、家族法の修正に重要な役割を果たした。特に、KLACFRの創設者である故李兌栄女史は、韓国の貧しく、未だ蒙を啓かれていない女性たちの保護に献身した、尊敬すべき人物である。

法科大学と市民団体による法律扶助

　ソウル大学校法科大学法学研究所は、1967年から、法学教授の協力を得て、無料法律相談を行なってきている。それから約2年後、延世大学校法科大学法学研究所は、教職員と学生に対して、無料法律相談と法律事務代理の提供を始め、1974年には法律救助相談所を開設し、生活に窮乏した市民に対しても、法律扶助の受給者を拡大した。梨花女子大学校法科大学の学生達は、1964年以来、KLACFRで、ボランティアの法律業務を提供している。上記の法科大学以外にも、多くの法科大学が公益的サービスを提供している。しかし、こうした法科大学の臨床法学プログラムの重要性は、貧しい人々に無料の法律援助を提供することで、学生たちが公的サービスや社会に関わるよい機会となり得るという点にあるが、これはまだ活発には行なわれていない。経済成長に伴い、消

費者保護、環境権、人権、女性の権利の促進といった公益と結びついた市民団体が増加してきている。こうした団体は、ときには個人の権利保護のために法律援助を行なうが、一般には、公益保護を目的とした訴訟を重要視している。したがって、市民団体における法律扶助の精神は、アメリカのOEO法律扶助プログラム（訳者注：現在の連邦の法律扶助公社の起源）の精神に類似している。通常、市民団体の法律扶助は、主としてその団体のメンバーであるボランティアの弁護士によって提供されている。

結論（韓国の法律扶助制度の改革）

　上で述べてきたように、韓国は、近代的な司法制度の歴史が短いにもかかわらず、多様で効果的な独自の法律扶助制度を発展させてきた。しかしながら、実際には、法律扶助制度は本来の機能を果たしてはいないという一般的な感情が、国民の中に依然として存在している。国選弁護人制度の場合、弁護人が誠実に弁護を行なわないことや、被疑者を対象外としていることが問題である。KLACによる法律扶助では、行政事件を含む、政府を相手取ったすべての訴訟が対象外となることや、弁護士と基金の不足が問題である。また、弁護士会の法律扶助は、これまで提供してきた法律扶助事件が多くないという問題を抱えている。結局、国家主導による法律扶助制度の抱える問題点が、政府からの出資の不足によってもたらされ、それは政府の政策と国の経済状況に結びついているということである。

　現在、政府と国民は、法律扶助制度の拡大と活性化へ向けた改革の必要性について見解の一致を見ている。大統領の諮問機関である司法改革推進委員会は、法律扶助制度を含む韓国の司法制度の大規模な改革案を準備している。本委員会は、1999年7月7日に最初の提案を公表した。法律扶助に関する改革案では、KLACによる法律扶助の有資格者を韓国国民の50パーセントにまで拡大し、KLACが扱う法律扶助事件の中に、行政事件だけでなく、憲法事件も含めるように提案している。また、本委員会は、KLACの財政的独立のために、3,000億ウォン（約2億7千万米ドル）の法律扶助基金の拠出を提案した。国選弁護人制度については、裁判所の令状によって逮捕あるいは拘束されている被疑者に対してまで、段階的にこの制度を拡大していくことを、委員会は提案した。

　そして、すべての個人開業弁護士に対して、公益的サービスを提供する義務

を課すことも提案された。こうした提案は未だ継続審議中である。本提案が実現されるかどうかは疑問であるが、これが21世紀へ向けて、韓国の法律扶助制度を実際に改善していく絶好の機会になることを期待している。

*1 ── 韓国家庭法律相談所編『韓国家庭法律相談所三十年史』22頁。

*2 ── 韓国法律救助公団編『韓国の法律扶助の歴史』93-94頁。

*3 ── これは法律扶助制度に類似したものである。

*4 ── 1987年10月末までに、本協会は96,537件に法的助言を提供し、また、その援助で、112,773件が訴訟あるいは調停によって解決された。112,773件のうち、90.4パーセントは本協会の調停によって解決された。前掲 *2、215-217頁。

*5 ── 大韓弁護士協会による法律救助規則は1980年7月21日に制定された。

*6 ── 現在、KLACFRが唯一、法務部からの基金を受給している。

*7 ── 大韓民国憲法12条4項。

*8 ── 刑事訴訟法33条および282条。

*9 ── 法院行政処編『司法年報』499頁。

*10 ── KLACの弁護士費用は、勝訴を獲得した場合にのみ償還されるが、それは個人開業弁護士に比べ少額である。また、KLACの弁護士費用は、勝訴した援助受給者が相手方から得られる弁護士費用に等しい。

*11 ── スタッフ弁護士の給与は検察官の給与に基づいて決定される。

*12 ── 民事訴訟法118条。

*13 ── KLACのスタッフが、法律相談を行なうために、オンブズマンに派遣されている。

*14 ── Kim Kwang Nyun, "Korea's changing legal environment and role of Korea Bar Association", *The Human Rights and Justice*, October, 1999, p.161.

....【監訳】宮澤節生（早稲田大学法学部教授）
....【翻訳】李 東熹(神戸大学大学院法学研究科博士後期課程)
.... 菅野昌史（同）

フィリピン法律扶助制度：
課題に立ち向かう

ヒューライツ大阪　ジェファーソン R.プランティリア

はじめに

「生活の貧しい者ほど法律において手厚く保護されるべきである」(*1)とかつていわれた。この考えは、少なくともフィリピンにおける法律扶助の哲学を的確に表現してきた。そして法律を貧しい人々にも利用可能なものとし、その正しい適用に指針を与えてきた。

先の考えは、不公平な社会状況下において意味を持つ。富裕層と貧困層との間にある大きな格差は、恵まれない人々の経済状態のみならず、彼らの生活の社会面・政治面そして文化面にまで影響を与えている。第2次世界大戦後以降、現実への直接的対応として、フィリピンの憲法、法律そして法理論には社会正義の考えが反映されてきた。そしてたいていの場合、貧しい生活を強いられている庶民が、少しでもよい生活を得られるよう機会を常に提供し続けてきた。

社会正義を支持する法律は存在するものの、そうした法律が効力を発するための社会システムが機能していないため、法律が目指すべき社会正義は未だ実現されずにいる。

貧しい人々が当然享受すべき権利や便益を得られるように支援する際、法律扶助は常套手段である。しかし訴訟面での援助を提供するにとどまらず、フィリピンの現状況において、法律扶助はより広義な意味を有している。現行の法制度は、法律扶助そのものを公認している。

法的根拠

フィリピンの1987年憲法は、裁判手続や法律実務に関する規定を公布する最高裁判所の権限との関連で、法律扶助（援助）につき記載している。事実上、最高裁には「社会的に恵まれない状況下にある人々に法律扶助」を行なう制度を提供する任務が課せられている（1987年憲法8条5節5項。以下カッコ内の

数字は、特記なき限り、条-節〔項〕を指す)。また同憲法は、人権委員会として知られている独立機関を設置するに際し、「人権を侵害されあるいは保護される必要がある社会的に恵まれない人々に法律扶助」を提供する任務を規定している (8-17〔3〕)。

1988年、最高裁判所は新たな職業倫理法を公布した。その中で、弁護士は「重大かつ明白な事由がない以外、フィリピン弁護士会あるいはその支部から無償による法律扶助の申請要求、または国選弁護人あるいは「法廷の友」としての指名を拒否できない」と規定されている (4章、準則14、規則14.02)。別の規則においては、「以下の2つの場合を除いて、弁護士は生活に困窮する訴訟依頼人の代理を務めることを拒否することができない」(*2)と規定されている。
(1) 弁護士が当該事案を効率的かつ満足に処理できない場合。
(2) 当該事案への対処が弁護人と本訴訟依頼人、あるいは弁護士の他の依頼人と本件依頼人との対立する利害関係の下でなされなければならない場合(4章、準則14、規則14.03)。

上記との直接的な関連で、裁判所規則の条項は次のように定めている。「裁判所は、調査の上で当事者が明らかに困窮した状況下にあり、弁護士を雇うことが不可能であり、法律サービスが正義の目的に資するため、かつ当事者の権利を保護するために不可欠であると判断された場合、当該事案のどちらの当事者に対しても無償で専門的な扶助を提供するために弁護士を割り当てることができる。弁護士は先に挙げた明白な事由を裁判所に対して弁明しない限り、求められた法律サービスを提供することは弁護士の責務である」とされた (規則138、31節)。

裁判所規則はまた、「いかなる裁判所も、訴訟当事者が宣誓供述、該当する州・都市・自治体の税務局による証明、あるいはそれ以外の方法により当人が法的措置にかかる経済的負担を担えないことが証明される場合には、生活困窮者として彼らの起訴および弁護を認めるものである」と定めている (22節)。これによって、法廷助言者や法廷弁護人による無償の法律扶助のみならず、経済的理由から訴訟登録費用やその他の関連経費を支払えない立場にある人々も、積極的に司法救済を受けられるようになっている。

さらに、裁判所規則は、刑事事件においては優先的に生活に困窮する被告人の事件から審理を行なうよう規定している。

1969年に定められた法律において、生活に困窮する訴訟当事者は速記の裁判記録の謄本を無償で入手できる権利を保障されている。この権利は、当該事案を担当している捜査検事や公判検事、および準司法機関や行政審判の審理委員によるいずれの審理に対しても行使することができる。この規定に従わなかった速記者は罰金に処されるか、さもなくばその他の刑罰を受ける(*3)。

　法律扶助を提供する弁護士個人のレベルにとどまらず、フィリピンにおいては、政府機関の内部または外部に制度化された様々な法律扶助のプログラムがある。これらのプログラムは、経済的に困窮している人々を対象にしている点で類似しているが、その方法や重点の置き方が異なっている。そうした相違点の多くは、こうしたプログラムがどうして作られるようになったのかという理由の違いから生じている。さらに、こうしたプログラムを整備した人々の志向や考え方の差によるところもある。こうした違いは、法律扶助とはどう定義されるべきかという問題を提起させる。

法律扶助の定義

　過去20年間、フィリピンにおける法律扶助プログラムは様々に具体化されてきた。法律扶助の定義の一つとして以下のようにまとめられる。

　すなわち、「法律扶助は慈善事業に関わる問題ではない。法律扶助とは、放っておけば不正義につながりかねない社会的に不均衡な状態を正す一手段であり、それゆえに弁護士会が組織として公的に担うべき任務である。したがって、社会奉仕の精神がすべての法律扶助活動の根底になければならない。そして不正義を回避するため法律扶助が必要とされる事件や状況すべてにおいて、それを活用する困窮者その他の人々に同様の精神による対処がなされなければならない」(*4)。

　これは、フィリピンにおいて「フィリピン弁護士会（the Integrated Bar of the Philippines）」として知られる弁護士で構成された公式の機関によって採用された定義である。この法律家の機関は、活動家の団体として知られているわけではないが、にもかかわらずその定義は、法律扶助が単に慈善事業であるという通常の認識とは一線を画している。

　実際、ある名称が慈善的・社会福祉的な法律扶助を分類するのに使われている。すなわち伝統的法律扶助である。フィリピンで法律扶助を行なっている小

規模の団体の多くは、伝統的な法律扶助に分類される。

伝統的な法律扶助は戒厳令の敷かれた時代に特に批判された。それは次のような理由による。

「実際、伝統的な法律扶助は、法律家が貧しい人々に施しをするようなものである。施しというのは、貧しい人々に一時しのぎを提供するが、貧しい人々をいつまでも貧困状態にとどめておく社会構造には手をつけない。それと同様、伝統的な法律扶助は、不正義のある一面を問題にはするが、この不正義を生み出し持続させる社会構造を根本から変革しようとするものではない。そして、施しと同様、依存関係を増長させ、支援対象者自らが率先して考え行動するという強い自己意志と責任感、そして行動力を持った自立した個人に成長することを阻止してきた」(*5)。

これに対し、非伝統的な法律扶助は、代替的弁護士活動あるいは啓発的弁護士活動と呼ばれるものの一部である。

代替的あるいは啓発的な法実務とは、訴訟実務にとどまらず、パラリーガルの養成、地域における法教育、政策提言、法改正や関係機関ならびに個人間のネットワーク作り、そして他の類似の活動に関わることである。つまり、それは「参加型そして啓発型である。法的問題の解決にあたっては、意識的にそのプロセスに依頼人を積極的に関与させ、自ら解決策を見出せるように努力している。さらに社会構造との関係から、当該案件の起こった状況を考察し、その中に事件を位置づけ、法的事項や争点を検討する。ある意味で、これは法律と社会科学の融合ともいえる。なぜなら、法律はその社会的背景と不可分の関係にあると考えられるからである。こうしたオルターナティブを主張するグループは、課題別対処を念頭に、伝統的な訴訟手続に加えて、他の代替的かつ補完的な仲裁制度を活用しながら、個人というよりはむしろ一定の社会階層や集団に益するために活動している」(*6)。

代替的な弁護士活動と伝統的な弁護士活動

伝統的な法律実務と非伝統的な法律実務は互いにぶつかり合うものではない。それらは相互補完関係にある。しかし、公衆および法実務者がこの2種類に一般化される法実務をより正しく理解するために、両者の差異を整理する必要があるであろう。

その違いは以下のように定義される(*7)。
(1) 伝統的な弁護士活動が指示的あるいは命令的、すなわち弁護士が訴訟依頼人に何をするべきかを指示するという性格を持つ反面、代替的な弁護士活動は参加的かつ啓発的であり、依頼人と弁護士間の依存関係を生み出さない。こうした代替的な弁護士活動に携わる弁護士は、支援している人々に耳を傾け、共に戦略作りを行なうため、結果として依頼人が属する社会階層や集団が、社会を変革するという作業に積極的かつ有意義な形で関与していくことになる。
(2) 事案に関わる事件や問題をそれを取り巻く社会状況を考慮せずに検討する伝統的な弁護士と比べて、代替的な弁護士活動に携わる弁護士は、社会構造的な視点から事案を再検討する。この違いは次の例によって一層明らかとなる。すなわち、伝統的な弁護士活動に携わる弁護士は犯罪を被告人の行動に起因する問題であると捉えるが、他方、代替的な弁護士活動に携わる弁護士は犯罪を個人の行動の問題ではなく、社会構造的な問題に起因すると理解する。
(3) 代替的な弁護士活動に携わる弁護士のグループは、個人というよりはある社会セクターや集団に益するため、また個人の問題解決に終始するというよりはむしろその裏にある社会問題を重視する。
(4) 訴訟手続のような長期にわたり、かつ時間と費用のかかる伝統的な法律手続を用いる他にも、代替的な弁護士活動はそれに代わり、なおかつ補完的な制度も活用する。
(5) 代替的な弁護士活動に携わる弁護士は、単に学問的追求という観点からではなく、人間愛の観点から往々にして現行の法制度に批判的な目を持つ。

　代替的な弁護士活動に関わっているグループは、上述した2種類の弁護士活動の比較が、代替的な弁護士活動とは何か、あるいは何が代替的な弁護士活動ではないのかを明確にするためになされたもので、伝統的弁護士活動を過小評価したり否定するものではないとしている。実際、代替的な弁護士活動に携わる弁護士らは、代替的な弁護士活動と伝統的な弁護士活動が連動して機能する必要性を認識している。
　この点に関して、1970年代後半からいくつかの事例にみられるようになった別の種類の法律扶助について言及しておくことは意義のあることであろう。困窮者や不利な状況下にある人々だけではなく、広く社会全般のニーズに焦点を当てようとしたのがこの種の法律扶助である。この種類の法律扶助は、環境や

消費者の権利に関する問題などを取り扱っている。この場合の法的支援では、ある種の政府事業が実施されるのを阻止するために、あるいは政府に特定の問題に関する法律を整備するよう働きかけるために、法手続が積極的に進められる。車に取りつけられる「早期警報装置」や政府の森林伐採計画に対してなされた集団訴訟が好例である。しかしながら、この種の法律扶助は、その他の法律扶助プログラムの事例に見られるようには制度化されていない。

フィリピン社会には、法律サービスに対するかなりの程度のニーズがあり、異なった種類の法律扶助が衝突することなく共存していく余地は十分にある。

法律扶助プログラム

フィリピンにおける法律扶助プログラムは、いくつかの種類に大別できる。それらは以下のように分類することができる。

(1) 政府の支援：行政機関や政府関連機関により実施されている法律扶助プログラムがある。

「刑事事件、商事以外の民事紛争他の訴訟において、無償の法律扶助ならびに訴訟代理人に関わるサービスを生活困窮者や経済的能力を欠く訴訟当事者」に提供する任務が司法省に課せられている。この任務の主な窓口は公設弁護人事務所（Public Defender's Office：PDO）である。しかし、同時にPDOに限らず他の政府関連機関や、バランガイ（地域社会）レベルの司法システムと協調しながら、「まずは司法省へ（Idulog mo sa DOJ）」という運動を展開し、無償の法律扶助を提供している[*8]。

農地改革省には、農地法律扶助局（Bureau of Agrarian Legal Assistance：BALA）があり、農地改革プログラムの恩恵を受けるべき農民を側面支援している。農地改革省は自らの職員に、パラリーガルとしての研修を施し、提訴側および被告側の農民に対し、準司法組織レベルでの支援を提供してきた。フィリピン海外雇用庁も国外で働く自国民への法律扶助を行なってきた。その法律扶助は、労働契約に関して人材派遣会社と雇用者を提訴する場合に提供される。

1987年に設立された人権委員会については、法律扶助を行なう任務と権限が憲法によって規定されている。「人権を侵害された者が、それに対する公正な裁きを求める際、貧困状況から法律相談のサービスを受けられない場合、その被

害者に援助と法律サービスを提供する」(*9)ため法律扶助と法律相談を行なうための部局が人権委員会である。同委員会は人身保護の請願をした在監者や、違法にあるいは恣意的に逮捕、監禁された状態に置かれている人々に対しても、法律扶助を行なってきた。さらに家庭内暴力の女性の被害者についても無償の法律扶助や法律相談を提供してきた。1998年だけで、925件の法律扶助を在監者や被拘禁者に対して行ない、そのうち76件が釈放につながった(*10)。人権委員会は、平均4人の弁護士と8人の弁護士を補佐する調査官を配置した地方事務所を全国13カ所に設置している。弁護士も含めた総職員数は、全国で500人を超えている。首都にある本部には、法務部と扶助・訪問相談部（Assistance and Visitorial Office）がある。

(2) 法律により法律扶助任務が規定された組織：フィリピンにおける弁護士の公式の組織であるフィリピン弁護士会はここに分類される。

(3) 非政府機関：数多くの法律扶助が弁護士で構成されるその他の組織で行なわれてきた。古くから活動している組織は伝統的法律扶助を提供し一つのグループをなす。これらの組織は一般的に法律扶助のみを行なっている。代表的な組織として、CELIA、YLAC、FIDA、カトリック法律家協会（Catholic Lawyers Association）、CLASP、フィリピン女性法律家協会（Women's Lawyers' Association of the Philippines）やフィリピン法廷弁護士協会（Philippine Trial Lawyers Association）がある。教会が支援する法律扶助プログラムもこの種類である。教会はそれぞれの地域において法律扶助を行なっており、その大部分はカトリック系の教会によって担われている。

　非伝統的な種類の法律扶助を導入している組織は、これらとは別の種類に分類される。

(1) パラリーガルのグループ：大学内の公式の法律サービス部門、あるいは法学を専攻する学生によるボランタリーな組織による活動があるが、たいていはロースクールを基盤としている。どちらの場合も、法の適用に関する実践的な知識を身につけるというのが目的である。こうしたグループの大部分は、弁護士の下に実際の事案処理や、パラリーガルの養成に関わっている。

(2) 法律団体：特定の対象集団に法律支援を提供している弁護士の任意団体。この組織の会員弁護士は、プロボノスキームの下で無償の法律支援を行なっている。

(3) 法律協会：法律支援の業務を専門とし常勤の弁護士によって担われている団体。
(4) 法律事務所：原則として訴訟依頼人に有償による法律サービスを提供するが、生活困窮者に限り法律扶助を提供している法律事務所(*11)。

　法律扶助活動を行なっているロースクールもいくつかある。学生は弁護士の監督下で責任を持って事件を引き受けている。裁判所規則では、最高裁判所から正式に認可を受けた法律扶助実習教育との関連においてのみ、学生が法廷に立つことが認められている。これは法学部生修習規則（Law Student Practice Rule）と呼ばれている。7つのロースクールの法律扶助実習科目が、この規則に基づいてこれまで正式に認可を受けた(*12)。

　フィリピンにおける主要な法律扶助プログラムの詳細な報告については次項において述べたい。

公設弁護人事務所（Public Defender's Office：PDO）

　公設弁護人事務所（PDO）は、フィリピン国内で最大の法律扶助機関である。1954年、当時の農業法（農業小作人法／共和国法律1199号）に基づいて法律扶助を小作人に対して行なう農業小作地委員会（Agrarian Tenancy Commission：ATC）として発足した。この委員会は後に小作地調停委員会（Tenancy Mediation Commission：TMC）と改称された。

　新しい農業法（農地改革規則／共和国法律3844号）が制定されたとき、小作地調停委員会は再編され、その名称も農業相談事務所（Office of the Agrarian Counsel：OAC）に改められた。

　1972年に戒厳令が敷かれると、直ちに、市民法律扶助事務所（Citizen's Legal Assistance Office：CLAO）が設置された。市民法律扶助事務所は、民事事件、行政事件、刑事事件そして労働事件を管轄している。市民法律扶助事務所は、無償で、共和国法律6035号で規定された生活に困窮する人々、およびその家族の訴訟代理人となる任務と権限を有している(*13)。そして市民法律扶助事務所は司法省の管轄下に置かれた。

　市民法律扶助事務所を設置した法律（1972年10月23日発布、大統領令1号）の下で、農地に関する事件は農地法律扶助局の管轄とされ、また労働に関する事件は労働雇用省の管轄とされた。しかし、その後省庁間の合意を経て、労働

雇用省と農地改革省は、市民法律扶助事務所が農地と労働に関する事件についても法律扶助を行なうことで合意した。

それから15年後の1987年、新法（行政法1987年）は、市民法律扶助局を公設代理人事務所（Public Attorney's Office）へと改称し、基本的には従来からの権限、役割そして事務局の行政上の構造をそのまま引き継いだ形になっている。1996年に制定された法律において再度組織の名称が公設弁護人事務所（Public Defender's Office：PDO）に変更された(*14)。

市民法律扶助事務所は、1972年に全国10の地方事務所と26の地域事務所に94名の弁護士を配して立ち上げられた。1986年の段階では、弁護士の数は150の地域事務所合わせて575名にまで増加した。1992年になると、PDOは15の地方事務所、215の地域事務所ならびに14の出張所に合計1,044名の弁護士を配置していたと報告されている(*15)。1999年2月の時点では、PDOは916名の弁護士と766名の補助スタッフを有しており、そして、16の地方事務所、239の地域事務所そして13の出張所を構えている(*16)。

PDOが提供する法律扶助は以下を対象にしている。
(1) 職務の遂行に関係する行動について刑事告発または行政告発を受けた農地改革省を担当する弁護士に対する支援（司法大臣通達）。
(2) 農地改革法の受益対象者となる農民に対して。(a)農地と関連する公判待ちの民事・刑事事件。(b)すでに農地改革省の派遣する弁護士が係争当事者である小農のどちらか一方の代理を務めており、当事案が公判待ち、もしくは農地改革省の設置する審査委員会における審査待ちの状態にある場合、もう一方の小農に対する扶助（1998年5月8日付 農地改革省と司法省の間の協定に関する覚書）。
(3) 本事案への対処が社会的インパクトを持つと思われる労働争議について生活に困窮する労働者に対する援助（1988年5月18日付 司法大臣覚書命令）。
(4) フィリピン国籍の有無にかかわらず、生活に困窮する人（1974年3月25日付 司法事務次官第2次承認）。

法律扶助プログラムは次の3つから構成される。
(1) 司法事件または準司法事件における困窮者の代理
(2) 調停、和解、相談あるいは法律文書の作成代行などの訴訟以外のサービスを困窮者の法律扶助の必要性に合わせて提供。職務の遂行を助けるために、公

設弁護人には係争当事者に宣誓させることができる権限が与えられている。
(3) (a)勾留中の取調べや死因審問、(b)刑務所訪問、(c)バランガイ（行政の最小単位）における法律相談所のように、法律扶助と出張サービスを行なっている。

また遠隔地サービスの一環としてマスメディアへの働きかけも行なっている。

PDOは、事件が法律扶助を提供する対象となるかを決定する際に二つの基準を採用している。一つは妥当性の審査である。説明すると次のようになる。「訴訟当事者や社会全体の利益の観点から、法律や証拠に照らし合わせて、弁護人事務所による法律サービスが正義の追求を可能にし、また促進するであろうことが明らかな場合、その事件は社会的にも法律扶助を提供する価値があるものとみなされる。その場合、PDOは訴訟当事者の代理人たることに同意する。反対に、勝訴の見込みがない、あるいは単に訴訟相手への嫌がらせや中傷が意図されている、さらに相手への抑圧や不正義につながると思われる場合には、その事件は法律扶助を提供する価値がないと判断される。この場合、公設弁護人は事件を扱うことを拒否しなければならない。公設弁護人は、自らの行動の結果が公務員、政府機関やその関連する団体の評価を下げることにつながると予想される場合であっても、本事案を扱うことに社会的メリットがあると判断されるならば、困窮者の代理を務める可能性がある。しかし、事件を扱う際にPDOが嫌がらせをしているとか、不公平な態度を取っているとか、また必要な時間を取ってくれない、などという非難を受けることがないようにしなければならない。刑事事件においては、被告人は有罪が確定するまで憲法上の推定無罪の原則を享受しており、それゆえ、刑事手続に関する事案は取り扱う価値があるとされている」(*17)。

二つ目の基準は、申請者の生活困窮度にかかる審査である。生活が困窮した状態にあると認定されるには、次の該当する項目の基準を満たしていなければならない。
(1) 家族の収入が1カ月14,000ペソ（360アメリカ・ドル）を超えていないマニラ首都圏に居住する者。
(2) 家族の収入が1カ月13,000ペソ（333アメリカ・ドル）を超えていないマニラ首都圏以外の都市に居住する者。

(3) 家族の収入が1カ月12,000ペソ（308アメリカ・ドル）を超えていない上記(1)(2)以外の場所に居住する者。

家族の収入とは、訴訟当事者本人とその配偶者の総収入のことである。それ以外の家族員の収入は含まない。

土地の所有それ自体は不適格の根拠とはならない。訴訟当事者の収入が依然として主要な判断材料である。

妥当性の審査と生活困窮度の審査の他に、以下に該当する者はPDOから法律扶助を受ける資格を有しない。
(1) すでに別の弁護士によって代理されている訴訟当事者。
(2) 家賃の未払いに関する賃借人に対して退去を求める訴訟を起こしている住居用建物の所有者(*18)。

さらに以下の場合についても、PDOは受理することができない。
(1) 事実の全面開示後、すべての関係当事者間で明示の同意がある場合を除き、PDOの弁護士が当該事案とその利害が対立するような事案を扱い代弁している場合。
(2) 刑事事件の訴追（市裁判所における刑事事件で担当検事がいない場合を除く）。
(3) 法律によって農地法律扶助局が担当するとされている農地改革に関連する事件(*19)。

PDOは、毎年膨大な数の事件を受理してきた。1999年の報告書によれば、その年だけで192,191件の刑事事件を取り扱ったことになっている。そのうち68,229件は申請者が満足する形で解決され（地域事務所平均では73.52パーセント）、24,575件が申請者の意向どおりとはならない結果となり（同13.80パーセント）、99,387件が依然として未解決な状態である。処理された民事事件33,546件のうち、11,122件は申請者の満足する形で解決され（地域事務所平均では69.44パーセント）、4,894件は意向どおりとはならず（同12.96パーセント）、20,530件が未解決である(*20)。

また総計で28,056件の行政事件が処理された。そのうち12,684件が当事者の満足する形で解決され、3,832件については期待通りの結果とはならず、そして7,771件が未解決である。

他のサービスについては、総計で282,454件に対処した。

フィリピン弁護士会

　フィリピンにおける弁護士の公式組織であるフィリピン弁護士会は1973年に設立された(*21)。全国に82の支部を設け、会員数4万人以上の弁護士を有している。しかし実際に活動している弁護士の数は、おそらくこの数字を下回るであろう。各支部は、それぞれの州と主要な都市に設置されている。また各支部には専属の職員が配置されている。

　フィリピン弁護士会は、法律専門家の質の向上という一般的な目的とは別に、司法行政の改善と弁護士会の社会的責任の効果的遂行を目的に掲げている。

　最高裁判所によれば、フィリピン弁護士会は「全国に法律扶助事務所を設置し、弁護士紹介サービスを立ち上げる。それによって生活に困窮する人々が十分な法律サービスを受けられるようになり、多くの州でそれまで入手困難であった法律に関する教材や資料が配られるようになり、権利や義務に関して、また紛争予防的な法律上の助言の重要性に関して、さらに弁護士の役割と責任に関して人々を啓発するキャンペーンが組織されるようになる。そして、この国にはびこる様々な問題を解決するために、弁護士を広く全国規模で動員していくものである」(*22)。

　1974年に、フィリピン弁護士会は、法律扶助の任務に応えるために、法律扶助全国委員会を設立した。弁護士会の法律扶助プログラムは、「人権を保護し、社会的不正義に抗するため、法律扶助が不可欠と思われる事件、問題や状況において、生活に困窮し、かつ支援に値すると思われる人々に社会奉仕と社会支援を提供する。法律扶助プログラムは、法律を施行する際に生じる不明確な点を明確にする目的と、不正義につながる社会的不均衡を是正するために、様々な改革を提唱し行動を起こす。また緊急の課題の解決に大きな影響を持つ司法改革、そして新政策や司法ガイドラインの策定に関し様々な提案を行なう」(*23)。

　前述の法律扶助全国委員会は、経済力の審査と妥当性の審査を通して対象者の審査を行なう。経済力の審査とは、法律扶助を要請している個人の資産状況を調査することである。民間の弁護士を雇う経済的手段を持たないこと、あるいはそのための所得が不十分な人々がこの審査により扶助の対象となる。妥当性の審査とは、申請者の申請理由が妥当であり、かつ法的措置によりそれが証明される可能性があるかを判断するものである(*24)。

それらの要件が満たされた場合、法律扶助申請案件は、該当する「管轄区」弁護士会支部に照会される。申請を受理した支部は、その案件にどのような対応をしたかを法律扶助国内委員会に報告する。

　いずれの弁護士会の支部にも、支部長が統括し二人の弁護士が補佐する法律扶助部門がある。また近年、マスバテ州、イロイロ州そしてマウンテン州にも同様の部門が試験的に導入された。

　さらに、弁護士会の法律扶助担当弁護士（特に本部勤務の弁護士）は、「司法に対する信頼の回復や弁護士会員の連帯を強化するもの、また官民を問わず、その中で任務を遂行する個人や組織の啓蒙および改革につながる様々な社会的インパクトを持つ事案を取り扱う」[*25]とされている。この枠組みに沿って、在監者や死刑判決そして児童虐待に関する事件が取り上げられてきた。

　フィリピン弁護士会の法律扶助プログラムはこれまで膨大な事件を扱ってきた。直近の1年間（1999年1月から11月まで）だけでも、本部では3,900件にのぼっている。そして各支部の合計ではおよそ5,000件である。

　1999年、フィリピン弁護士会は法律扶助プログラムを補完する一連の新たな活動を打ち出した。以下がその計画されている活動である[*26]。

(1) 刑務所の混雑緩和：刑務所長は模範囚に仮釈放やその他の恩典を与えることができるとする法律の実施状況を監視する。

(2) パラリーガルとしての法学部生の活用：法律扶助を行なっている支部もしくは本部の法律扶助部門に法学部生を割り当てる。

(3) 弁護士の国際的なネットワーク：フィリピン人出稼ぎ労働者がいる国の弁護士と法律扶助に関するネットワークをつくる。

(4) 虐待を受けた児童の保護を担当する特別班：虐待を受けた児童の保護を担当する全国レベルおよび地域レベルでの特別班。

(5) バランガイ司法システムの改善：調停・和解・解決に関してバランガイの指導者らの能力を向上させる計画。

(6) フィリピン弁護士会（IBP）ウォッチ：重要な事件を政府が起訴するのを支援する制度。

(7) 法律の日を記念した全国無料法律扶助相談所：法律の日に各支部ごとに法律相談所を開設する。

(8) メディアにおける法律扶助：ラジオ番組やテレビ番組を通じた法律教育。

非伝統的な法律扶助団体

　1972～1981年の戒厳令下、非伝統的な種類に分類される数多くの法律扶助組織が誕生した。これらの組織は国内における大規模な人権侵害に触発されて作られた。つまり、こうした組織は、個々人の安全やその他の自由を規定した憲法上の権利や人権に対する政府の侵害が増加する中、それに反発する一部法律家により作られたといえる。

　いまは亡きホセ・W・ディオクノ（Jose W. Diokno）によって1974年に設立された無償法律扶助グループ（Free Legal Aid Group：FLAG）が好例である。FLAGは、戒厳令下政府によって行なわれた数々の市民的・政治的権利の侵害に焦点を当ててきた。様々な立場の人々が、その間FLAGから無償で法律援助を受けた。これまでFLAGは労働者、先住民、学生それからフィリピン社会における被抑圧集団に関する事件を取り上げてきた。

　FLAGは、全国から会員弁護士を集めることができた。1982年には、全国に広がる会員弁護士の数は150人を数えた。その頃には全国の主要な都市や町に支部を設立するまでになっていた。フィリピンの非政府機関の基準からすると、FLAGは規模の大きな部類に属する。

　法律扶助がFLAGの主要な活動である一方、並行してパラリーガルの養成や啓蒙活動、国際人権インターンシップ・プログラムなども行なってきた。

　設立から23年後、新政権の誕生を受けて、FLAGは経済的・社会的・文化的権利に関するプログラムを立ち上げた。啓発的な弁護活動を唱導するこのプログラムは、「単に法律を執行することで不正義を正すにとどまらず、不正義を温存させ、社会の健全な発展を阻害するような法律や社会構造がある場合には、そこにもメスを入れていく」(*27)ことを目指している。このプログラムは、法律サービス、啓蒙・教育活動そして関係者間のネットワーク作りを行なっている。

　設立23年を記念して出された1993年の報告書の中で、FLAGは、1988年から1993年までの間、5,277件の事件を73.91パーセントの成功率で処理していると述べている。これらは、行政手続、農地事件、都市の貧困に関するもの、民事事件、労働紛争、国家安全保障違反、上訴や令状の請求（人身保護に関する事件を除く）、その他の刑事事件のすべてを含めた統計である。グループの処理した事件の大部分（42.3パーセント）は、フィリピン南部のミンダナオで

発生したものである。フィリピン中部のビサヤ（32.30 パーセント）がそれに続き、最後はフィリピン北部のルソン（25.46 パーセント）である(*28)。

　その他にも弁護士による組織が、戒厳令下に設立された。たとえば、MABINI、フィリピン・プロテスタント法律家連盟（Protestant Lawyers' League of the Philippines）や BONIFACIO などである。当時、政府が一度にたくさんの人達を逮捕あるいは身柄拘束をした場合、特に民衆によるデモ時には、これらの組織は常に法律的支援を行なってきた。フィリピン・プロテスタント法律家連盟は全国に支部を構える会員組織である。そして主に国内のプロテスタント系教会から援助を受けている。

　代替的法律グループ（ALG）は、代替的かつ啓発的な法律を実践しているグループの連合である。その会員組織の大半が 1980 年代後半に設立された。このグループは、啓発的法律支援に関して特に際立った事業を展開している。公益、人権、そして社会正義の追求を主要関心事として、ALG は法律をもって、社会的に不利な状況にある人々を力づけようとしてきた。

　ALG は経済的・社会的・文化的権利に主に焦点を当てている。彼らは、学生、先住民、女性、都市貧困世帯、労働者、囚人、子供、その他不利な状況に置かれた人々が関わる事件を扱っている。会員組織の大半はマニラ首都圏を本拠地としているが、その事業は全国の多くの州で展開されている。フィリピン北部や南部に本拠地を持つ会員組織はそれぞれの地域で活動している。

　現在、法律扶助に関わる仕事をしている弁護士が少なくとも 100 人を数え、合計で 21 の会員組織が活動している(*29)。これらの組織は、法律扶助の他にも法律教育、議員への働きかけや調査などに従事している常勤の弁護士を抱えている。そして法律扶助活動が、他の法律教育や啓蒙活動の基盤ともなっている。

　ALG の会員組織は、たいてい地域社会の人々やその地域の非政府組織の支援者らと協力して活動を行なっている。法律扶助は、地域の住民が法律を用いて自分達で問題を解決することを目指した様々な教育や啓蒙活動と連動して実施されている。このような地域レベルでの教育や啓蒙活動を伴いながら法律問題を処理するというやり方は、このグループの特徴であり、フィリピンの法律扶助制度の中で一つの重要な役割を担っている。

様々な障害

　法律扶助制度につきまとう様々な問題は、組織的問題と社会的問題の二つに分類できる。
　これらは、表裏一体をなしながら法制度全体に差し迫る問題となっている。双方は密接に関連し、互いに影響を及ぼし合っている。

組織的問題

　公設弁護人事務所（PDO）は業務遂行を阻害している8つの主要な問題として以下を挙げている(*30)。

(1) 弁護士に対する報酬がないか、あるいは報酬額が非常に少ない。それによりスタッフが裁判担当や検察担当の部署へ異動し、結果として弁護士の数が減少してしまう。公設弁護人である限り少ない報酬しか得られないため、スタッフは他の部署への異動を望む。

(2) 互いに離れた所に位置する都市の裁判所間を移動する交通手段の欠如。

(3) PDOの弁護士を補佐する法律研究者がいない。

(4) 老朽化した事務所の設備。

(5) 最高裁判所の判決集、裁判要録や他の参考文献の欠如。

(6) 案件を担当する裁判関係者が任命されずにいたり、担当裁判官が別の裁判所に派遣されたりすることから事件の処理が遅滞する。

(7) 困窮している訴訟当事者に裁判速記記録の謄本を入手できる権利を付与することを定めた法律が効を奏していない。その理由として、謄本購入の基金の設置や予算措置が取られていないことが挙げられる。

(8) 補助職員の不足

　多くのPDOの郡レベルの地域事務所では、速記者、配達人や掃除人といった補助スタッフが必要とされている。たった一人のスタッフがタイピングから郵便物の発送、訴答の提出、事務所の掃除までをこなしている事務所もある。

　フィリピンにおける最大の法律扶助組織であるPDOの窮状は、まさに他の法律扶助組織の問題でもある。個人か地域社会、あるいは集団の事件かを問わず、一つの事件を扱うことは、司法手続が長期化している現状を考慮すれば、莫大な時間と労力を必要とする。法律扶助事業は弁護人の絶対数の不足とそれを側面から支援する物資(法律や法律学に関連する文献から事務所の設備に至

るまで）の不十分さという問題を抱えている。処理すべき事件が滞ってしまう事態は多くの組織で一般的に見られることである。

こうした事態は特に常勤の弁護士や補助スタッフを雇っている非政府組織に当てはまる。事務所の運営費（人件費、賃貸料、備品費、調査研究費などを含む）は、多くの場合、資金提供団体（主に海外の団体）から得ているが、こうした団体は長期にわたって継続的な財政支援を続けることができない。それゆえに、法律扶助事業はその性質からかなり長期に及ぶ活動が求められる一方で、資金援助は不定期であるという事態が起こる（ほとんどの場合、資金提供団体との毎年の交渉に左右される）。これら法律扶助団体は、一方で受益対象者に長期にわたる適切なサービスを提供するよう努力すると同時に、他方でそうした任務を遂行するのに必要な資金をいかにして集めるかということにも奔走しなければならず、頭を悩ませている。こうした点は、たとえば代替的法律グループの年次総会の議論からも明らかである。

したがって、組織的問題から懸念される深刻なものは、法律扶助プログラムの持続性に関してである。こうした問題への本格的な取り組みがなされなければ、多くの組織では、業務の停滞あるいは全面的中止は免れないだろう。

社会的問題

法律扶助事業は社会状況との関係で正しく評価されなければならない。フィリピンにおいては、正義とは金と時間のかかるものと一般に思われている。貧困層がありきたりの法律手続を利用するだけでは正義を手にすることができない、と人々が考えるのも無理はない。そのため弁護士や裁判官はいつも批判の的となっている。

1982年に実施された調査は、正義や司法制度に対するこうした認識を如実に反映している。この調査では、富裕層や社会的に影響力を持つ人々が法律サービスを最も頻繁に利用していると思われる一方、逆に、貧困層や社会的弱者はほとんど利用していないと思われることが示されている[*31]。

その調査結果の一部を以下に報告する。

1993年から96年にかけて実施された別の調査は、弁護士や裁判官に関連した問題に焦点を当てているが、そこからこの問題のもう一つの側面が見て取れ

サービスの利用度が高いと思われている集団（複数回答）

順位	サービスを利用していると思われている集団	回答数
1	富裕層／金持ち／高額所得層／上流階級／裕福な階級	659
2	中流所得層／中流階級の家族	138
3	資本家／実業家／法人	131
4	弁護士の親戚や友人／社会的に影響力を持つ人と知り合い関係にある人	40
5	高学歴層	39
6	労働組合の組合員	23
7	小作人／下層階級	21
8	都会の住人／都市生活者	18
9	市民団体の会員（ロータリー・クラブ、ライオン・クラブ、コロンブスの勲爵士など）	17
10	政府の高級官僚	11
11	現行の法律制度に信頼を寄せている人々	5
	総計	1,102

サービスの利用度が低いと思われている集団（複数回答）

順位	サービスを利用していないと思われている集団	回答数
1	貧困層／低所得者／下層階級／高額所得層／労働者階級	729
2	学校教育を受けたことのない人／無学の人	62
3	小農民	50
4	地方居住者	46
5	中流階級／公務員	32
6	非労働組合員／露天商	21
7	宗教団体／社会・市民グループ	20
8	庶民	12
9	特権階級／上流階級	10
	その他：文化的マイノリティ／スラム居住者／現行の法律制度に信頼を寄せている人々／失業者／政治的反対勢力	36
	総計	1,018

人々がサービスを利用できない理由として考えられるもの（複数回答）

順位	サービスを利用していないとと思われている集団	回答数
1	経済的理由／出費に対する懸念	977
2	訴訟に対するおそれ／報復に対するおそれ／連絡なし／現行の法律制度への信頼の欠如	685
3	自己の権利に対する認識のなさ／情報の欠如／誤った助言	583
4	法律サービスを提供できる弁護士あるいは制度の欠如	148
5	その他：態度の問題（例：恥らい、何事も運任せ、無関心）／係争相手との人間関係を円満に保ちたい／法律問題ではない	60
	総計	2,453

る。この調査の主要な結果は以下のとおりである(*32)。

(1) 所得の高低にかかわらず犯罪を犯した人が政府により起訴される、と信じている人の割合は1985年の調査では65パーセントだったのが、1993年の調査では56パーセントにまで減少した。

(2) 普通の人が殺人事件の被害者になり、その犯人が社会的重要人物であったと仮定した場合、1985年と1993年の両方の調査において、半数以上の人が裁判所による判決が公正なものになるとは予想していない。

(3) 1985年の調査に引き続き1993年の調査においても、フィリピン人の5人に3人が、ほとんどではないにしろ多くの弁護士を買収できるものと考えている。93年の調査では、およそ半分のフィリピン人は、ほとんどではないにしろ多くの裁判官を買収できると考えている。

(4) 汚職をしている弁護士はほとんどいないと回答した人は、10人の裁判官と弁護士に2、3人の割合でしかなかった。また、汚職をしている裁判官はほとんどいないと回答した人は、弁護士では10人に3人の割合で、裁判官では20人に5人の割合にすぎなかった。

(5) 2人に1人の弁護士、また5人に3人の裁判官が、貧困層は現行の司法制度の中で十分な正義を享受し得るということについて否定的意見を持っていた。

(6) 5人の弁護士と裁判官の3人の割合でしか、現行法が女性の人権侵害に対し十分に対処していると回答しなかった。

(7) バランガイ調停制度を利用したフィリピン人の4人に3人がこの制度を好意的に受けとめているのに対して、ほとんどの弁護士と裁判官は、おそらく彼らの関与がバランガイ制度では解決不可能な特殊な事件にのみ限られているために、この制度に否定的である。

　これらの調査から、法律サービスや正義に関して一般のフィリピン人がどう考えているかが明らかとなった。

　これらの調査に示される一般大衆の社会正義に対する考えは、法律扶助の見方にもある種の影響を与えている。まともな法的サービスを受けるには高額の支払いを覚悟しなければならないため、法律扶助はその単なる代替手段として捉えられている場合もある。たとえば、どうせサービスは無料なのだから最良のものを得てやろうと訪ね歩いている人々がいることからも明らかである。

司法制度は不公平なものであるという見方も、自らの権利のために闘うべき貧困層の気概をそいでしまっている。社会正義を実現しようと人々に働きかける法律扶助組織が存在する一方で、皮肉なことにまさに問題に直面している当人は、自分達の権利を主張していくことにそれほどの熱意を持っているとは限らない。結果として、社会正義を追求し実現するという法律扶助の目的自体も揺らいでしまう。

　それゆえ、法律家の一部が別の種類の法律サービスを奨励していく必要があるとしているのは、注目すべきことである。その理由は、前述した調査の結果と多分に関係している。

　フィリピン弁護士会の既存の法律扶助プログラムの枠内で「啓発的法律扶助」事業（Developmental Legal Assistance Program）を導入したことは、法律サービス分野でこうした新しい視点に対応すべく事業を変更した好例である。さらに、マルコス政権時代の社会状況下で顕在化してきた問題に構造的アプローチを取ってきたNGOの間には、「無償法律扶助グループ（FLAG）」や「代替的法律グループ（ALG）」の推し進めてきた啓発的あるいは代替的な法律扶助プログラムが広く浸透してきている。

結論

　フィリピンの法律扶助制度は、国内の社会的・政治的・法律的・経済的・文化的状況に対応してかなり広範囲にわたって発達してきた。様々な種類の法律扶助プログラムが行なわれてきたことは、そうした様々な状況への対応を意味するのみならず、法の支配や司法制度をより民主的なものとして、人口の大部分を占める困窮した人々にも利用可能なものとする必要性があったことを意味している。法律扶助制度は、司法制度全体や社会環境、また主要関係機関が突きつける様々な問題に敢然と抗してきた。

共通点

　フィリピンにおける様々な法律扶助プログラムには、内部においていくつかの共通点がみられる。以下は主要な法律扶助組織に関する一例である。

　島嶼国家フィリピンでは、人口が散在しているため、地域事務所や支部、協会会員組織や協力事業を持つことにより、各地域で法律扶助を利用できるよう

工夫している所が多い。政府の支援する団体であろうが、非政府組織であろうが、地域レベルの活動が行なわれている。このやり方はより多くの人口をカバーするだけではなく、地域レベルでの組織やその活動のあり方に柔軟性を持たせ、個別地域の特性に対応できるようにしている。

さらに、人々に自分達の権利を認識させることや、法律問題の発生や再発を予防するために法律教育が必要であるという認識が高まってきている。法律教育活動は、活字（新聞や雑誌などの印刷媒体）や放送（主にラジオ番組）を活用したものからパラリーガルの養成まで多岐にわたっている。農地改革省、国内人権委員会（バランガイ人権活動センターを通じて）、そしてほとんどすべての非伝統的な法律扶助組織は、法律教育活動を行なっている。啓蒙・教育活動は法律扶助事業の重要な一要素と捉えられている。

弁護士技能の向上や、新たな法律や法律学に関する知識の摂取のため、弁護士にも定期的に教育機会を提供し続けることが肝要という点もある程度認識されつつある。それゆえ、非伝統的な法律扶助組織の年次会議や、PDOならびに人権委員会の全国会議等が開催され、それにより弁護士は自らのニーズを明らかにすると共に、業務上の技能を磨く機会を与えられている。

二本立てアプローチ

フィリピンの法律扶助制度は、貧困層の法的ニーズに応えるため、二本立てのアプローチを採用してきたことがその特徴として挙げられる。つまり、一方に裁判所あるいは準司法機関において審理されるべき事業を抱えている当の本人を支援するという、いわゆる一般的な法律扶助プログラムがある。これは主に個々の事件に対する支援である。

他方で、構造的な法律扶助プログラムを行ない、上に述べた訴訟支援に限らず、より広い意味での法的支援活動を行なっている。本法律扶助は、法律や司法制度自体の改革を提唱するより広範な事業の一環である。個人だけではなく、集団やある地域社会に関する事件の場合、たいてい何らかの社会変革を引き起こすべきものとして扱われる。このアプローチは、こうした法律サービスを利用する人々を力づけ、彼らの能力構築が重要であると強調している。法律家に頼り放しになることなく、自分達（あるいは社会）の利益のために自分達で法律や司法システムを活用できるよう支援している。

フィリピン国内における法律問題や法律サービスに対するニーズという観点からすると、二つのアプローチは両方とも必要である。実際、この二つは相互に補完しあっている。もし個々の事件を扱う組織がなければ、そうしたことを任務としない組織が個々の事件まで余分に背負わなければならなくなるだろう。同時に、法律扶助プログラムは、法律や司法制度の改革をしなければならない場合、これを正当化する好材料を提供する。それゆえ、法改正や司法改革の提唱という任務は、無数にある個々の事件を処理する負担を免責されたまったく別のふさわしい組織によって担われなければならない。

傾向

　非政府組織の中では、それぞれの組織が専門分野に特化するという傾向が顕著である。各組識の関心は、国内における昨今の開発の進展から、ますます経済的・社会的権利の問題に移行しつつある。これらの組織は、農地改革、水産資源地をめぐる権利やその保護、森林保護、女性の権利、子どもの権利、先住民族の権利、都市貧困層の居住の権利、消費者の権利を一例として、特定の問題に集中して取り組む傾向がみられる。特定の問題に取り組みながら、これらの組織は、政府系あるいは非政府系に関係なく、同様の問題に取り組んでいる法律領域以外の組織の活動にも役立てる専門性を養ってきた。たとえば、政策の変更や法律の改正を促していく上で、専門的な視点を持った法律扶助組織の寄与するところは大きい。法的視点を提供するのみならず、これらの組織からの提案は、政策や法律によって大きな影響を受けている人々の視点をより濃く反映していることが特徴である。

おわりに

　フィリピンにおける法律扶助制度に対する継続的な評価の必要性は、まさに制度を機能させていくことを任務としている組織により強く認識されてきた。よってここでの課題は、評価から出てくる新しいアイデアをいかに採用して、そして必要な改革をどう実現させていくのかということである。
　様々な困難や限界にもかかわらず、これらの法律扶助組織は社会の必要性に敏感に対応してきたといえる。しかし、法律サービスへのニーズが際限なく増大するのに伴い、法律扶助制度が直面する問題もまた深刻さを極めるといわざ

るを得ないであろう。

　法律扶助は多くの貧しいフィリピン人を救済してきた。今後も法律扶助はフィリピンにおける正義の支柱であり続けるであろう。

*1——この言葉はフィリピン大統領を務めた故ラモーン・マグサイサイ（Ramon Magsaysay）に由来する。

*2—— Ernesto Pineda, *Law and Judicial Moral*, Central law Book Publishing Co. Inc., Quezon city (Philippines), 1994, p.167.（アーネスト・ピネダ『法律と司法の倫理』）。

*3——共和国法律6035号：無償で裁判記録の謄本を困窮者と低所得の訴訟者へ提供するよう速記者に求める法律ならびにその違反に対する罰則を定める法律(An Act Requiring Stenographers To Give Free Transcript Of Notes To Indigent And Low Income Litigants And Providing A Penalty for The Violations Thereof)（1969年8月4日）。PAO Memorandum Circular No.8, series of 1982.（公設代理人事務所覚書回覧8号〔1990年〕）（裁判所規則22項の条件の遵守）。

*4—— Ernesto Pineda, op cit., pp.166-167.

*5——Jose W. Diokno,"Developmental Legal Aid in Rural ASEAN: Problems and Prospects", Working Paper for Committee V, *Seminar on Human Rights and Development in the Rural Areas of the South East Asian Region*, International Commission of Jurists/ Consumer Association of Penang, Penang, November 30- December 4, 1981, p.23.（ホセ・ディオクノ「農村部ASEANにおける啓発的法律扶助：課題と展望」、"東南アジア地域の農村における人権と開発に関するセミナー" のワーキング・ペーパー所収の論文。このセミナーは、1981年11月30日から12月4日までマレーシアのペナンにおいて、法律家国際委員会とペナン消費者組合の共催で開催された）。

*6——代替的法律グループ（ALG）の規約ならびに倫理規則（1992年9月26日付）。

*7—— *Proceedings Alternative-Developmental Law Workshop*, Committee of Alternative Law Groups and Structural Alternative Legal Assistance for the Grassroots(SALAG), Inc., August 1, 1992, pp.11-12.（代替的法律グループ委員会ならびに草の根の構造的代替的法律扶助〔SALAG〕共催『代替的かつ啓発的法律の第2回ワークショップ議事録』1992年8月1日）。

*8——司法省発行のパンフレット（1999年度）を参照。

*9——人権委員会発行のパンフレットを参照。

*10——*12 Years of Human Rights Advocacy*, 1998 Annual Report, Komisyon ng Karapatang Pantao, Quezon city, 1998, pp.11-12.（人権委員会編『1998年度年間報告：人権擁護の12年』）。

*11——"The Non-Traditional Legal Aid Groups", *A Sourcebook on Alternative Lawyering*, SALAG,

January 1992, Manila, p.40.（非伝統的法律扶助グループ編『代替的法律活動についての資料集』）。

*12―Calros P. Medina, Jr, *Legal Aid Services in the Philippines*, unpublished and undated, pp.24-25.（カルロス・メディナ『フィリピンにおける法律扶助サービス』未刊）。

*13―共和国法律6035号。

*14―Attached Document to the letter of Exaltacion L. Carlos, Deputy Chief Public Defender, Public Defender's Office, to Carlos P. Medina, Jr., Director, Ateneo Human Rights Center, September 4, 1998.（1998年9月4日付、アテネオ人権センター所長カルロス・メディナ宛て公設弁護人事務所副所長L・カルロスの信用状の添付文書による）。

*15―*The Aquino Administration-Record and Legacy* (1986-1992), UP press 1992, p.120.（『アキノ政権：軌跡と遺産』）。

*16―*Program of the First National Convention of PAO Lawyers*, Philippine Information Agency-Office of the Press Secretary, February 1999.（フィリピン情報庁報道官室「公設代理人事務所弁護士の第1回全国大会計画」1999年2月）。

*17―Attached Document to the letter of Exaltacion L. Carlos op.cit.（注*14に同じ）。

*18―Ibid.（上記文書に同じ）。

*19―PAO Memorandum Circular No.8, series of 1990.（公設代理人事務所覚書回覧8号〔1990年〕）。

*20―Accomplishment Report (as of June 30, 1999), Public Attorney's Office, Quezon city, Philippines.（1999年6月30日付、公設代理人事務所発行の業績報告）。

*21―フィリピン弁護士会の統合は、1971年の法律（共和国法律6397号）により認められた。しかし、弁護士会の実際の設立は、最高裁判所が弁護士会の設立についての合憲判断を下した1973年1月16日まで待たなければならなかった（In the Integrated Bar of the Philippines, 22 SCRA 22, 1973）。フィリピン弁護士会は、大統領令181号によって法人組織となった。

*22―In the Integrated Bar of the Philippines, 22 SCRA 22, 1973 cited in Ruben Agpalo, *Legal Ethics*, Rey Book Store, fourth edition, Manila, 1989, pp.102-103.（ルーベン・アグパロ『法律倫理』所収論文「フィリピン弁護士会」）。

*23―1999年12月10日付、フィリピン弁護士会全国法律扶助委員会委員長アマド・ヴァンデス（Amado Vandez）からの筆者宛て手紙による。

*24―所得の金額は必ずしも固定されているわけではない。マニラ首都圏に住んでいるならば15,000ペソ（385米ドル）、それ以外に住んでいるならば10,000ペソ（256米ドル）を上限所得として、この要件を満たしている人を支援しようとするものである。上記ヴァンデスVandezからの手紙による。

*25 ― Ibid.（上記文書に同じ）。

*26 ― *IBP Plans and Programs for 2000*, IBP, Pasig city, 1999.（フィリピン弁護士会『フィリピン弁護士会 2000 年行動計画』）。

*27 ― Ma. Socorro Diokno, "Assessing Survival Rights: A New Initiative of the Free Legal Assistance Group in the Philippines", *Human Rights Dialogue*, Carnegie Council on Ethics and International Affairs, volume 10, September 1997.（M・ソコロ・ディオクノ「生存権の評価：フィリピンにおける無償法律扶助グループの新たなイニシアティブ」、倫理と国際問題に関するカーネギー委員会『国際人権対話』）。

*28 ― *Free Legal Assistance Group—1974-1994*, FLAG, Quezon city, 1994, pp. 130-133.（無償法律扶助グループ『無償法律扶助グループ：1974 年から 1994 年』）。

*29 ― 代替的法律扶助グループの会員組織は以下のとおり。
Ateneo Human Rights Center, Alternative Law Research and Development, Center for People's Law, Balay Mindanaw Foundation, Center for Paralegal Education Training, Development Legal Assistance Center, Federation on Free Workers, Free Legal Assistance Volunteers Association Center, Kaisahan Tungo sa Kaunlaran ng Kanayunuan at Repormang Pansakahan, Legal Rights and Natural Resources Center, Pampayanang Ahensiya ng Nagtataguyod sa Karapatan at Kaunlaran ng Tao Foundation, Tanggapang Panlegal ng Katutubong Pilipino, Paglilingkod Batas Pangkapatiran Foundation, Pilipina Legal Resource Center, Participatory Research Organization of Communities and Education Towards Struggle for Self-Reliance (Panay), Paralegal Training Services Center, Structural Alternative Legal Assistance for Grassroots, Sentro ng Alternative Lingap Panlegal, Sentro Para sa Tunay ng Repormang Agraryo Inc, Tanggol Kalikasan- Haribon Foundation, Women's Legal Bureau Inc.

*30 ― Attached Document to the letter of Exaltacion L. Carlos op.cit.（注 *14 に同じ）。

*31 ― Manuel Flores Bonifacio and Merlin Magallona, *A Survey of the Legal Profession in the Philippines: Focus on Region*, UP Law Center, Bocobo Hall, Dilman, Quezon city, Philippines, 1982, pp.130-147.（マニュエル・フローレス・ボニファシオ＝メルリン・マガローナ『フィリピンの法律家に関する調査―地域、を対象に』）。

*32 ― Mahar Mangahas, Antonio La Vina, Steven Road, Athena Lydia Casambre, and Dnneis Arryo, *Monitoring the State of the Judiciary and the Legal Profession*, Social Weather Stations, Quezon city, October 1996.（マハール・マンガハス＝アントニオ・ラ・ヴィーナ＝スティーブン・ロード＝アテナ・リディア・カサンブレ＝デニス・アーリョ『司法制度ならびに法律家に関するモニター調査』）。

............................【監訳】菅原鈴香（名古屋大学大学院国際開発研究科非常勤講師）
....佐藤安信（名古屋大学大学院国際開発研究科教授）
............................【翻訳】志村英司（名古屋大学大学院国際開発研究科前期課程）

ヴィエトナムにおける法律扶助

ヴィエトナム商工会議所　ドー・イー・タイン

はじめに ―――――

　民主的そして先進的な法制度というものは、単に、本や書類上のものだけでも、また、法律支援や手続きに高額の費用を要する裁判所の中にだけ存在するものでもない。法制度が尊重され、民主的社会の中で広く活用されるためには、裕福な者に限らず貧しい人々も、法の支配がもたらす恩恵に預かれるようにしなければならない。そして、異なった国々には、そのためのそれぞれ異なった条件がある。こうした条件には、政治的、文化的（特に、法文化）、社会的、経済的そして財政的条件などが含まれ、それらがどのような状況にあるかは、国ごとに違っている。残念ながら、法制度は整備されているものの、多くの国で、たとえば、貧困層、社会的に恵まれない人々、教育を受けていない人々など一部の人々が、財政的、政治的手段を欠くゆえに、その恩恵に預かれないでいる。それゆえ、こうした人々に対する法律扶助制度は不可欠であり、また、強化されるべきである。法律扶助制度が未だ確立していない場合は早急に整備し、また、すでに制度がある場合にはそれを強化し、その存在を広く知らしめ、法律扶助を必要とする人にサービスをいつでも提供できるようにしていかなければならない。

　法律扶助制度の歴史は、すでに150年を超えているにもかかわらず、法律扶助という概念に馴染みの薄い国々も他方ではあり、ヴィエトナムもその一つである。また、法律扶助制度やそれに関わる団体も無数にあり、一様ではない。各々の国は、その経済発展の段階、文化や社会事情を踏まえて、適切な法律扶助を模索している。

　世界を見渡すと、法律扶助の目的、扱うべき事案の種類や範囲、方法、また資金提供の額に関する異なった考えから、目指すべき法律扶助とはどういうものであるべきかにつき多種多様な意見がある。法律扶助をどう定義づけるかにつき万人が受け容れる普遍化したものもない。各々の国は、それぞれ独自の見

方を持っており、それぞれ異なった観点からこの問題に対処している。しかし、どの国の概念規定をみても、法律扶助には、経済的要素、人道的要素、そして法的要素が共通に見て取れる。経済的、人道的要素は、法律相談や紛争処理、刑事事件の被告の弁護サービスにかかる費用を負担できない人々に、資金援助を行なうことに見て取れる。他方、法的要素は、文字通り、法律扶助が民法、行政法といった法律に関わる問題を解決するために行なわれるということからも明らかである。

　世界中の法律扶助制度の整備やその運用経験——それは、非常に長い年月にわたるが——、さらには、近年のヴィエトナムにおける法律扶助活動の状況から、法律扶助とは次のような特徴を持つ概念といえるのではないかと思う。現在、法律扶助（法律相談、代理サービス、弁護サービス）は、貧しい人々や障害手当てを受給している人達、さらには、少数集団に属する人々に提供されている。すなわち、法律扶助というのは、国の法律関連機関により、貧困層や障害手当ての受給者、少数集団に属する人達に対し提供される無償の法的サービスといえるであろう。

1998年までのヴィエトナムにおける法律扶助活動の傾向

　ヴィエトナムにおける法律扶助活動は、1945年にヴィエトナム民主共和国が建国された時に始まったと一般的には思われている。しかし、その活動は、ヴィエトナムの国家予算助成制度の枠組みに沿って行なわれていたにすぎず、それほど注目されてこなかった。それは、社会主義という政治社会体制や社会主義国家に特徴的な助成制度である。法的協議や裁判（刑事・民事を含む）に係る費用はすべて国家予算により賄われ、たいていの場合、法的解決を求める者は経済的負担を求められることはない。さらに、個人が所属する政治社会組織、職業組合や協会、さらには、国家組織に至るまでが、その個人を代弁・弁護したり、その人の権利の保護や法益の追求のために必要な法的サービスを無償で提供してきた。この制度下においては、「法律扶助」という概念は「法律助成」とまったく同義といえる。もちろん、本制度は我が国の置かれた現状そして今後の発展を鑑みるに、すでに時代遅れとなってきていることは周知のとおりである。

1946年から1997年に至る期間の法律関係団体や法律専門家の活動を分析すると、以下のようなことがいえるであろう。

——1946年から1997年の期間において、我が国の法律扶助は、専門的かつ組織化された活動としては十分に機能してはこなかった。
——代理人および弁護人の活動は、裁判所による任務指示に基づいて、刑事訴訟手続における被告人の弁護、および民事訴訟手続における当事者の権利の保護を行なうことであった。
——1987年に法廷弁護士組織令が制定される以前は、弁護士の活動は法律専門家による活動というよりは、むしろ裁判所の補助という意味合いが強かった。たとえばそれは、裁判所が弁護士を任命し、刑事訴訟における弁護活動をさせていたこと、また、弁護人は報酬というよりは日当を支払われていたこと、さらに、出廷を要請された者や法的事件の当事者が所属、関係する大衆組織から、その個人を支援する者が割り当てられていたことなどに見て取れる。

　1987年の法廷弁護士組織令（the Barrister-organizing Ordinance）は、我が国における弁護士団体とその活動に関し規定した実質的にはじめての法律という点で重要である。本令は、すべての法廷弁護士団体に適用される詳細な規定を明らかにし、また、多大な法的拘束力を持つはじめての法律といえる。また、本法廷弁護士組織令は、我が国の弁護士を職業専門家として認め、彼らが活動していく法的基盤を与えたといえる。まさに市場経済メカニズム下で生起しつつある新しい社会経済関係に対処すべく、本令が制定されたといってもよいであろう。

　本令によれば、法曹協会は法律家の専門家機関と位置づけられる。法曹協会は、中央政府の管轄の下、法律業務について個人や組織・団体を支援するため各省および市に置かれている。刑事事件の被告人の弁護に限らず、弁護士は一般市民や様々な団体に対し法律相談他のサービスを提供する。こうしたサービスの利用者は弁護士に報酬を支払わねばならないが、法曹協会憲章（the Charter of the Bar Association）33条は、次のような場合にそれが免除されることを記している。

1. あらゆる審級の裁判所において原告が次のような訴えを起こす場合。
    a) 子の扶養に関する請求
    b) 職務関連の事故に関する損害賠償の請求
    c) 事故により一家の扶養者が死亡した場合の損害賠償の請求
    d) 人民評議会のメンバー選出に係る法律に基づき、人民評議会の選挙に関する意義申立て
2. 原告が傷病兵である場合
3. 原告がいずれかの行政レベルの人民評議会のメンバー候補者で、投票者に対する政見表明に際し、法的助言を受ける必要がある場合
4. 調停機関のメンバーが彼らの活動につき法的説明を弁護士に求める場合

　以上の場合の他にも、法曹協会の理事会は、経済的に困窮している人や特別の事情がある場合には、当事者からの書面による事情説明を受けて、法的手続やサービスに係る費用負担を軽減あるいは免除することがある。
　しかし、現実には、1997年後半の国家による法律扶助制度構築への本格的取組みが開始される以前は、ほとんどの場合法律扶助は、次のような社会組織により散発的に担われてきたにすぎない。

——37の法律相談所を持つ市や省レベルの61の法曹協会によるもの。そのうち、ホーチミン市の法曹協会は15の法律相談所を、ハノイ市法曹協会は11の相談所を設け、その中には、法律扶助センターが含まれているが（1997年設立）、そこでは、貧困層や社会的に恵まれない人々を対象に、無償の法的サービスが提供されている。
——上とは別に、様々な市や省に存在するが中央政府管轄下の61の法曹協会によるもので、46の支部を設けている（ホーチミン市法曹協会は、本部に加え、6つの省および郡に22の支部を設けている）。
——様々な社会政治団体に属する12の法律相談事務所あるいはセンターによるもの：ヴィエトナム労働連合下の4つの法律相談事務所、中央女性連合の3つの法律相談事務所、ベトナム祖国救国戦線の2つの法律相談事務所等によるもの。
——有限会社の形態を採る24の法律事務所によるもの。

様々な弁護士協会や法律相談事務所が、法律扶助団体と協力関係を結んでおり、また、自分たち自身でも人道的見地や奉仕の精神から無償の法律扶助を行なっている。

このように見てくると、法律扶助活動は我が国にまったく馴染みがないというわけではない。それは、長い年月をかけて、時代ごとに異なった形態を取りながら発達してきた。たとえば、法曹協会は、人民裁判所あるいは法律委員会（後の法務省）の管轄下にある人民弁護人協会の下に設立され、そこに所属する弁護士は市民や団体に対し法的助言を提供すると同時に、給料は政府から支給されていた。

1987年の弁護士組織令発布以前には、弁護人協会は報酬を得ることなくその活動を行なっていた。本令発布後は、法曹協会制定法（Statutes of the Bar Association）に基づき、いくつかの決められた場合においては、必要な法的支援を無償あるいは減額報酬により提供することになっている。

しかし、この時期の国家機関による法律扶助は基本的には公共サービスであった。また、法曹協会による法律扶助活動は公式のものではなく、それが行なわれるか、またどのように行なわれるかについて定めたものは何もなく、国からの援助も一切なかった。それゆえ、その活動は、ボランタリーやチャリティー精神および人道主義の下に行なわれる単なる支援という性格を持っていた。さらに、法曹協会憲章に規定され、様々な市や省で実施されている法的支援に係る費用の支払いの免除やその軽減措置に関しても、無償の法律扶助活動は非常に限られたものであり、また、その実施も協会の公式のものとしては扱われることが少なく、その方法にも一貫性を欠いていた。また、こうした活動は弁護士に課せられた義務や責任であるということを法律は規定してはいなかった。さらに、法曹協会憲章33条によれば、法律扶助活動の対象となるのは、ごく限られた場合であり、必ずしも弁護士費用を支払えない貧困層や社会的に恵まれない状況にある人たちを対象としたものではない。しかし、法律扶助の性質から、本活動の主要裨益者は、本来こうした貧困層や社会的に恵まれない人達であるべきである。

こうした状況が続けば、貧困層や社会的に恵まれない人々による法律扶助に対するニーズは満たされることはない。特に、現在拡大しつつある貧富の格差や地域間・階級間格差、さらには知識や教育レベルの差は、不平等な状況を生

み、司法領域の問題に対処する人々の能力にも格差を生みつつある。それゆえ、一つには、新しい時代の社会経済発展状況に沿った専門的知識と技術を身につけた専門家集団を養成し、プロとしての弁護士活動を強化、向上させていくと同時に、他方、貧困層や社会的に恵まれない人々を対象とした無償の法律扶助提供体制を創っていくことが肝要である。

1998年以降現在に至る
ヴィエトナムの法律扶助制度とその運用

貧困層および社会的に恵まれない立場にある人々を対象とした法律扶助組織の設立に関する1997年9月6日付TTg734号首相決議（Decision No. 734/ TTg of the Prime Minister）に基づき、司法省は、法律扶助組織の設立、強化、発展を目的として、法律扶助活動の全国的展開を推進をする環境作りのための法律を他の関係機関と協力して発布してきた。TTg734号首相決議から1年強となる現在、法律扶助活動に係る現状は次のようなものである。

1. 法律扶助制度の構造、機能および責任

TTg734決議および省庁間回覧文書TTLT52号（Inter-Ministerial Circular No. 52/ TTLT）に基づき、国の法律扶助制度は、司法省法律扶助局、および、市や省の司法局下にあり中央政府が直接管理している法律扶助センター、さらに、上記の支部により構成される。

1.1 司法省下の法律扶助局：法律扶助局の法的位置づけおよび機能は以下のようなものである。法律扶助局は、司法省の下に置かれ、その機能は貧困層や社会的に不利な立場にある人々に無償で提供する法律扶助の全国的制度を構築すること、また、必要とあらば、法律扶助を自ら提供すると共に、市民に、彼らの生活に大きな影響を与える法律について情報提供をすることである。

1.2 省および市レベルに設けられるが中央政府の直轄下にある国の法律扶助センター（以下センターと略）。

1.2.1 センターの法的位置づけおよび機能：センターは司法局の一組織であり、貧困層や社会的に不利な立場にある人々に対し無償の法律サービスを提供すると同時に、こうした人々に彼らの生活を守るためにどのような法律やサービスがあるのかにつき情報提供を行なうことをその任務とする。センターは、

独自の判と口座を持つ法人である。センターは、運営的には司法局の管轄にあり、専門的ガイダンスについては法律扶助局から受ける。

　1.2.2　省庁間回覧文書TTLT52号に基づき、センターは以下の責任義務と権利を有する。
——貧困層や社会的に恵まれない立場にある人々に商業ビジネス領域を除く以下の領域に関する人々の権利や福祉に関し、無償の法律扶助を提供する：刑事法、刑事訴訟、婚姻および家族法と関連訴訟、行政に対する嘆願と異議申立て、労働・雇用、土地・家屋等不動産関係ほか。
——センターは、貧困層や社会的に恵まれない立場にある人々の権利や福祉を代弁するため、代理人あるいは弁護人として弁護士を招聘することができる。しかし、弁護士の提供は、当該貧困層や社会的に恵まれない立場にある者が、軽犯罪を犯した場合、あるいは、重大な違法行為を犯したが、それが故意ではない場合に限られる。故意に重大な違法行為が行なわれた場合には援助は提供されない。
——法律扶助を通して、被益者に法律や規則についての啓蒙活動を行なう。
　1.3　法律扶助提供者の資格：センターの活動の質を保持するため、政府に雇用されるコンサルタントは法律分野の政府職員に関する職階に沿った専門性を必要とされる。コンサルタントは、最低、政府職員職階基準の法律スペシャリストと同等の資格要件が必要とされる。

2.　ボランティアの活用

　法律扶助関連機関に政府が雇用するコンサルタントの数には限りがあり、人々の需要に追いつけないこと、また、コンサルタント活動を社会に認知されたものとするため、法律扶助に関わる組織は、市民のニーズに迅速かつ効果的に応えるべく、ボランティアのネットワーク構築に向け努力していかなければならない。こうしたボランティアには、貧困層や社会的に恵まれない立場にある人々の一助となるため支援提供を申し出ている人たちで、法律保護組織で働いている法律専門家や熟練あるいはすでに現役を退いた弁護士らが含まれる。
　現在、新たに設立された54のセンターの多くがこうしたボランティアのネットワークを持ち、活用している。法律扶助局およびすでに活動中の40のセンターには、すでに1,000人以上のボランティアがいる。

法律扶助局は、こうしたボランティアの法律扶助の知識と質をあげるため、どのような監理や研修方法を取り入れていったらよいのか検討中である。

3. 法律扶助の対象者や扱う案件の領域・範囲についての現状

3.1 法律扶助の対象者：TTg734号首相決議は、無償の法律扶助の対象者は「貧困層および社会的に恵まれない立場にある者」と定めている。また、その詳細については、1998年1月14日付けで、本首相決議の実施にかかるガイダンスを提供する司法省、財政省、人事院、労働・傷病兵・社会問題担当省の四省庁間回覧文書TTLT/ TP-TC-TCCP-LNTBXH52号（Inter-Ministerial Circular No.52/ TTLT/ TP-TC-TCCP-LNTBXH）の第一部に規定されている。

貧困層というのは、米の消費量を貨幣換算した場合を含めて、一カ月家族員一人当たりの平均所得が、労働・傷病兵・社会問題担当省が毎年定める基準により、「貧困および食糧不足」状態にあると分類される所得水準にある者をいう。

労働・傷病兵・社会問題担当省の統計によると、現在1,715の貧困村に260万人の貧困層がいるとされている。

また、社会的に恵まれない立場にある者とは以下の者である。

――1945年8月以前の革命運動に参加した者：戦争で子どもを亡くした栄誉ある母、人民軍の栄誉ある戦士、そして栄誉ある労働者。

――傷病手当てを受給している傷病兵、政府の軍人・兵士の病気基準により61パーセント以上の重度の病気を煩うと認定された兵士、革命運動に参加した者で命を落とした者の親、配偶者、さらにその子どもで18歳以下の者、および革命時に功績のあった者。

――山岳・高原地域、遠隔地や島に住む少数民族。

現在、約700万人がこうした社会的に恵まれない立場にある者に認定され、また、全人口の約13パーセントが53ある少数民族集団に属している。

さらに、1997年12月6日付け法務省決議第70号の13条1節、26条1節aおよびb項、31条1節aおよびc項により裁判費用を免除される者は、他の法律扶助に関しても無償で受けることができる。その対象者は以下のとおりである。

――非嫡子の扶養および認知請求を行なう者。

——死亡や傷病に対する賠償請求を行なう者。
——刑事および行政事件において賠償を求める者で、その申立てが裁判所によって認められない場合。
——選挙候補者名簿について異議申立てを行なう者。
——給与、社会保険、業務関連の事故や疾病に関する賠償請求をする被雇用者。
——解雇や労働契約の違法な破棄に対する賠償請求をする被雇用者。
——行政訴訟に関する法律11条の規定に沿って、行政決定や行政措置に対し異議申立てを行なう戦争傷病兵、革命遂行のために栄誉ある犠牲となった人々の両親、革命に貢献のあった人々。
——解雇、および財産の徴用、強制買収、没収に係る行政決定に対し、異議申立てを行なう者。

ヴィエトナムが司法協助条約（Legal Assistant Convention）に署名している国との間では、当該国の在越外国人は、無償の法律扶助を享受することができることになっている。現在、中国との間でこうした条約が結ばれている。

貧困層および社会的に恵まれない立場にある人についての定義は非常に限られたものである。こうした狭い定義づけは、法律扶助組織の歴史がまだ浅いこと、また、法律扶助活動を支援する国の財政事情に困難があることと密接に関係している。

3.2. 法律扶助の範囲

省庁間回覧文書TTLT52号（Inter-Ministerial Circular No.52/TTLT）によれば、法律扶助は、法律相談、代理および弁護を活動範囲とする。
——法律相談：法律による保護や権利の追求を必要とする人に対し、社会の価値観を考慮した上で、法的対処をめぐる情報提供や知識の普及、さらにガイダンスを行なう。

法律相談はたいていの場合以下を構成要素とする。
——法律の説明。
——人々の権利義務に関する書類作成に対する支援。
——法律手続きや適切な法的対処についてのガイダンス。
——当該紛争の処理に関する担当部局や関連機関の紹介。
——婚姻、労働他、ビジネスや商事以外の市民生活に関わる法的事項に関し、

個人や団体あるいは事務所の代理サービスの提供や当事者間の交渉、契約書への署名、和解プロセスへの参加を行なう。代理人を務める場合には、コンサルタントは、依頼人の立場からその権利と義務を遂行する。
――法律扶助が適用される事案に関し、その対処法につき担当省庁や機関に対し提言や示唆を提供する。
――法律で規定されているとおり、(法曹協会を通じて任命される) 弁護士のボランティアを通じ、直接、間接を問わず、依頼人のうち法律扶助の対象となる人の法的権利と法益を保護する。

さらに、法律扶助組織は、パンフレットや法ハンドブックの配布、および関連テーマに関する講演会など通じ、法律扶助対象者に対し広報活動を行なう。

上に述べた法律扶助の対象者や領域、またその方法は、ビジネスや商事関連法および故意に重大犯罪を犯した場合を除いて、すべての法律領域に適用される。

3.3. 法律扶助の方法
――口述、書面、あるいは電話による相談。
――法律規定に基づき、行政機関やその他の団体、あるいは裁判所に対し、依頼人の代理を務める。
――依頼人の法的権利と利益を守るため、依頼人を代弁する代理人や弁護する公設弁護人を招聘する。
――法律扶助サービスを事務所内外で提供する。
――法律相談を第1ステップとし問題解決に向け訴訟や和解活動につなげる。
――講演やちらしの配布により法律にかかる情報提供を図る。
――法律扶助申請を問題解決のための手段として担当・関連機関に紹介する。
――メディアを活用しながら法律扶助を行なう。

4. 法律扶助の実態

1997年10月から1999年3月の1年強の間に、法律扶助局と54ある法律扶助センターのうち40以上のセンターは、貧困層や社会的に恵まれない立場にある人たちを対象に10,686のケースにつき、法律扶助サービスを提供してきた。

設立されたセンターは54であるが、現在のところ、そのうち40のセンター

により住民に対する法律扶助が提供されている。

10,686ケースの内訳は以下のとおりである。800ケース強は刑事事件関連、5,000件が民事関連、427件は婚姻関連、386件は行政に対する異議申立て、730件は土地関連、さらに100件が雇用・仕事関係、そして残りは市民の法律的権利とその恩典についての相談や助言サービスである。法律扶助団体は、支援希望者の要望に応じて異なった対処を行なっている。10,868ケースのうち、8,206件は法律相談、718件は省および郡レベルの裁判所に対する被告弁護人の派遣、そして19件は和解斡旋に関するものである。

法律扶助局およびセンターが、その設立から現在までに何らかのサービスを提供した人の総数は11,302人で、その内訳は以下のとおりである。6,675人は貧困層であり、1,854人は傷病兵や革命のために犠牲になった勇士の家族、および栄誉ある市民であり、856人については遠隔地の少数民族、そして残りがそれ以外のケースである。

このように支援を受けた人の総数はまだ小さく、さらに事案が未解決のものもあるが、法律扶助はその経済的負担を取り除くことにより、貧しい人にも法的支援を提供する事を可能とし、結果として社会の安定と秩序、そして健全な社会関係を築くことに貢献している。

法律扶助局はまた、人々の日常生活に直結する11の法律分野に関する11,000部のパンフレットを発行した。その目的は、人々に法律について知ってもらうことであり、法律啓蒙計画に沿ったものである。ラアム・ドンなどいくつかの地域においては、新聞やラジオに法律相談の枠が設けられたり、少数民族の言語によるパンフレットが印刷されたりしている。

法律相談のプロセスを通じて、専門家は、法律による救済をどのように求めるべきか、あるいは、法律によるところの行動とはどういうものであるかにつき助言し、支援希望者に対する啓蒙・教育活動を行なっている。

現在、法律扶助局は、法律相談ハンドブックを作成、印刷そして発行している（12の異なった法律分野について50,000部を発行）。

結論

法律扶助組織はその活動を通じて、国家の本質を問う一手段ともなっている。すなわち、それは、人民の、人民による、人民のための国家を求めるもの

である。こうした組織は、法の前の万人の平等を保障し、平等な社会構築を目指しながら、司法制度と市民の法的権利を擁護してきた。法律扶助組織の設立とその活動は、貧困層や恵まれない立場にある人々への無償の法律支援の提供が正しいことを示し、それゆえ、人々が支持し、賞賛するものとなっている。そしてこうした動きは、増えつつある法律相談の需要に応え、市民の自由の権利と民主主義を保障し、発展させることにつながっているといえるであろう。

……………………………【監訳】佐藤安信（名古屋大学大学院国際開発研究科教授）
…………………【翻訳】菅原鈴香（名古屋大学大学院国際開発研究科非常勤講師）

タイにおける法律扶助

タマサート大学教授　**ティプチャノック・ラタノソス**(*1)

はじめに

「真の民主主義における法の下の平等は権利の問題である。それは博愛、恩恵、慈悲または裁量の問題ではない」(*2)。

この小論は、「東アジア・東南アジアにおける法律扶助と公益的弁護士活動」に関する会議で発表されたものであり、3部から構成される。第1部はタイにおける法律扶助の起源および発展、第2部は時代背景、第3部はタイ人に法律扶助を付与する基本機関に関する情報を提供する。

タイにおける法律扶助の起源および発展
刑事訴訟法の国選弁護人規定

政府は1934年以来、法的支援を与えている(*3)。仏暦2477年（1934年）刑事訴訟法173条で原則を以下のように規定している。

> 「長期10年以上の懲役に値する重大な犯罪の場合および刑法56、57および58条に規定する未成年者の犯罪の場合において、公判開始前に、裁判所は被告人が弁護人を依頼するか否か被告人を聴取しなければならない。被告人が弁護人を有さず、必要とする場合は、裁判所はこれを選任しなければならない。」

裁判所は被告人の社会的地位および貧富に関係なく処罰の重さおよび年齢に基づいて被告人に弁護人を選任するようにかつては法律で定められていた。被告人が貧しく弁護人を依頼する余裕はないが、拘禁期間が10年未満かつ裁判時に17歳以上の場合、裁判所は弁護人の要否を当該被告人に尋ねる必要はなかった。当該被告人は法的権利の知識が皆無の状態で本人のみで防御しなけれ

ばならず、法廷で自身を防御するための妥当な方法を知らなかったのである。その結果、法律扶助を受けられない被告人は刑事訴訟における公正な手続きの保障を奪われることにもなろう。

　ある人が刑事被疑者または被告人であって、捜査官に取り調べられ勾留されたとしても、国家は被疑者の苦痛の重大さおよび年齢にかかわらず法律扶助を与えないであろう。

　たとえ法律扶助が与えられたとしても、当該弁護人の能力が最低基準に達しているかどうか、また弁護人が正義を守るために事件に勝訴するための最善の弁護をする気があるか、その事件に勝訴するか、その被告人の命および自由を危険にさらすことになるような練習台として被告人を未熟な弁護人の訓練台に利用するか、という弁護人の資質の問題になるであろう。

　1974年に政府は以下のとおり1974年憲法34条の規定によって被告人の裁判を受ける権利の必要性を認識し始めた。

　　「刑事訴訟法において、刑事被疑者または被告人は公正で迅速な捜査および裁判を受ける権利を与えられている。刑事被疑者または被告人が、弁護人を選任する余裕がない貧しい者の場合、当事者は法律に規定されているとおり国家による扶助を得る権利を有する。」

　また1978年第13次憲法において、国家が貧しい刑事被疑者および被告人に弁護人を選任する必要性が確認されている。同29条は、1974年憲法34条と類似しており、以下のように明記している。

　　「刑事事件において刑事被疑者が貧しく、弁護人を選任する十分な手段を有さない場合、法律に規定されているとおり国家による扶助を得る権利を有する。」

　両憲法は貧しい被告人のための規定であるが、その規定は法の支配の確立次第であった。それらは必ずしも絶対的な保障として当事者に与えられた権利ではなかった(*4)。したがって、国家がそのような権利に特に言及する明確な法律を有さない限り、または、刑事訴訟法が憲法の規定と一致するために改正され

ない間は、刑事事件における被疑者および被告人が弁護人を依頼する権利は現行法および規則の下で保障される限り実効的でしかない(*5)。実際には、刑事事件における被疑者および被告人の権利を含む人々の権利保護は、タイ社会において憲法上の適切な規定に現実的に適合するというものではなかった。これは問題点が実体法によるものであり、憲法によるものではないことにあり、過去および歴史をそれほどさかのぼるまでもない時代のタイにおいて、憲法の廃止が繰り返されたことが証明している。したがって被疑者および被告人にとって重要なのは、刑事訴訟法なのである。

さらに、すでに紹介したとおり、国家は主に刑事事件における扶助を行なっていた。民事その他の法的紛争または法的公正に関する事件に対する扶助は未だ欠落している。

法知識の普及

法知識の奨励および普及は、1978年憲法が公布されてはじめて実施された。それは、重大なトラウマの後に、国としての統一性を確認する手段を回復してはじめて起こり得た。そのトラウマとは、タイ人の基本的権利および自由を保障する信頼のおける民主主義を要求するタイ社会の学生および他の集団と、軍事独裁者との対決の結果として起こったものである。1973年10月14日の対決の結果、タイの軍事独裁は否定されたのである。

この極めて重大な状況の直後に、国王は国を運営する暫定政府を任命した。暫定政府は、他の様々なことをする中で、農民および他の同様な集団の負債問題を研究するために委員会を設置した。委員会は様々な大学から集まった相当数のボランティアグループから構成されていた。主に学生ボランティアグループが軍事独裁下で日常的に広がった不正義や損害を明らかにした。タイ人の大多数が不当に利用され、そうでない者の多くも完全に騙されていた。被害者の苦情を処理する機関はなかった。政府および各省庁の支部による支援はまったく考えられなかった。市民が政府に請願したとしても、当事者は政府に対する脅威として捉えられた。たいていそのような人々に対し共産主義傾倒者という非難が浴びせられた。

多くの人々から最も民主的とされた1974年憲法の公布と選挙後による政府形成は、独裁的な抑圧勢力をまるで破壊されたダムに似た状況のように作り出

し、そこからは民主主義の新たな滴が放たれた。抑圧に苦しむ人々は、今まさに、多くの学術的機関から学生および学者によりもたらされた解放と自由の余波によって触発された。今や眠っていた政治意識が目覚め、その結果、政治参加活動への広範囲にわたる要求となった。要求および期待が解き放れた一方、他方で、民主主義が円滑に働くために必要とされる条件および仕組みがほとんど存在しなかった。政治的暗殺、デモに対する爆弾テロ、首相官邸への侵入、保守派によるテロおよびタマサート大学の破壊を含む不幸で悲惨な出来事が連続して起こった。最終的に、その悪循環はタイの政治地図に新たな現象を生み出すに至った。保守派王政支持者、反動主義者および保守的な官僚主義の反民主主義分子の支持を背景とした軍部ははびこった混乱を利用することで、1976年10月6日に悲惨で野蛮な政変を実現させた。タマサート大学は過激派反動主義者、伝統支持者、日和見主義者および血に飢えた群集の連合により野蛮な攻撃を受けた。この攻撃は大量の殺傷や失踪をもたらし、未だに相当数の学生および無実の人々が失踪中でありどうなったわからないままである(*6)。

政変後、1974年憲法は無効にされ、過激派反共産主義右翼文民政府がタイ政権を握った。こうして法知識の普及に関するすべての活動は空しく追放された。学生は国家反逆の共産活動の主要構成員と疑われており、田舎や遠隔地の人々につながる活動は特に諜報機関の監視を受けた。

1977年10月20日に軍部は、軍部自身が先の政府より民主的集団であると提示することで右翼文民政府を追い出した。1978年憲法が公布された後は、10月6日事件後にジャングルへ逃げこんだ学生および反独裁支持者を新しい生活にひきつけるために、総理府規則66/23および規則65/25が公布された。

この時点で、多くの教育機関および非政府組織は再び、法教育を普及する趣旨で新しい運動を開始した。これらの運動の共通テーマは、地方および遠隔地の恵まれない人々ならびに不利な立場の人々が特権階級により行なわれた不当で非人間的な取扱いに耐えていることを気づかせることに集中した。そのような冷遇および苦難は、伝統的財産および所有物の喪失、家賃のごまかし、賃金の低下、農業生産物の不当な価格、不当雇用および海外に職を求める人々への空約束であり、また多くの同様なぞっとする出来事であった。不正義と苦悩のこれらの問題を詳しく調べてみると、ほとんどすべての事件において教育がないこと、貧困ならびにこれらの人々に対する適切な法的助言および支援の必要

性があることがわかった。人々が文盲であるか字を読めたとしても法律の意味を理解できない中で、すべての市民が法律を理解すると仮定することは非現実的であった。さらに悪いことには、より知識のある者がこのような無知な人々につけこむような行動が横行することである。

　たとえば、貧しくかつ教育を受けていない農民は契約および当該分野の法律について浅い知識で買い戻し、権利つきで土地を売却し、土地を抵当に入れた。買い手または債権者は度々、どんな価格でも記入でき、実際に農民が受領した金額より多額の金額を記入することが可能な白紙契約書に署名を求めた。他にも農民の正当な権利が奪われている一方で、貸す側が利益を得る契約期間および返済期間のような問題がある。最終的には、たいてい、農民はその取引きで損な役割をさせられる。こうして、農民は土地の所有権を失い、その土地で雇われるはめになる。農民がもはやその土地で働けないと、その人にとって国家による援助が唯一の望みとなる。その援助がもたらされない場合、首都または大都市で乞食となるようなわずかな選択しか残されていない。失業者が不満を申し立てる場所がどこにもない場合、暴力や犯罪行為におよぶ危険性が常につきまとう。失業者は法に頼れないことを知っており、その結果、他の人々に害をもたらす妨害行為に発展するであろう。

　争いが法廷に持ち込まれるときでさえ、法律を十分理解していないことにより農民はたいてい不利な立場に立たされる。たとえば、本来の土地占有者が土地の占有を不法に奪われ、土地の返還を請求した争いがあるとすると、現土地占有者はその土地の返還を受ける権利を有する。しかし、土地を奪われて1年以内に占有の回復を請求する行動を取らなければ、訴追する権利を喪失する。

　このような法の基本的理解の欠如は、問題の連鎖反応を開始しさせ、最初から扱わなければさらに悪くなるかもしれない。

　以上のような考察から、タマサート大学、チュラロンコン大学および他の私立大学のようないくつかの大学は、法の重要性およびその適用について一般人に教育を試みた。対象者は当初、役立つ考え方を得ると同時に何よりも自分自身を守る手段を学ぶことができるように、遠隔地域に居住する農民および貧しい者であった。

　こうした努力の当初の主な障害は、資金の不足であった。タマサート大学法学部は大学の限られた予算の中でわずかな資金援助を受けたにすぎない。私が

一般への法知識の普及プロジェクトを担当していた際、そのプロジェクトと「人々のための法」というラジオ番組を行なう支援金を手に入れるために1979～1981年に「田舎へ愛を」というチャリティー行事を二つ催す必要があった。概して、その時期に法を知り理解することは、基本的権利ではなかったのである。むしろ、それは被疑者が弁護人を依頼する権利と同様にボランティアベースで成し遂げられた。

1982年から1986年の第5次国家開発計画の適用範囲内で、政府は民事および刑事事件の双方において人々に法律扶助を与える体制を明らかにした。このプロジェクトの目標は、第5次社会経済開発計画に含まれており、その結果、総理府における農民および貧しい者のための中央支援事務所のようないくつかの公的な法的支援団体の設立をもたらした[*7]。

現在の法的支援

現在、国家は一般に向け法的支援を供与する明確で具体的な目的を有している。政府ならびに非政府の法を扱う機関およびそれを補佐する機関は以前のように政治的障害に憂慮せずに法的助言や支援を貧しい者に与えることができる。裁判所、司法長官室および弁護士評議会のような司法手続に直接関連する教育機関および法的機関が多くの支援を担っている。これらのすべての団体が一丸となって政府がさらに、人員、ボランティア、資金および理解にわたる様々な形の法的支援を与えるように努力するために協力してきている。被告人の権利が改善されるために妨害となっている専門的で法的な視点が政府に提案された。以下の許容できる国際基準に従い権利を保障しようとする目的であり、特に刑事事件において被告人または被疑者が弁護人を依頼する権利の保障である。すでに指摘したが、支援は10年以上の懲役または被疑者が裁判所に移送された時点で17歳未満である場合にしか行なわれない。そのような事件において、被告人または被疑者の請求により、弁護士は供与されなければならない。その後、裁判所は有罪とされ死刑を宣告された被告人に国選弁護人を選任しなければならない、と現行法が規定するまでに、同法律[*8]は何度も改正された。被告人の請求如何にかかわらず弁護人は付されなければならない。さらに、あらゆる司法手続きにおいてすべての被告人は、国家により法的な代理に関する支援を供与されなければならない。被告人が18歳未満の場合はすべて、貧

困か否かにかかわらず、被告人の請求により弁護人を付さなければならない(*9)。

　現行タイ国憲法（1997年改正）は、一般的な国際基準に準ずるような被告/被告人および被疑者の権利を保障する条項を含んでいる。以前は、勾留または逮捕されている人々は取調べ中に弁護人が同席する権利を有しているものの、当事者が弁護人を私選しなければならなかった。現行憲法242条1項は、当事者自身が弁護人を私選できない場合、国家がすみやかに弁護人を付さなければならないと定めている。しかし、現行憲法下におけるこれらの権利の保障は、以前とあまり変わっていない。というのは、保障は実体法によって実施されるからである(*10)。この規定を実務においても現実においても実際に有効にするには、国家はそのような権利（たとえば、すべての人々に法律扶助を供与する国家法律扶助事務所を設立するいくつかの法律を通過させ、その権利は憲法の平等原則を基礎とし、事務所を運営するのに十分な資金を得て保障される）の行使を規定する法律（実体法/下位法）を制定しなければならない。あるいは、国家は第1段階としてその権利が実施されるために刑事訴訟法を改正しなければならない。したがって、勾留または逮捕されている人が貧しい場合、現行憲法で保障される権利を享受できないのが現状である。というのは弁護人を供与する責任を負う国家機関がないからである。そのため、当事者は手段を知らなかったり、経済的問題により当事者自身で弁護人を選任できないのである。法律扶助が警察署において無料で提供される場合は例外である。法的支援のための弁護士評議会プログラムがこれらの支援を与えている。このプログラムは1993年に始まったが、適用範囲は未だ限界があり、すべての警察署を網羅しているわけではない。

　それゆえ、1997年憲法は刑事事件の場合と同様に、民事事件も保護されると加えられたが、法の精神を実際にうまく実行するためには、実体法または下位法を立法する必要性が依然として残されたままである(*11)。

　最後に、法律は法律扶助を実行しなければならない最大の保障を与えているが、結果は未だ不満足なものであるようだ。これは裁判所が選任する弁護士はベテラン弁護士の基準に達していないという質および能力の問題である。裁判所選任のボランティア弁護人の大半は、法廷での経験が浅い。一般に報酬または国選弁護人の報酬がそれほど魅力的でないことも重要な要因である。また多くのボランティア弁護人が低報酬のせいで最善を尽くさない。たとえ、ある事

件において経験豊富な弁護人が選任されたとしても、おそらく、弁護人が自身で受任した事件のように十分な注意を払わないし、同様の努力をすることはないであろう。

法律扶助供給者

法律扶助供給者は、政府団体および私立団体の2グループに分けることができる。

A. 政府機関

主要団体は以下の7機関から成る。

1. 総理府

中央支援事務所を通して農民や貧しい者に扶助を供与する。
――目的
　(1) 貧しい農民に助言、弁護人および支援を与える。こうして正当な法手段および訴訟が行なわれる。これは主に自助的活動である。
　(2) 所有権または占有権の争いを調停する。
　(3) 法律分野および相争う主張を手助けする。
　(4) 農民または貧しい者を手助けする手段に関する問題を分析する。
　(5) 国家機関または他の支援団体との調整を行なう。
――資格
　(1) 農民
　(2) 貧しい者

「農民」とは、中央支援事務所が定めた要件に照らして、稲作、果物栽培、畜産または他の農業的職業により生計を立てている者を指す。

「貧しい者」とは、最低の生活水準を下まわり、自身で生計を立てられない者を指す。

2. 司法長官室

市民権保護および法律扶助の担当をする機関である。
――支援の形式

(1) 法的助言を供与する（収入に関係なく）。
　(2) 法律文書を作成する（貧しい者のみ）。
　(3) 民事および刑事紛争を示談で和解させる。
　(4) 法的手続の支援を以下のように供与する。
　(4.1) 援助を望む被害者または申立人がまだ不服申立てを行なっていないか、調査官に事件を提出していない状況において民事および刑事事件における（裁判費用以外）示談のために無料でボランティア弁護人を供与する。
　係属中の事件で申立人が、被告人または被告である場合には、検察官が原告となっている事件でありながら、申立人がそのような立場に置かれていてはならないということ、当該事件が明白な不公正さを示す十分な証拠があること、そして申立人が貧困者であること、が要件とされる。
　注：サービスまたはボランティア弁護人の供与を得ることは無料であるが、申立人は事件に関連する他のすべての費用を負担しなければならない。その費用は裁判所で徴収されるか、予めある取り決めによって課されなければならない。
　(4.2) 検察官の公務を特定する民事法および商事法上の案件において、検察官はたとえば遺言執行者を求める申立て、行為無能力者の決定を裁判所に求める申立てまたはその決定の取消し、未成年者の後見人の指名またはこれの取消し（裁判費用／申立人が負担しなければならない費用以外の）手続きの費用を課さない。
――資格
　(1) (1)および(3)での支援は、貧富に関係なくすべての人々に与えられる。契約書を作成する場合は、貧しい者にのみ支援が与えられる。
　(2) (4)の状況における援助は、不公正または援助の必要があるせいで被害を受ける貧しい者にのみ有効である。
　「貧しい者」とは、法的費用を払う余裕がない、財産や収入がなく、または最低の生活水準を維持するだけの収入しかない者を指す。
――支援過程の段階
　(1) 被害者や申立人は当事者自身で申請しなければならない。
　(2) 第三者や代表者の援助申請は非常に緊急な場合を除いて受けられないだけでなく、被害者は後に当事者自身で申立てを扱わなければならない。

(3) 目的または苦情の理由を明確に述べなければならない。
　(4) 弁護士またはボランティア弁護人は当事者の意向に従って、法律上の申立てを扱う。
　(5) 法律扶助局は事務所規程により結果を通知する。
　注：検事正の支援申立に対する可否の決定は市民権および法律扶助部門のラクムアンやラチャダピセク地域の市民権および法律扶助部門以外では異議申立を許さない。検事正が支援をしないことを決定すれば、申立ての最終訴訟は市民権および法律扶助事務所の長官にまわされるだろう。
　責任機関は中央地域や各県にあり、前者は司法長官室であり、バンコクの法律扶助事務所である。
　市民権保護および法律扶助の事務所はすべての県にある。

3. 労働および社会福祉省
――以下に可能な支援を列挙する。
　(1) 雇用者および被雇用者の間の労働事件紛争を調停する。
　(2) 雇用者および被雇用者に法的助言を与える。
　(3) 被雇用者が貧しくその事件に勝訴の見込がある場合、法廷手続において被雇用者に弁護人の支援をする。

4. 司法省
4.1 刑事裁判所
　トンブリ刑事裁判所、南バンコク裁判所および県刑事裁判所は以下の刑事事件において被告人に弁護人を付す責任を有する。
　(1) 死刑に関する事件。裁判所は被告人が弁護人を有するか否か尋ねなければならない。また、裁判所は被告人の請求により弁護人を選任しなければならない。
　(2) 死刑を含まない10年以上の懲役にあたり、かつ、被告人が公判前に裁判所に移送された時に17歳未満である事件。裁判所は被告人が弁護人を有するか否かを聴取し、被告人が誰も有さない場合、その請求により弁護人を選任しなければならない。
　(3) 10年以内の懲役にあたり、かつ被告人が弁護人を有しておらず、かつ、

貧しく弁護人の支援が必要であることを裁判所に報告した事件。裁判所は被告人のために弁護人を選任しなければならないが、裁判所は状況を考慮して、被告人が実際に貧しいか否かを判断することができる。

4.2 労働裁判所

労働裁判所は労働者が申立書類を書き、訴えを提起し、労働裁判所における司法手続に関して手助けするための法務官を有する。労働裁判所における訴訟の当事者は、訴訟費用を含む一切の手続費用を支払わなくてもよい。

5. 大学省

5.1 タマサート大学

「タマサート法律扶助事務所」は、一般人に助言および支援を与える。
——センターの目的
　(1) 一般人に法知識と法的支援を普及させる。
　(2) 法学生と法学部出身者に専門的実践能力を与える。
　(3) タマサート法センターの目的および政策による法的支援学生グループの活動を発展させる。
　(4) 法および社会改革のための調査研究を行なう。
——事務所は以下の二つの主要な目的を有する。
　(1) 地方の一般人に法知識を普及させること。これは地元指導者、移動式法律扶助キャンプ、ラジオおよびテレビ法教育等の短期法訓練コース（法読書プログラム）のような形で実施される。
　(2) 一般人への支援には2とおりの方法がある。直接文書を作成する、または、タマサート大学法学部の事務所で法律相談を行なう人を派遣する。紛争が進行中ならば、事務所は調停のために訴訟当事者を招聘することにより支援する。その事件が係争中ならば、事務所は以下の基準で法律扶助を無料で与える。
(2.1) 訴訟当事者が当該紛争で利害関係を有し、事務所に支援を依頼する。
(2.2) 事件が公平性の問題に関する。
(2.3) 訴訟当事者が貧困のために手助けを必要とする。
(2.4) 事件が法の問題および事実の双方において勝訴する見込みがある。

(2.5) 事件が家族問題を含まない。ただし、養育費の要求に関する事件は含む。
——運営
事務所は以下の二つの役割責任を有している。
(1) 法律事務所の責任は一般人への法的助言、法手続、調停および法的登録を含む。その仕事には事務所長の指揮の下で被告人に助言を与える学生の支援も含まれる。
(2) 法律訓練には、法学生に夏期訓練プログラムを策定し、法律訓練プログラム責任者の指揮下で法律家のための法廷における訓練を施すことを含む。

5.2 ランカンハエン大学
ランカンハエン大学法学部法的支援社会サービス事務所。
——目的
(1) すべての人々に一般的法律問題に関する助言をすることにより一般法的サービスおよび支援を与える。
(2) 政府や非政府組織に所属する人々に加えて学生、一般人に訓練や技術の向上を通して法教育サービスを与える。
——法律扶助の基準
一般人が不正かつ不公正な行為に起因する法的問題を有する時。
——運営
法学部長の指揮下で政策執行委員会が事務所を運営している。以下の二つの独立した部署で仕事が行なわれている。
(1) 法務部
(2) 執行部
——業務の特色
(1) 訪問、電話、手紙により事務所に持ち込まれた苦情に直接法的助言を与える。
(2) 法律文書の検査。
(3) 紛争の調停。
(4) 相互利害関係の事案における他機関との調整。

(5) 文書、訓練や学術的セミナーを通して一般への法知識の普及。
── 予算
　(1) ランカンハエン大学資金
　(2) 一般寄付
── 活動の概要
　(1) 法律扶助
　　1996年　　　　　715件
　　1997年　　　　　693件
　　1998年(1-5月)　　248件
　(2) 法律情報の普及は1972年以来、資金不足により活動が行なわれていなかった。

6. 防衛省

　防衛省長官は、1985年5月29日規則129/85により、裁判弁護部内に法律扶助事務所を設立した。その役割は国家と商業活動および紛争のほかに不公正に扱われた人々を支援することを含む軍事裁判所における弁護人の手配と委任を含んでいる。貧しい者が関わる事案の場合、事務所のメンバーの会合で決定する。

7. タイ弁護士会法律扶助事務所

── 目的
　(1) 一般人に法的助言を与えることにより法教育と法律に関する就職を支援する。特に貧しい者や公平に扱われない人々に配慮する。
　(2) 法律家としての知識、能力および実務経験を有するように、タイの法律事務所に法的訓練のため知識と訓練を与える。
　(3) 法的訓練機関の学生および卒業生が法律家の理想とするようなよい社会に貢献するための法的訓練研修を奨励する。
── 法律扶助の基準
　(1) 一般人に助言と弁護人を与える。
　(2) 以下が生じた場合に法手続を支援する。
　(2.1) 不公正な取扱いに起因する正当な抗弁。

(2.2) 訴訟当事者が貧しいために訴訟で敗訴する立場に置かれている。

(2.3) 訴訟当事者が良い評判を有し、前に不法行為または不道徳行為を行なったことがない。

(2.4) 事件の筋、事実および法的問題点が被告の利益になるように働く。

――組織規定

タイ弁護士会の一般人への法的支援事務所は、タイ弁護士会の法的訓練およびサービス部内にある。事務所の長は義務の履行に責任を持つ理事である。

――運営

(1) 事務部

(2) 法的支援部は以下のように分類される。

(2.1) 助言を与え、一般人に無料で法的問題への助言と解決策を与える。

(2.2) 貧しい者に無料で法手続に関する援助をする。

――活動の特色

ボランティア弁護士は、申立人が持ちこんだ事件の事実を整理し、調査のために係長やその部下に送る前に事件に関する意見を付け加える。その後、事件は最終審査および決定のために課長または事務所長にまわされる。その後に、ボランティア弁護士は申立人に結果を報告する。

事件に勝ち目があり、事務所が法律扶助を与えることに同意した場合、担当弁護士は法手続に関する証拠を整理し、正式に受任後15日以内に部長または事務所長に報告することを義務づけられる。事件の手続きは定期的にすみやかに報告されなければならない。

――予算

司法省は資金の一部を提示する。

――活動の概要

| 1996年 | 助言 | 386件 | 取扱件数 | 70件 | 解決 | 64件 |
| 1997年 | 助言 | 361件 | 取扱件数 | 73件 | 解決 | 77件 |

B. 民間機関

法律扶助を与える私立部門の主要機関は以下のとおりである。

1. 弁護士評議会

責任部署はタイ法律協会。

——目的

　一般人に法律扶助を与える。貧しい者、貧困者や恵まれない人の権利と自由を保護し保障するような活動。

——活動内容

　(1) 法律問題について助言と提案を与える。

　(2) 法律文書、契約書、遺言状などの作成を支援する。

　(3) 必要に応じて弁護士を手配する。

——法律扶助の基準

　1984年弁護士法78条による貧しい者や恵まれない人（規則の実際上の適用においては、申立人が不公平な扱いを受けたことに同意した場合、委員会は事件を考慮の対象とすることができる）。

　注：裁判費用や申請書、通知書などのような裁判および裁判に関連する費用以外には裁判所では法的助言や弁護士サービスの費用はかからない。

——運営

　(1) 運営は、弁護士評議会会長を議長とする公共法律扶助委員会が行なう。弁護士評議会政策計画副会長は副議長となる。弁護士評議会事務長は書記となる。

　(2) 任期；3年間で再選は1回のみ。

　(3) 事務部；執行支援部長を長に事務支援職員10人。

——職員

　(1) 中央地域。弁護士評議会内の公共法律扶助事務所であり、約200人のボランティア弁護士が登録している。

　(2) 地方地域。公共法律扶助の県事務所は、弁護士評議会会員または県事務所の1～9地域からなる。各県に約20人ずつの弁護士を有する。

　加えて、ボランティア弁護士は、刑事裁判所、民事裁判所、バンコク南地区裁判所、ファイクァン警察署、タリンチャン警察署、ラトブラナ警察署などのバンコクの都市行政区画に配置される。ドゥアンプラティープ財団のような他の非政府組織もまた薬物濫用が広がっている地域に位置することからボランティア弁護士が配置されている。

　県レベルでのボランティア弁護士プロジェクトは、チェンマイ県裁判所などのような各県裁判所付近に見られる。

――法律扶助の基準

(1) 通常の状態：ボランティア弁護士サービスは、午前8時30分から午後4時30分までの職務時間に利用できる。法的サービスが要請され、かつ依頼者が審議や判決のために弁護士を必要とする場合である。支援は与えられたが、その後、申立人が貧しくなく、支援の必要もなかったことが明らかになった場合には、委員会はその事件から手を引く。

(2) 緊急事態：個人が不当に扱われる世間を騒がす事件、センセーショナルな事件、不思議な殺人事件等の事件において、委員会はその事件について知る方法をまったく有さないので、被告人が警察に勾留中、被害者もしくは被告人は本人自らまたは弁護士を通して申し立てなければならない。現在、いくらかの警察署がこのプログラムに参加しており、そのような警察署においてボランティア弁護士の利用が可能となっている。

――予算

(1) 弁護士評議会は収入のおよそ10パーセントを提供する（会費や訓練機関からの訓練代のような別個の財源から）。

(2) 政府からの補助

(3) 一般寄付

(4) (1)～(3)からの利益

――問題

不十分な資金援助、特に交通費

――支出

過去の活動の成果

1997年(1-12月)	7,600件
(1) 助言	5,684件
(2) 中央地域のボランティア弁護士手配	1,632件
(3) 県地域への事件の回送	284件
1998年(1-12月)	11,778件
(1) 助言	8,505件
(2) 電話での助言	1,170件
(3) 援助適用	1,459件

(4) 援助非適用　　　　　　　　　　644件

——他の法律扶助機関との調整
　弁護士評議会から支援を受けている他の機関は、たとえば、国家女性評議会、司法長官法律扶助事務所、タイ弁護士会の法律扶助事務所である。

2. 王妃後援王立タイ女性弁護士協会
　法律と家族問題に関して支援する。
——目的
　　(1) 法的理解の欠如のため搾取されている人々のために社会的公平および正義を探求する。
　　(2) 貧しい者および貧窮者へ法的に衡平な保護を与える。
——方法の特色
　家庭争議の調停を試みる。その試みが失敗した場合、今後の支援のために当該事案の動向を追い続ける。
——資格
　　(1) 貧しい者と貧窮者。
　　(2) 明らかに不当な事案。

3. 女性の友基金
——目的
　　(1) セクシャルハラスメント、未婚者の妊娠または望まない妊娠、家庭内暴力、強制売春、不当な解雇および職業、教育に基づく差別のような問題において女性を援助する。
　　(2) 差別を是認する政策、規則および法律を変更するように働きかける。
　　(3) 男女平等のための支援をする。
——法律扶助の基準
　国の全域で援助を必要としている問題を抱える女性。
——法的活動
　　(1) 法的問題についての助言および援助を与える。
　　(2) 女性に関する法的知識および訓練を与える。

(3) 異なるメディアを通して法律記事および情報を普及させる。
——組織

　政策考案を担当する設立委員会が率いる。日々の活動は4部署で運営される。学術的情報部、女性の権利保護部およびネットワーク部からなる。
——予算

　主に国際金融機関および基金から年間約300万バーツを受け取る。

4. 児童保護基金センター

——目的
　(1) 国連児童の権利に関する条約による児童の権利を擁護および促進する。
　(2) 権利が侵害されている児童を援助および保護する。
　(3) タイ児童の権利保護および確保についての提案および勧告を行なう研究をする。
　(4) あらゆる事件および形態で児童の権利保護について国家と私人双方の関連機関と協力する。
——法律扶助の基準
　(1) たとえばいじめ、暴力、性的虐待の犠牲になった0〜18歳の児童。
　(2) 世間の関心も集めない事案。
　(3) 他の機関の関心を集めてはいるが、児童の権利が侵害され、保護されていないまたは公正に扱われていない事案。
——法的サービス
　(1) 法律援助を与える。
　(2) 適切な民事または刑事訴訟を提起する。
——運営上の特徴

　仕事は各部署で適切な担当部署に振られ、児童支援部、リハビリテーションおよび医療施設部、広報部、人事部、渉外部および調整部が事前に作成した計画により運営されている。
——予算

　主に海外資金から年間約1,000万バーツ。

まとめ

タイにおける法律扶助は、以下のように要約される。
1. 扶助提供者は政府および民間機関である。
2. 扶助提供者は、検察官、法律家、国立大学法学部のような政府の役人および弁護士を含む法律実務家、私立大学の法学教師、民間機関または非政府組織のボランティアまたは職員、そして公立および私立大学の法学生である。
3. 扶助活動は以下のように分類される。
   3.1 法知識の普及および領布
   3.2 法的助言および相談
   3.3 調停および妥協促進
   3.4 契約および合意支援
   3.5 民事、刑事および労働法事案に関する法律扶助
4. 法律扶助は以下の人々に与えられる。
   4.1 貧しい者
   4.2 農民
   4.3 労働者／働き手
   4.4 権利が侵害されている女性および児童
   申立人が不公平かつ不公正に扱われている状況下ですべての援助が与えられる。
5. 事件に関する費用は以下に分けられる。
   5.1 刑事事件。弁護費用は免除されるが、裁判関連費用のほとんどは申立人が支払わなければならない。
   5.2 民事事件。弁護士による代理サービスは無料で与えられる。しかし、資産に関する紛争に関する事案において、申立人は裁判所が窮迫である事件と認定した場合以外は裁判費用を支払わなければならない。
   5.3 労働事件。申立人は弁護士の費用も裁判費用も支払わなくてもよい。
   最後に、タイの現実における法の前の平等は、未だ、博愛、恩恵、慈悲または裁量の問題であり、基本的権利の問題ではない。

*1──タマサート大学法学部助教授。タマサート大学法学士、弁護士、ヴァージニア大学MCL、チューレン大学JD。

*2──ウィリー（Wiley B. Rutledge）裁判官の演説。Emery A. Brownell, *Legal Aid in the United States*, The Lawyers Cooperative Publishing Company (1951), p.60.

*3──アユタヤ時代（1550～1767年）、ラタナコシン時代初期（現体制の初期）においては、被疑者、被告人および刑事事件受刑者の権利保障の重要性に関心が払われていなかった。刑事事件の被告人が主体であることを想定しなかったからである。代わりに市民の習慣法典に依存する慣習で、自白を強要して真実を探求しようと試み、被告人が協力を拒んだ場合、顔面強打、軟禁、鞭打ち、こめかみ圧縮などのあらゆる拷問方法が使用され、自白するまで続けられた。

*4──憲法下で保障された自由保障への3方法は以下から成る。
1 自由の絶対的保障。自由を侵害または制限するいかなる法も許されるものではない。
2 自由の中間的保障。憲法に明記されたような自由の一定の要件は特別な状況においては特別法を経て制限することができる。
3 法律または法律に規定されている自由の保障。すなわち、自由の範囲を制限する法律が常に許されている。
Yud Saengutai, *Constitution Principles and General Election Law., Lecture material for graduate school*, Faculty of Political Science, 7th ed. Bangkok: Thammasat (1980), pp.129-131 (in Thai).

*5──1984年第15次改正刑事訴訟法は、7条2項で被告人または刑事事件で身体拘束中の人の権利を拡大している。本法の特徴は、拘束中の被疑者または被告人が一対一で弁護人と立会人なしに面会し相談する権利を有することである。この際、被告人およびそのような立場の人が弁護人を私選しなければならず、国家は弁護人を選任しなかった。また、同法は173条で5年以上10年以下の懲役の貧しい被告人の請求により弁護人を付する条項に改正された。

*6──Likhit Teeravekin, *Development of the Thai Political System*, 6th ed.(1998), p.213, 277.

*7──1985年農民および貧民の支援に関する総理府規則、農民および貧民の支援に対する政策と訓令、63頁、66頁。

*8──現在までに、1934年刑事訴訟法は20回の改正が行なわれた。

*9──刑事訴訟法19章6条を参照。

*10──242条1項「刑事事件において、被疑者または被告人は法律に定める弁護人を国家より得る権利を有する。当事者が拘禁または勾留下によって弁護人を選任できない場合には、国家はすみやかに弁護人を付さなければならない」。

*11──242条2項「何人も民事事件において、法律により規定されているとおり国家による法律扶助を得る権利を有する」。

…………………………【監訳】佐藤安信（名古屋大学大学院国際開発研究科教授）
………………【翻訳】安藤由香里（名古屋大学大学院国際開発研究科博士後期課程）

カンボジアにおける法律扶助

弁護士・「カンボジア弁護人プロジェクト」専務理事　ソク・サム・ウン

序論

　世間の人々が周知しているように、カンボジアの法制度は、時代遅れの共産主義構造や20年間の戦争および近年における政治的な動乱から被害をこうむった。このようなカンボジア近代史の結果、この国では法律家の不足が深刻である。クメール・ルージュ政権の下で、司法に携わる人々——裁判官、検察官および弁護士——の約8割が虐殺された。法律に関する書籍は破棄され、裁判所や法律学校とされていた建物が別の目的に転用された。

　1993年に採択されたカンボジア王国の現行憲法は、カンボジアが自由民主主義を採用し、国際人権条約を認めている。このように、同憲法に基づく法の執行という概念は、独立した司法府および警察が自由民主主義による規範や基準に従って機能することである。しかし、政治的な意志の欠如と共産党政権に採択された法律が残っているため、自由民主主義は行なわれているとはいえない。

　法執行の仕組みは、しばしば国民に十分な保護を与えることができていない。カンボジア警察は法律と取調べの技術に関する基本訓練、手続規則および人権や中立性に関する理解と尊重が欠けている。その結果、警察はしばしば法の枠外で活動し、自白を強要し、勾留が法律による48時間の制限を超え、カンボジア法および国際法を様々な形で侵害している。刑務所の状態は基準を満たさず、囚人に対する拷問および殴打の体制が続いている。

　それゆえ、カンボジアにおいて人権弁護人は貧しい人々と他の弱者を弁護し、法制度を発展させるために重要な役割を果たしている。

カンボジア法制史

　カンボジアは、90年間（1863年から1953年まで）フランスの植民地であった。その時から共和国の崩壊まで、カンボジアではフランスの法体系が導入さ

れた。

　1975年から1979年まで、ポル・ポト政権により、法律家の8割を含むほぼ300万人が虐殺された。その結果、家族構造や文化を含む旧カンボジア法制度は完全に崩壊した。その頃、子ども達は家族から隔離され、イデオロギーの教育を受けた。裁判所や法律が存在せず、すべては金で解決されていた。ポル・ポト政権に反するすべての行動は罪とされ、罰として死刑のみが存在した。

　1979年に、ポル・ポト政権は崩壊し、人民革命協議会が1979年1月8日に設立された。1979年から1980年にかけ裁判制度は存在せず、司法権力は軍事委員会が握っていた。一時的に存在していなかった法制度は、やっと1980年5月に再び制定された。その後、1980年から1993年にかけ、社会主義法制度がカンボジアに導入され、それは中国やベトナムの法体系に似ていた。

　1989年から1993年まで、タイとの国境に設置されたカンボジア難民キャンプにおいて、国際連合によりコモン・ロー体系に似た裁判制度が設立された。

　1993年にUNTACがカンボジアに派遣された。刑法と裁判制度が制定され、それはコモン・ロー制度に近いものであった。同時に、カンボジア国政府は別の刑事訴訟法を採択した。その新しい刑事訴訟法により予備判事制度が加えられた。ゆえに、カンボジア法制度はフランス法制度と同様と考えられたが、実際カンボジア法制度における予備判事は、フランス法制度での予備判事と機能的な違いがある。フランスと対照的に、カンボジア法システムに関わる予備判事はロシアの検察官と同じような仕事を務めている。異なる点は、彼等が法廷で起訴する任務を有していないだけである。

カンボジアにおける法律扶助の経過

　1982年、司法省により法廷での弁護人団体が形成された。同省は各州において、より知識を持つ者に法廷弁護人として働こうと呼びかけた。彼等は法律知識を持たず、法律訓練も受けていなかった。彼等の中の多くは、高校または小学校の教師であった。彼等のための資金はなく、政府からわずかな給料を得るにすぎなかった。法廷弁護士はほとんどの場合、開廷のわずか2、3日前に事件を受け取った。彼等は事件についてまったく調査を行なわなかった。彼等の主要な任務は弁論の結びまたは法廷での減刑弁護だけであって、ほぼすべての結びは、減刑事由を述べることにすぎなかった。彼等の弁論はほとんど変わら

ないため、裁判官は常に事前に判決を書いていた。

　1993年にUNTACがカンボジアに設立された後、いくつかの人権NGOは人権分野で活躍していた者に弁護人になるための訓練を与えることを通じて、刑事被告人、特に貧困層の人々に法律扶助を提供し始めた。あるNGOは、法律扶助専門のNGOとして組織化されたが、それらのほとんどは刑事被告人にしか法律扶助を提供しなかった。それゆえ、カンボジアにおける弁護人はアメリカの公設弁護人とは異なり、弁護士でない弁護人を意味する。1995年に、弁護士規定が採択され、同年末に弁護士会が設立された。初の弁護士団体が誕生した。弁護士規定によれば、弁護士でない弁護人達は、1997年以降に法律業務に従事することはできなくなるとされ、その後、弁護士会も自らの法律扶助部門を立ち上げた。

　当初、政府や弁護士評議会は、すべての法律扶助NGOを閉鎖したかった。彼等により、弁護士規定は以下のように解釈された。すなわち、外国の資金援助を得ることができるのは弁護士会のみである。これに対して、法律扶助NGOと外国のドナー達は強く抵抗した。結局、弁護士会会長は、法律扶助NGOを閉鎖しないことを決断した。すべての法律扶助NGOは、貴重な業務を続けるために、訓練されているが弁護士でない弁護人達に司法試験を受けさせるように最善を尽くした。彼等のほとんどは司法試験に合格し、貴重な業務を継続することができ、正規の弁護士になった。

カンボジアにおける弁護人の類型

　法律扶助機関は、以下の5つの類型に分けられる。

パラ・リーガル：

　弁護士ではなく、裁判所での弁護をせず、とりわけ貧困層や生活に困っている者や助言が必要である人達に、法律に関する助言を提供する者である。人権NGOに勤める者が最も多く、カンボジアではうまく機能している。

法廷弁護人：

　1982年から1997年まで法廷弁護人は弁護士ではなく、裁判所の任命により、弁護士を雇う余裕がない重罪犯を裁判所で弁護する者であった。彼等は単独で従事するが、主要な業務は法曹界に関連せず、小学校や中学校の先生である者が最も多かった。法律に関する経歴がなく、調査の時間もなく、管理または指

導体制も備えていなかった。カンボジアでは成功していなかった。

ボランティアとして民間の弁護士が提供する法律援助：

場合により、民間の弁護士がボランティアとして事件を弁護する。このような法律扶助事件には、二つの類型がある。いくつかの事件は未熟な弁護士のためのテスト事件である。それらの弁護士達は一生懸命に依頼者の弁護に従事するが、サービスの質は未だ劣っている。彼等にとって、自らの支払いで調査を行なうことは望ましくないため、一般的に調査の質が低いとみられる。

事件払い制：

事件払いに基づく法律扶助という類型もある。貧困層者のために裁判事件を担当する弁護士に対して、弁護士会は事件ごとに定額の支払いを提供する。したがって、多くの民間の未熟な弁護士達が、裁判所から事件を引き受けようと努めた。彼等が法律実務経験を有している弁護士として訓練を受けており、上記の法廷弁護人より法律に関する基礎教育あるいは研修をさらに習得したにもかかわらず、指導体制は存在しておらず、できる限り金を使わないために調査に金をかけようとしない。そのためにサービスの質は依然として低い。

給料制：

この類型の法律扶助機関はカンボジアにおいて成功している。現在のカンボジアでは、給料制を採る機関が二つ存在している。カンボジア弁護人プロジェクト（CDP）およびカンボジア法律扶助（LAC）という機関である。それらの機関において内部の組織構造があり、所属弁護士に給料を払い、業務上のコストをカバーしている。したがって、所属弁護士達は調査にかかる費用に関して心配をしていない。弁護士達はいくつかのチームや州におけるチームに分けられる。それぞれのチームにおいて、一人のリーダーが費用を管理し法律事業を指導している。彼等は依頼人に質の高いサービスを提供し、汚職が発生しないように運営の厳しい最低基準を制定している。職員に対して内部および外部で研修を提供する。法律サービスの他に、コミュニティへ法律に対する理解を高め、法案に対する批評をする等の業務を行なっている。

組織的目標の設置の仕方

目標の設置の仕方

○　広義の任務は特定の任務よりよい。

- 私達の任務内で目標を有する資金提供者の選択をする。

なぜ広義の任務か
- 拡大が容易である。
- 資金提供者を見つけることが容易である。
- より多くの資金提供者にアクセスが可能である。
- 長期目標を提示する。

　各機関は定款を有するべきである。定款は常に明確に組織の任務および目標を明らかにする。私達の機関の活動は組織の任務および目標の中で行なわれるべきである。私達は定款を改正しない限り、その任務および目標外のいかなる活動も行なうことはできない。

　それゆえ、特定の任務より広義の任務を有するほうがよいのである。仮に私達が広義の任務および目標を有するならば、私達の任務の中に求められていることや目標を有する資金提供者を見つけることは容易である。

法律扶助機関の目標

　各機関はそれぞれ目標を有する。NGOの資質として、NGOの目標は常に社会のために社会を発展させることである。法的とは法律または司法制度に関するすべてのものである。扶助とは無料の支援である。それゆえ、要約すれば、法律扶助機関は人権、法の支配および民主主義の促進という3つの主要な目標を有する。しかしながら、それらの3つの目標は広いので法律扶助機関がそれぞれの目標および価値観を設置することが大変重要である。

　法の支配とは何か、そして、自由民主主義とは何であろうか。法の支配や自由民主主議には異なった多くの考察がある。それゆえ、私達は国に望むべき自由民主主義の価値観および法の支配とは何かを設定すべきである。

　法の支配は現行法が実施されるべきであるという意味のみではない。私達の状況において、法の支配は独裁主義と対照をなすものである。独裁主義を回避するために公正な法律を十分有すべきであり、現行法は実施されるべきである。

　明確な目標が整った後、私達の全職員が目標およびその有効性を理解するこ

とを確認すべきである。たとえば、私達の弁護士は法の支配とは何か、自由民主主義とは何か、そして人権とは何かを理解しなければならない。理解は彼等の仕事にとって大変重要である。そして、私達は職員がそれらの全目標を果たす責任を持つことを確認しなければならない。

　上の分析によれば、カンボジアにおける法律扶助機関の大部分は法的サービスを与えるのみでなく、訓練、法的擁護等の他のサービスによっても活動を展開している。つまり、カンボジアの法律扶助機関の最終および長期目標は以下のとおりである。

**　　民主主義および法の支配の強化を通して人権を促進する。**

　最初の2年は、私達は非常に強行に法廷で争おうと試みた。というのは、私達は判事、検察官および警察を教育できると考えているからである。しかし、私達はこの過程が時間のかかるものであるとわかったが、カンボジアの法律は脆弱であるので、ある判事はいとも軽く法律を扱う。それが、「法の支配は十分でなく、私達は公正な法の支配を必要としている」と考えている理由である。それゆえ、私達は公正な法を必要とし、自由民主主義を保護し監視する公正な法も必要としている。自由および民主主義の過程を通して作成されなければよい法律の存在はあり得ないと考えているのである。

法律扶助機関の役割

　カンボジアの経験に従い、法律扶助機関は法的サービスを与えるのみでなく、現行法を改正する大変重要な役割も有している。そして、それらのすべてが憲法と一致することを明確にする新草案を批評することを支援するのである。カンボジアにおける法律扶助機関の大部分は以下の4つの活動を行なっている。

　　1. 法廷で法定代理人を与える。
　　2. コミュニティに法律プログラムを与える。
　　3. 堅実な法律の注釈を与える。
　　4. 憲法または上位法に矛盾する法律または条文を排除するために争う。

しかしながら、それぞれの活動は人権を促進し、憲法に従った真の自由民主主義を構築し、法の支配を設立して私達の目標を果たすように試みるべきである。

法律扶助機関の発展

法律扶助機関は社会における正義を促進し、すべての人は法の前に平等である、という目標を共有している。法律扶助NGOは法律分野において政府が成し遂げられない格差を埋める任務を有している。しかしながら、法律扶助NGOだけでは、国全体の格差を埋めることはできないので、特に法制度の弱点に従い状況および環境に従い任務を変化させるべきである。

アメリカや日本のような先進国では、法律扶助NGOは法廷で貧しい人に法的支援のみを与えている。しかし発展途上国にとって、特にカンボジアのように戦争から復興しつつある政府がまだ弱い国にとっては、法律扶助NGOは先進国の法律扶助機関より一層多くの任務を有するべきである。

しかしながら、未熟なNGOはすべての事件に法的支援を与えている、というのは人々はこれらのNGOをよく知らず、したがって受理する件数は少ないからである。しかし、よく知られるようになり、取扱い件数が多くなった後は、事件の受理政策を変更し、小さな事件のいくつかは受理しなくなるだろう。

未熟な法律扶助NGOは立法に関与できない。しかしながら、法律扶助機関は、大部分の法律が満足のいくものであると感じるようになれば、立法に取り組むことをやめるかその取り組みを減らすだろう。

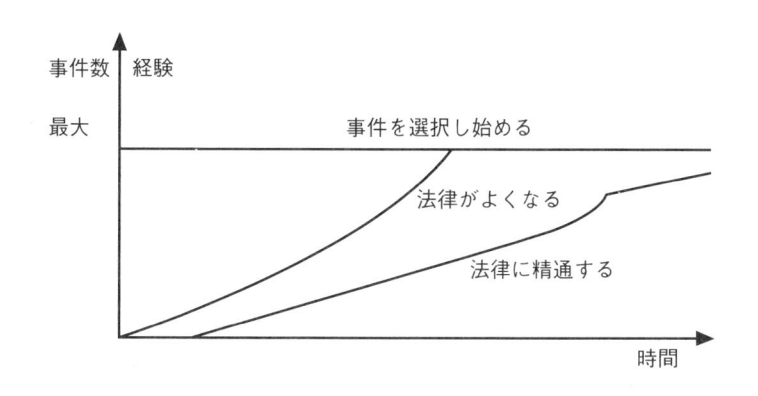

法的支援

　法律サービスは貧弱な教育を受けている多くの貧しい人々が存在し、カンボジアのように独裁政権から復興したばかりの国にとって大変重要である。法律サービスの趣旨は、貧しく窮迫した人々に正義へのアクセスを手助けすることである。カンボジアのように司法制度が弱く、腐敗しており不十分で独立していない状況では正義へのアクセスは大変困難である。ゆえに、法律扶助機関で働いている弁護士、私達ができる以下のような特別な裁判技術を伸ばさなければならない。

1. 新しい法律概念を理解するように裁判官、検察官および警察官を教育する。
2. 裁判官が真実および証人の直接証拠のみで判決を下すことができるために、先入観、証拠の誤認、不適当な証拠を最小にする。
3. 新しい公正な手続きを作成する。
4. 国王、首相、国会議長または憲法委員会＊の国家議員を通して異議を申し立てることにより憲法および上位法に一致しない条文を排除する。

＊カンボジア王国憲法122条（旧）

事件受理政策

　いくつかの法律扶助機関は事件受理について規則を有してない。それらはあらゆる種類の事件を引き受けるが、厳格な受理政策を有している機関もある。
　それゆえ、私はカンボジア擁護プロジェクト（CDR）の事件受入れ政策の歴史についてのみ検討したい。カンボジア擁護プロジェクトは1994年に設立された。当初、アメリカ擁護プロジェクト形式を真似ていた。そのため、CDPは刑事被告人のみに適用された。1996年に、刑事被告人のみでなく当局、裕福な人または権力者により被害をこうむった民事事件当事者にも適用されるようになった。軍部および強力な私企業に土地を奪われたといういくつかの訴えが多くなってきた。家庭内暴力および人身売買もまた重要な課題となってきた。それゆえ、カンボジア弁護人プロジェクトは土地紛争、家庭内暴力の被害者および人身売買の被害者のようにいくつかの選択された民事事件の依頼者に法律支援を供与することもまたその任務とするように改正された。しかし、私達は利益相反回避の原則に厳格に従う。仮に被害者の代理人を行なうならば、私達

は異なる弁護士であるとしてもその加害者の代理を行なわない。

事件の選択

　任務を改正した後、私達は新たな問題に直面している。現在、各法律扶助機関は1カ月に数百の事件を引き受けている。ゆえに、私達はいくつかの小さな事件を断わり始め、すべての体制に影響を及ぼすと私達が考える事件の中から重要な事件のみを選択している。

司法教育

　多くの地方は首都から大変遠く、道路状況は大変悪く、安全が確保されていない。ある地方へは飛行機で行かなければならない。それゆえ、法律扶助機関は資金的理由でそれらの地方に行くことはできないし、そこにあるのはわずかな事件のみである。そのような場所の裁判官および検察官は資格を有する弁護士から学ぶ機会がない。それが私達が遠くの地方の判事および警察官を教育するためにそこへ行こうとする理由である。

裁判所を介した司法教育

　ある国ではよい法律、よい手続きがあり、教育された裁判官がいるが、それでもいくつかの問題を残している。カンボジアでは、悪い法律、不公正な手続きが存在し、教育された裁判官、検察官、弁護士および警察官が不足している。実際、カンボジアにはほぼ何もなかったので、ゼロから出発したのである。多くの法律用語は異なったように解釈される。そのため、法に携わる人々が正しい意味を理解するために教育は大変重要である。

　それゆえ、私達が文書による異議により法廷で争ったり、彼等と非公式に話している時、私達は法を事実に適用することによって法律を大変用心深く、わかりやすく分析し、それらの条文が意味することを明確に説明しなければならない。発展した法制度において、弁護士は事実のみを信じさせることでその裁判官を納得させるが、カンボジアでは私達の方法で法律用語および条文の意味を理解させることで裁判官、検察官および警察官も納得させなければならない。

　それゆえ、弁護士自身も広い教育および知識を持つ必要がある。民間の弁護士は自分の事業のみを考えているので、法律扶助NGOの存在が社会にとって大変重要である。

法律理解の向上

　すでに紹介したように、カンボジアは長期間、独裁政権および虐殺が行なわれた時代であった。そして法制度は完全に破壊された。指導者達は戒厳令や独裁権を使うことしか知らなかった。自由民主主義が適用され、国際人権条約を念頭においたカンボジア王国の新憲法でさえ、それらの概念はカンボジアでは新しく、既存の法が未だに施行されている。そのため、人々および政府の職員にそれらの概念を教育し説得することは非常に重要である。それゆえ法律扶助機関は、テレビ、ラジオ、ワークショップ、訓練のクラス、出版、ポスター、パンフレットなどを通して、人々や政府の職員にも法律の訓練を与えるべきである。

法律の唱導的役割

　すでに述べたように、憲法がカンボジアは自由民主主義であり、自由民主主義モデルを基にした国家として構成されていると宣言していても、1979年から1993年に存在した実体法や組織法が未だに施行されている。それらの法律は自由民主主義の概念を有さず、私達は全法案が自由民主主義の概念を反映しておらず、支配政党にのみ有利になっていることを経験した。

　全法律扶助機関は法案の起草過程を理解し、全法律の合憲性を分析する特別な任務を有している。私達は法の支配および実施の状況を追い、現行法を分析し、法案を注釈する。また、起草過程を追い、法案起草団体を説得する。さらに、他の非政府組織（NGO）と調整しながら、私達の提案を受け入れるように政府や内閣に圧力をかける。そして、一般人の意見を取り込み、社会で実際に起こっている出来事を知らせるためにワークショップやセミナーも企画している。

　法の支配は必要ではあるが、悪法ならば何もないほうがましである。悪法および腐敗に関しては、知識があり大変強い事案を持つ私達、弁護士でさえ、まだ人々にとっての正義を見つけることはできない。それゆえ、法律扶助機関は法の支配および法の実施を促進し、全法律が憲法の精神の下にあり、自由民主主義の原則に従うものであることを確かにする重要な役割を果たしている。

悪法の改正

カンボジア王国憲法に従い憲法委員会に非合憲性の訴えを提出することによって、法律を改正することができるが、私達国民はこの委員会に直接陳情することはできない。しかしながら、国王、首相および国民議会議長または全国会議員の10分の1の賛成を得ることを通して訴えることは可能である。

しかしながら、私達はこの手続きを変更する必要がある。より開放的で透明性のある手続きが必要であり、そうすれば人々がこの委員会にアクセスするのは簡単である。

組織の有効性に影響する要素

組織により達成される有効性は様々な要素により影響を受ける。それらの要素は以下である。

1. 外部的環境
2. 組織の特徴
3. 組織の構成員の特徴
4. 管理政策およびその実行

外部的環境

1. 競争者
2. 関係省庁
3. 地域的政府
4. 一般的意見
5. 依頼者
6. 外部的支援

組織の有効性は組織が運営する範囲内で外部的環境の性質に影響される。外部的環境はどのように予想され、複雑であり、不親切であるかにより大変多様である。組織の持続性に影響する外部的要因は以下のとおりである。

1. 競争者

似たような目標を持つか、同じ資金提供者から資金を得ているNGO。

資金提供者は同じ活動を行なう組織には一つだけしか資金を提供できない。この状況では、資金提供者の関心をひきつけるか、資金提供者のことをまず考えるような競争が必要になるであろう。しかしながら、行きすぎた競走はよい結果をもたらさず、意味のない競争となってしまう。たとえば、カンボジアには、CDP、LAC、LAD（弁護士会法律扶助部）の3つの法律扶助機関がある。CDPは司法制度を構築し、政府の圧力から保護する強さが必要であるので、LACやLADが崩壊することを好まない。

2. 関係省庁

法律扶助NGOとして、司法省および内務省のような関係省庁とよい関係を保つことが必要である。それらの機関とよい関係を保たなければ困難に直面するであろう。他方で、仮に私達の任務が政府を説得することならば、それらの機関とよい関係を保つことが必要である。全NGOは、政府が強くなり、議会が人々の意向を反映する公正な法律を作成し、行政がその法律を実施し、正しい判断をし、人々の権利を保護し、行なったことについて説明ができ、責任を有し、司法が公正で公平な判決を行ない、官僚が法律と規則に従った義務を遂行することを望むという同じ目標を有している。

政府をそうさせるためには多くの方法がある。政府が行なったことや行なっていることについて非難する組織がある。政府が行なわなければならない義務を遂行するように圧力をかけている組織もある。政府に能力を与えることを支援する組織もある。

ほとんどの政府は常にNGOが敵であると考え、多くの政府は反対の立場を取る全NGOを締め出そうとした。それゆえ、法律扶助NGOが政府と信頼関係を築き、政府を強くさせる支援をし、政府の任務を成功させ、被害をもたらすものではないと政府にわからせることは大変重要である。カンボジアのように新しい法律が必要なすべての国々にとって、NGOが政府とよい関係を保つことは大変重要である。というのは、多くの法律草案を批評することにより政府を説得し、新しい法的概念を政府に教育する必要がある。政府を非難したとしても、私達が行なっていることは建設的であることを示すべきである。

3. 地方政府

関係省庁と同様に地方政府も重要である。特にカンボジアのように安全でない状況ではそうである。地方政府が私達の任務を理解しなければ、私達を支援

しないし、自由に私達が任務を遂行することを妨害するであろう。

4. 世論

　一般の人から支援を受けるために、私達の任務および私達が存在する理由を一般の人々に理解させることは非常に重要である。たとえば人々は刑事事件や悪人のみの代理をすると法律扶助弁護士を非難する。2、3年後には、人々は無罪推定および弁護を受ける権利についてさらに理解するようになるであろう。

5. 依頼者

　法律扶助機関の有効性は依頼者にも依拠する。私達がよいサービスを提供すれば、さらに多くの依頼者が来るようになり、評判は高まるであろう。反面、私達のサービスが何らかのよくない問題を起こせば、評判に大変微妙に影響するであろう。資金にも影響もある。私達が無償法律扶助を提供すべきだといいながら、それに反して弁護士の一人が依頼者から金銭を受け取ったならば、組織全体に影響を与え、今後一切資金援助を得られなくなるだろう。

6. 外部的支援

　カンボジアのような状況では、法律扶助NGOは国内外の支援を得ることが大変有効である。たとえば、1996年には、弁護士会はカンボジア弁護人プロジェクトおよびカンボジア法律扶助を終了したかったが、USAID、米国大使館、NOVIBのような多くの資金提供者および大使館は、弁護士会が双方の活動の存続に同意するまで強く後押しをした。

組織の特徴

　　1. 仕事の分配
　　2. 指示の統一
　　3. 権限および責任
　　4. 情報伝達の流れ
　　5. 統制の制限範囲

1. 仕事の分配

　　この原則は組織の各メンバーが仕事領域を大変明確にし、同一の仕事を重なって行なうことがないようにすべきことを示している。仕事の分配は各人が自身の仕事を最も有効的に行なわなければならない。

2. 指示の統一
　　　管理の原則は、組織のメンバーは一人以上の上司に対して責任があるべきでない。指示の統一なしでは、雇用者は仕事の指示が異なることによって妨げられるであろう。

3. 権限および責任
　　　責任が仕事を完成させるための実施義務であるとすると、権限は指示を出す権利である。管理者達が任務を全うする責任を与えられるならば、彼等は部下が従うように十分な権限も与えられなければならない。

4. 情報伝達の流れ
　　　組織上部からのすべてのコミュニケーションは、適当な部署にたどり着くまで各直属部署を通さなければならない。同様に、組織下部からのすべてのコミュニケーションは、各直属部署を通さなければならない。

5. 統制の制限範囲
　　　伝統的理論により議論される他の管理原則は、下部に属する人がそれぞれ一人のアドバイザーに報告をしなければならないという統制の制限範囲を含んでいる。一般的に統制の制限範囲の理想は、初級の管理者に20人、中級の管理者に8人、上級に4人であるといわれた。これらのガイドラインの背後に以下の論理がある。雇用者が日常業務をすればするほど、助言は少なくなり、管理者が管理できる雇用者も増えるのである。

組織のメンバーの特徴
モチベーションおよび責任による仕事
1. 能力および技量
2. メンバー間での必要性および価値観の相違に微妙な問題
3. 期待を高めること
4. 有効な仕事の報酬
5. 組織による公正な待遇
6. 仕事の目標が特定され、挑戦的であり、現実的であること
7. 否定的手段より積極的強化

1. 能力および技量

人の能力は明らかに組織の一員であるという振るまいおよび行動に影響されるという重大な要素がある。有効に行動するためにどのように動機づけても、その人に必要な能力が欠けている場合は、適切な仕事のレベルに達することは不可能である。

　活動を行なう人の能力は、二つの構成要素から成立すると考えられるだろう。1番目の要素はその活動に対する適性である。2番目の要素はその人の能力を発展させられる能力養成の機会である。

　活動を有効に実行する能力は活動に必要な適性を有するだけでなく、実際の仕事上で必要な適性を発展させる機会を有したか否かである。この発展は比較的公式的に構築されたマナーでは訓練を通し、より非公式には経験を通して双方で起こり得る。その訓練は多くの方法や職業訓練によりワークショップ、セミナーおよび再教育ならびにクラス訓練で行なわれるだろう。言語もまた重要であり、特にカンボジアのように明記された文書や本が不足している国々では重要である。

　たとえば、私達の組織と働くすべての新米弁護士は、高い学位や博士号を有しているとしても、クラス訓練で少なくとも2カ月、その後、年に1カ月、CDPの管理体制および裁判手法の訓練を受けなければならない。

2. メンバー間での必要性および価値観の相違による微妙な問題

　すべての個人は特異であり、動機づけの試みに対して異なる反応をするだろう。とりわけ、部下が管理者とまったく同様のものを必要とし評価すると決め込むことを避けなければならない。部下の主要な必要性および価値観を発見するために、管理者は被管理者に耳を傾け理解することに熱心に力を注がなければならない。

3. 期待を高めること

　管理者は部下の努力が効果的な行動をもたらすように部下の期待を高めるさせるように努力しなければならない。低い期待は低い動機しか生まない。部下の期待を高い状態に置くため、管理者は部下が有効に行動するために必要な能力を有しており、努力が有効な結果をもたらすと信じる十分な自信を部下が有していることを確かなものにしなければならない。この過程において鍵となる要素は能力不足を克服する訓練の有効な使用と同様に、能力を基にした従業員の配置に気をつけなければならない。

4. 有効な行動の報酬

　　管理者は部下が有効な行動によって報酬を得ることを可能にするあらゆる手段を取らなければならない。管理者は部下が報酬が管理されていることを正しく理解し、宣言された基準が達成されたならば約束された報酬が与えられると考えていることを確かなものとしなければならない。

5. 組織による公正な待遇

　　管理者は組織に公正に取り扱われていると部下が感じているかを確実にしなければならない。以下が管理をする上で求められる3つの要件である。1番目に、管理は組織のメンバーを公平に扱い、一人一人を同等に比較しなければならない。2番目に、組織の政策および実践が似たタイプの他の組織と好意的に比較しなければならない。最後に、組織が正確に認識し理解することを確実にするために組織の政策および実践に関して正確で完全な情報を与えられることに関し、組織のメンバーは正確で完全な情報を与えられなければならない。

6. 仕事の目標が特定され、挑戦的であり、現実的であること

　　管理者は部下の行動の目標が特定され、挑戦的で現実的であるように部下を勇気づけなければならない。また管理者は目標が単に部下に独裁的でなく、むしろ個人の主体性を創造し部下が実行の責任を受け入れる形式で行なわれるべきである。

7. 否定的手段より積極的な強化

　　管理者は可能な限りいつでもどこでも積極的な強化を利用しなければならない。これは部下が望む行動タイプの分析を要求することに加え、それらの望まれた行動が強化されることを確かにする管理者の努力が要求される。同時に管理者は可能な限り懲罰や否定的手段を使うことを避けるようにするべきである。

管理政策およびその実行

1. ライン職員関係
2. 規則の設定および使用
3. 非人格性
4. 明文化されたコミュニケーション

5. 継続雇用

　最後に、組織の中で雇用された管理政策および実践は有効性に影響を与える鍵となる。雇用者に褒賞を与え管理するために管理者が戦略を発展させ手法を描く方法は、組織の有効性に影響を与える。同様に管理者が雇用者を決定する方法と結合したコミュニケーションおよびリーダーシップの能力は、組織が今後どのようになっていくかに多大な影響を与える。

1. ラインスタッフ関係
　古典的理論はライン職員とスタッフ職員の間に明らかな違いを構築した。ライン職員は組織の主要な役割を担う。スタッフ職員は支援、サービスおよび助言をライン職員に与える。古典的理論においてはライン職員のみが組織の公式権限を有するべきであるとしている。公式に日常業務のコントロールをスタッフ職員に与えることは「権限は責任と同等」規則に反する。

2. 規則の設定および使用
　雇用者が従う日常のガイドラインがあれば、さらに有効でさらに早く仕事を行なうことができる。またすべてのものが従うべき統一された政策があれば、異なる個人や部署の活動を調整することはさらに簡単である。

3. 非人格性
　当初、管理の理論家は、雇用者や上層部の友人や親類のために規則に例外を適用した際に組織において悪事や非有効性が発生するとしている。それゆえ、理論家達は組織が雇用や客との商談において特定の個人にかまうことなく標準規則を用いることを提唱している。この原則が一見すると大変消極的に見えるが、そのオリジナルな内容は対照的に、大変積極的である。

4. 明文化されたコミュニケーション
　すべての行政規則、法令、決議は明文化され保存すべきである。すべてを明文化することにより、組織はその規則に矛盾がなく、今後の参考のために過去の決議記録を確保する。

5. 継続雇用
　被雇用者は独断や気まぐれな理由によって雇用者を解雇するべきでなく、

無能力または規則に従っていないことが証明された場合にのみ解雇すべきである。それゆえ、職員は仕事が十分である限り継続して雇用されるべきである。

資金的問題

いかなる組織も資金なしでは運営できない。彼等はどのように資金を調達し、それをどのように有効に使用するかを知るべきである。現在、カンボジアは貧しく、カンボジア人から資金を集めることは不可能であるので、すべてのカンボジアNGOは外国から資金を得ている。

世界中のほとんどの資金供給者も発展途上国の現地NGOに資金を与えることも求めている。NGOがどのように資金を調達し、どのようにそれを有効に使うかを学ぶことは大変重要である。NGOは資金を調達するために供給者をよく知り、組織の売り込み方を知るべきである。また、供給者の意図を知り、供給者との関係を築くべきである。さらに、組織自体が良くなるようにし、供給者にその能力を見せるべきである。

特別な方策

1. 貧弱な刑事手続きの取り組み方

カンボジアは証拠に関する規則がなく、公正を害するいくつかの点が存在する。それゆえ、法律扶助NGOの弁護士が国際条約に明示されている法的概念についてよく理解することは非常に重要である。制度で使用される技術を発展させ偏見や事実の誤認を減少させるように裁判官を支援すべきである。

たとえば、リカド（Licadho）事件において、私達の弁護士は裁判で証拠として欠席証人の書かれた証言を使用しないように何度も裁判判事に依頼した。最後の瞬間、判事は同意しこの事件に勝訴する一つの要件となった。

2. 微妙な事件の取り組み方

カンボジアのような貧弱な法制度の国においては、政府役人や権力のある人々により脅かされる事件が多く存在する。法律扶助NGOはそのような事件の取り組み方を知らなければならない。法律扶助NGOは他のNGOと共同し、国際的支援やメディアのような支援をさらに手に入れるべきである、そうすれば政府は一組織のみに注目しない。しかしながら、NGOは独立性および中立

性を見せなければならない。私達は法律のみに従って議論している。
○共同の力
○共通被告人の多くの法律扶助グループ
○多くのNGOの参加
○国際的支援の参加
○メディアによる支援
○政治からの独立
○当局の全レベルへの攻撃

〈例〉リカド（Licadho）事件（Licadhoという現地の人権NGOのスタッフが逮捕された事件）では、二つの法律扶助グループから6人の弁護士が被告人10人を代理した。ある微妙な事件は人権NGOに紹介された。

3. 政府との取り組み方

　政府が強く人々を守ることができ、人々の権利を尊重すれば、NGOは存在しなくてもよいだろう。しかし、人間は完璧ではないので政府を抑制する独立組織が存在するべきである。カンボジアのような弱い国では、法律扶助NGOは政府が強くなるように支援すべきである。それによって、NGOは政府と密接な関係を築き、私達が政府を支援しようとしていることを見せるべきである。NGOは政府より強く、政府に何か与えることを見せることも重要である。

　カンボジアでは、法律扶助NGOは政府を尊重し、政府と良好な関係を有している。政府と密接である場合、政府を説得し、共に働くことは容易である。

　私達、NGOは、政府が強くあるべきで、行なったことの説明責任および責任を取ることを追及する。そのために、私達は政府が強くなるように支援をする。警察がよく訓練されていれば、人権を率先して保護するだろうが、彼等は訓練されていないか、間違って訓練されているので、人権を率先して侵害している。

4. 国会議員への説得活動の方法および唱導の仕方

　カンボジアの国会は未熟でまだ弱い。議員のほとんどは、刑事訴訟法、刑法、民法や民事訴訟法のように複雑な法律を国会で採択するために十分な知識を有していない。それゆえ、社会で起こっている事象を教育することが大変重要である。

　法律扶助NGOは、新しい刑事訴訟法および民事訴訟法作成のため説得とこ

れを唱導する主要な役割を演じている。私達は論点が何か、私達がなぜ唱導するのかを彼等に理解させ、また新しい条文を大変明確に起草すべきである。私達は彼等を居心地よく、国会で私達のために十分議論するように鼓舞すべきである。

まとめ

　途上国において、カンボジアのように人権および法の支配の状況を発展させる必要がある国々においてはとりわけ、NGOは国造りの主要な役割を果たす。未熟な法律扶助NGOは、裁判所における法的サービスのみを扱い、また全事件を扱うが、成熟した法律扶助NGOは特定の微妙な事件のみを選択するだろう。未熟な弁護士や未熟な法律扶助NGOは法律に精通していないかもしれない。法律に精通することは法制度がまだ脆弱な国にとって大変重要である、というのは私達は法の支配が必要であるが、悪法ならば何もないほうがましであるからである。

　　　　　　　　　　　　　　【監訳】佐藤安信（名古屋大学大学院国際開発研究科教授）
　　　　　　　　　【翻訳】安藤由香里（名古屋大学大学院国際開発研究科博士後期課程）

アメリカにおける低所得者のための民事法律扶助に関する小史

全国法律扶助・公設弁護人協会(アメリカ)　マーサ・バーグマーク

はじめに

　1800年代末に始まり今世紀初期を通じて、アメリカの法専門職は、法律扶助協会と弁護士会の法律扶助委員会という形において、貧しい人々に対する無償の法的援助という概念へのコミットを明示していた。1964年以来、アメリカ政府は、低所得の人々に対する民事の法的援助のために連邦の財政支出を行なうことによって、「法の下の平等な正義」へのコミットを維持してきた。しかし今日、連邦政府が支出する3億ドルは、アメリカ内の民事法律扶助に提供される資源の半分以下にしか相当しない。全50州での州に基礎を置く民事法律扶助システムは、国、州および地方政府、弁護士信託財産利息(IOLTA)プログラム、財団、弁護士報酬、民間弁護士の資源などを含む財源に、様々な程度で依存している。

　今世紀も終わりに近づいているが、すべての人のための司法というのは、まだアメリカでは現実となってはいない。しかしながら、最近の連邦の財政支援の削減および諸制限は、かえって、貧しい人々が法的問題に取り組み、その法的利益を促進するのに必要な情報と援助を供給するための、創造的な新たなアプローチ、精力的で新たな同盟者、および財源を促してきた。こういった展開は、我々がアメリカにおける平等な司法という約束を満たし得るような21世紀を心に抱くことを可能にするのである。

初期の法律扶助プログラム

　アメリカにおける貧困者のための民事の法的援助は、当時のドイツ系移民を搾取から守るための組織をニューヨークのドイツ人社会が設立した1876年に始まった。この機関による保護はその後拡大され、1890年にはニューヨークの法律扶助協会（the Legal Aid Society）となった。1888年にはシカゴの倫理文化協会（the Ethical Culture Society）が国籍・人種・性別に関わりなく個人に対す

る法的援助を提供する初の機関である司法事務所（the Burean of Justice）を設立した。他の自治体がこれに従い、20世紀の最初の10年で、主要都市のほとんどは設置されたばかりの法律扶助事務所を持っていた。

貧困者に対する無料の法的援助という概念は、レジナルド・ヒーバー・スミスの『司法と貧困者』の公刊で一層進んだ。スミスは、法専門職に対して、支払能力にかかわらず、すべての人にとって司法へのアクセスを利用できるものとすることを自己の義務であると考えるべきである、という挑戦を行なった。「法への平等なアクセスがなければ、このシステムは貧困者から唯一の防御法を奪うのみならず、これまで発明されたものの中で最も強力で情け容赦のない武器を抑圧者の手に渡すことになるのである」と彼は書いている。

スミスの本は、法専門職に大きなインパクトを与えた。1920年代の初期に、アメリカ法曹協会は法律扶助業務特別委員会を創設し、すべての弁護士会がこのような委員会を設置することを勧奨した。20世紀の半ばまでに、実際すべての主要都市は何らかの法律扶助プログラムを有することとなった。そのうちいくつかは、弁護士会の一部であり、主に弁護士がその時間を提供することで成り立っていた。その他のものは、ロースクールや社会機関、あるいは自治体によって運営されており、民間の法人もあった。

法律扶助のこのパッチワーク的なシステムは、貧困者の法的需要をまったく満たせない状況に陥っていた。需要の1パーセント以下しか満たしていないと見積もられていた。多くの地域は、まったく何のプログラムも持っていなかった。法律扶助の存在するところでも、その資源は非常に薄弱だったので、サービスも通常おざなりなものであった。法的援助は慈善の一形態と見られており、「援助に値する貧困者」に属すると見られなかった依頼者は追い返されていた。サービスは純粋に個人的理由に基づいて提供されており、貧困者の根本的問題に取り組む努力はなされていなかった。

1960年代初期に、新しい法律扶助のモデルが出現した。財団、特にフォード財団は、法律扶助は貧困に対する包括的努力の一要素となるべきであるという哲学に基づいて、多様なサービスを提供する社会機関における法律扶助プログラムに資金援助を始めた。ニューヨークの若者のための動員（Mobilization for Youth）、ボストン・コミュニティ開発行動（Action for Boston Community Development）、ニューヘヴン法的援助協会、ワシントン計画組織連合（United

Planning Organization) などは、このタイプの最も初期の法律扶助プログラムであった。

1964年に、アメリカの保健教育福祉省は「貧困者への法律扶助拡大」に関する会議を開催した。司法長官だったニコラス・de B・カッツェンバックが会議の基調講演を行なった。法律扶助団体が長期間かつ献身的にサービスを行なってきたことを認めつつも、彼は「福祉受給者、分割払購入者、スラムの住居・犯罪・絶望感に影響されている人々等の権利を分析するための新たな技術、新たなサービス、そして専門職内での協調の新たな形態」を求めた。彼は、「法を、秩序ある建設的な社会変化の道具として用いることに専念する、新しい種類の弁護士が現われつつある兆候もまた存在する」とした。

経済機会局による法律扶助と法律扶助公社法の通過

1964年に、貧困との闘いに向けられた経済機会法（the Economic Opportunity Act）が通過すると共に、連邦財源が貧困者に対する法律扶助の財源としてはじめて利用可能となった。しかし、この法は、法律扶助に資金援助をすることだけを目的とするものではなかった。貧困との闘いを管轄する機関である経済機会局（OEO）内部において、連邦からの資金調達を受ける一分野として確立するため、いくつかの重要な要素が一緒になることが必要であった。すなわち、OEOがリーダーシップを発揮すること、全国レベルの弁護士会からのサポート、およびプログラム提案が地域的レベルで始まったことである。

地域的な法律扶助プログラムの計画は、主に弁護士会の代表から構成されていて、このプログラムの全国諮問委員会によって作られた、OEO法律扶助ガイドラインに従って始められた。このガイドラインは、伝統的な「リーガル・エイド」から新しい概念である「リーガル・サービシィズ」を区別する多くの規定を含んでいた。それらは、地域プログラムの委員会に貧困者の代表（貧しい人々自身である必要は必ずしもなかったが）が参加することを要求していた。それは、貧しい人々の組織がサービスを受ける適格者となるということを示していた。それは、プログラムに対して、刑事弁護以外のすべての法分野でサービスを提供し、法律、規制、行政実務における改革を擁護することを求めている。それは、予防法務と依頼者の教育活動を本質的活動と認めた。このプログラムの最初のディレクターであるE・クリントン・バンバーガーの言葉による

と、法律扶助をする弁護士は、「企業弁護士が連邦取引委員会のずさんな規則作成をチェックする場合や、組合弁護士が議会に労働者の集団交渉権を制限する条項の廃止を求める場合、あるいは公民権弁護士がバス停の分離政策の終了を求めるといった場合(の弁護士活動の質)を下回らないような仕事を依頼者のために行なう」べきなのである。

1966年の会計年度の終わりまでに、OEOは130の法律扶助プログラムを承認した。1968年の終わりまでに、この数はノースダコタを除くすべての州で、少なくともその一部をカバーする260プログラムに増加した。地域的プログラムに加えて、OEOは全国的な情報センター、全国的なトレーニング・プログラム、そして(福祉や住宅など)実体法の諸分野、あるいは特定依頼者(ネイティヴ・アメリカンや高齢者など)に対する業務のための特別なプログラムを含む「バックアップセンター」に対して、資金援助を行なった。ユニークなインフラであるこの全国的なセンターは、地域的プログラムへのサポート、助力、訓練を提供する一方で、全国的な訴訟や、適格者である依頼者を立法および行政において代理するという活動に従事した。

設計者が意図したとおり、この新たなプログラムはすぐに、アメリカの低所得者層の法的環境に大きな変化をもたらすという結果を招いた。法律扶助弁護士によって提起された事件における主要な最高裁判決と控訴裁判所判決は、貧困者の憲法上の権利を認め、とりわけ政府の給付金、消費者法、借地借家法、医療へのアクセスといった分野で、彼らの利益を擁護するための法解釈を行なった。行政機関に対する弁護活動は、州法および連邦法の効果的な履行を確実にし、貧困者に影響があるようなプログラムを作成するのを促進する規制や政策を刺激した。立法機関に対する弁護活動は、それがなければ裁判所によって取り上げられることがなかったような不満を貧困者自身が是正するのを助けた。同様に重要なのは、下級審裁判所や行政機関に対する代理が、個々の貧しい依頼者が彼らの法的権利を主張し、その雇用、収入サポート、教育、住宅、労働および生活条件を改善するためにこの機会を利用することを助けたことである。

これらの成功は、不可避的に、議会およびOEO内部で法律扶助プログラムの活動に制限を加えようという努力を導くことになった。しかしながら、より脅威となったのは、多くの地域的なプログラムの実施における継続的な政治的

介入であった。最も深刻な闘いは、ロナルド・レーガン知事がカリフォルニア農村法律援助（California Rural Legal Assistance, CRLA）への資金を拒否した際に起こった。この組織は、それまで、農業労働者の利益の擁護や、知事の福祉医療保障政策の一部に挑戦して成功したことで知られていた。OEOは、この資金拒否を覆す力を持っていたけれども、そうせずに、その大部分がカリフォルニア農業局によってなされていた、この組織の違法行為に対する告発を調査するために、地位の高い委員会を任命することで対応した。委員会の報告書は、告発は根拠がないと結論づけ、レーガン知事は、ジュディケア（民間弁護士による法律扶助）のデモンストレーション・プログラムを用意するための2,500万ドルの補助金を支出し、拒否を撤回するよう説得された。

CRLAをめぐる論争は、他の州での同様の闘いと同じく、プログラムが行政府に属する限り政治的介入が継続することをますますはっきりさせた。弁護士会、ニクソン政権、議会、法律扶助コミュニティの内部で、独立した法律扶助公社（Legal Services Corporation, LSC）のアイデアが形成され始めた。1971年に、ABA（アメリカ法曹協会）の研究委員会と、行政再編に関する大統領諮問委員会（アッシュ委員会として知られている）の双方は、議会から資金援助を受けて地域の法律扶助プログラムにそれを分配する、独立した公社の創設を勧告した。これを認可するための立法は、議会内の超党派的なグループによって1971年2月に提出された。その年の5月、ニクソン大統領は、この公社を、法律扶助を「政治的圧力から免れさせ……我々の正義のシステムの永続的な一部」とする新たな方向であると呼んで、彼自身の法案を提出した。

法律扶助公社法の審議は1974年まで続いた。論争はまず、大統領が理事会メンバーを任命する無制限の力を持つことになるかどうかをめぐって生じた。その間、OEOでの対立はエスカレートした。1973年、ニクソンはこの機関を解体することを提案し、この仕事のために、法律扶助プログラムの批判者であったハワード・フィリップスを任命した。しかしながら、法律扶助のコントロールを州に委譲することとなったであろう歳入共有アプローチへ向けてフィリップスが活発にロビイングを行なったにもかかわらず、ニクソンは再び公社を創設する立法を1973年に提案した。両院と両院協議会での長い論争の後、法律扶助公社法はようやく成立し、1974年7月25日に署名された。

この法は、二つの異なったアプローチの妥協を示している。一方のアプロー

チ、つまり1971年と1972年の議会の行動のもととなった超党派の法案で採用されたほうは、広範で一般的に制限のない権限を法律扶助に与えることを望んだ。他方のアプローチは、ニクソン政権によって提案された法案に具体化されていたほうだが、これは、法律扶助弁護士が依頼者のために従事し得る事例の類型と活動に多様な制限を加える内容を含んでいた。長い討論の後、議会は、その多くに例外規定を付することで、一連の制限に同意した。このアプローチの一つの帰結は、議会のメンバーと他の人々との中に、この法律によって何が認められ、何が禁じられているのかに関して、異なる理解を生み出したことにあった。これらの不一致は、その後の多くの論争へと導くことになった。

　議会におけるこの論争は、法律扶助の使命が何であるべきなのか、それは依頼者のコミュニティ全体の問題への関心や、立法上・行政上の弁護活動、クラス・アクションといった方法を用いることに焦点を当てることで、OEOの法律扶助を特徴づけていた非常に広範な反貧困アプローチを継続すべきなのか、あるいはケース・バイ・ケースで個人の問題の解決に限定されていた古い「リーガル・エイド」モデルに立ち返るべきなのかということに関する、根本的な意見の相違を明確にした。

　この法律は、非治療的な中絶、学校における人種差別の廃止、徴兵等に関する事件や、少年事件の一部での代理の禁止といった、新しい数種の制限はあるにせよ、法律扶助は以前の業務のほとんどを継続し得るという広範なアプローチを是認している。この法律は、トレーニングや、マニュアルの作成、全国情報センターといった機能をLSC（法律扶助公社）内部に取り入れるという規定を含んではいるが、立法および行政に対する弁護活動を認めていた。それは、また、公社に対して、ジュディケア（民間開業弁護士によるパート・タイムの法律扶助）のような、常勤弁護士モデルに対する代替案を研究することも要求していた。1980年に結論が出たこの研究は、最終的に、常勤弁護士モデルよりも効果的・効率的に運用し得るモデルはないとしたが、結論とはならなかった。公社の使命に関する基底的な論争は解決されず、過去25年にわたって継続してきたのである。

　法的扶助の支持者達の間の意見の相違を超えて、新たに現われつつある「新保守主義」の側からの、法律扶助に対する一貫したイデオロギー的反対が現われれた。次の10年では、法律扶助への反対は、（法律扶助の行きすぎに関する）

「恐怖物語」についての宣伝によってこのプログラムへの信用を失わせようとする、十分に資金援助を受けた努力によって煽られており、法律扶助に反対することは、いくつかの保守的集団の中では信仰の対象となった（キリスト教の信仰宣言のこと）。

1980年代と1990年代にエスカレートし、特定のいくつかの事例をめぐって定期的に噴出した継続的な攻撃の流れは、法律扶助を「問題があるもの」とする認識を作り出そうとした。しかしながら、このプログラムは、議会、弁護士会、そして大衆の継続的な支持を取りつけ続けた。

法律扶助公社――初期の段階

法律扶助公社法は、独立した党派性のない委員会によってコントロールされる公社を創設した。委員は、大統領によって任命され、上院によって承認される者で、11人のメンバーのうち6人以上が同一政党に属してはならないとされている。委員会の過半数は弁護士でなければならず、委員会は実際に法律扶助の対象者になり得る個人を含まねばならなかった。加えて、委員会は、弁護士会、貧しい人々に法的援助を提供する弁護士、および一般大衆を代表していなければならなかった。公社は、連邦の資金援助を受けるものとされ、独立した地域法律扶助プログラムに補助金を与えるものとされていた。地域プログラムは、議会によって設定された規則に従って、事案の受理に優先順位を与え、事業の受理を独自に決定する、各自の理事会によって管理されることとなっていた。

最初のLSC委員会はジェラルド・フォード大統領によって任命され、1975年半ばに承認された。委員会の主要な政策課題に関する決定――法律扶助活動の経験のあるスタッフを選任すること、全国支援センターを継続すること、全国的なトレーニングとコミュニケーションの能力を維持すること、貧しい人々に対する、プロフェッショナルによる完全な代理を可能にする規則を採用すること、このプログラムの常勤弁護士による基本的構造の維持――これらすべては、貧しい人々が効果的な法的代理を享受することを保証したいという欲求と、既存の提供システムのメリットに対する理解を反映していた。

新しい機構の最初の努力の大部分は、議会からより多くの資金を獲得することに向かった。サービスを提供する人口との関連における地域プログラムに対

する資金援助水準に関する研究によれば、全国の貧しい人々の40パーセント以上が法律扶助プログラムのない地域に居住しており、残りの多くも名ばかりのアクセスがあるにすぎなかった。この報告に従って、公社は、全国すべての地域に、10,000人の貧しい人々につき二人の弁護士を支えることができるレベルの資金を提供するという目標を持つ、「最小限のアクセス」計画を展開したのだった。この戦略は成功した。公社に対する議会の予算割当ては、1976会計年度の9,100万ドルから、1981会計年度には「最小限のアクセス」レベルである3億2,100万ドルに急激に増大した。増加した基金によって、公社は比較的資金の乏しかった地域における財政レベルを引き上げ、ほとんどが南部と南西部にあった、以前にはサービスの提供がなかった地域に対して、新たなプログラムを提供するための支出をした。

1981年までに、LSCは、アメリカのすべての郡と、プエルトリコ、ヴァージン諸島、ミクロネシアをカバーする、325の対象機関に対して資金提供を行なっていた。それは、サービス地域内の有資格依頼者に対して一般的な法的援助を提供する基本的なフィールド・プログラム、ネイティヴ・アメリカンと移民農業労働者の特別な法的ニーズに取り組む別のプログラムのシステム、そして、州および全国的な支援センター、地域トレーニング・センター、全国情報センターという包括的システム等を含んでいた。

1977年に、公社は、大きな論争もなく、さらに3年間の承認を受けた。一部の制限は削除され、他の制限は明確にされた。「低所得者の機会を改善すること」が公社の目的のリストに加えられ、依頼者のコミュニティの諸問題に取り組む広範な努力がプログラムの目標の一つとして明確に是認された。地域の理事会への依頼者の参加が求められた。支援センターの政策研究、トレーニング、技術的援助活動等を制限していた法律の規定は削除された。

LSCは、改善された監視・評価システムによって、地域プログラムをより効果的にすることに焦点を合わせ始めた。法律扶助の提供に民間弁護士の関与を増大させる努力が始められた。州の支援を発展させることに高い優先順位が与えられ、州および全国レベルの多くの新しい支援センターが資金提供を受けた。集権的なトレーニング・プログラムと、貧困に関する法の分野での法律扶助実務マニュアルの開発・作成のための野心的なプロジェクトが始められた。

国内の大部分で法律扶助は制度的な存在として受け入れられるに至ったが、

このプログラムがそれまでサービスの提供のなかった地域に拡大したことは、ときには、地元の弁護士会、政治家、コミュニティ・リーダーの側の恐怖感に直面することになった。それは、新たなタイプの弁護士たちが、貧しい人々の権利主張を援助することによって社会秩序を転覆させようとしているという恐怖感であった。OEOの法律扶助が提供されていた地域で10年前になされた論争を導いた問題の多くが、新たにサービスを受けることとなった地域で再び発生した。

　結果として、このプログラムに対する議会の監査が増加した。1980年、議会における法律扶助の支持者たちは、プログラムを再び承認させるための立法の最終段階に進まないことを決定した。なぜなら、新たな制限を課すための法案修正案が多く存在したからである。その代わり、議会は、予算支出がそれを承認する法律に基づくことを求める規則を適用せず、LSCの1981会計年度の予算を承認する法なしに通過させた。いくつかの新たな制限が予算案の付加条項としてプログラムに課された。そこには、立法的な弁護活動と、外国人の代理に対する制限が含まれており、この二つの問題は次第に論争の的となってきていたのだった。公社が1980年に直面した、立法に関する困難は、来るべき問題の予兆となるものだった。議会は、承認のための立法を1980年の失効以来しておらず、実質的付加条項を伴う予算案を作成するために上述の規則の適用を免除するという方式も、現在まで続いている。

レーガン時代

　1980年のロナルド・レーガン大統領選出は、公社と受給者の側にとって、政治的独立性の拡大と成長の時代の終焉となった。レーガン政権は、公然と法律扶助への敵意を示し、最初は、その完全な排除を要求した。この態度は、カリフォルニアでの法律扶助への彼の長年の敵意の産物であると同時に、社会プログラムを支援する際の政府の役割を限定的なものとすべきだという彼の一般的な哲学的信念の産物であった。

　ホワイトハウスからの圧力に対して、議会は、1981会計年度の3億2,100万ドルから1982会計年度の2億4,100万ドルへと予算の大削減を行なって、公社への資金援助を1982年に25パーセント減少させた。この削減は、全国の法律扶助の提供者にとって逆風となった。プログラムは、オフィスの閉鎖、スタッ

フの解雇、サービス水準の劇的な低下等を余儀なくされた。1980年には、地域プログラムは6,559人の弁護士と2,901人のパラリーガルを雇用していたが、1983年までに、その数はそれぞれ4,766人と1,949人となった。プログラムはまた、トレーニング、訴訟支援、コミュニティ教育、その他一連の努力を削減した。これらすべての縮小は、全国的な景気低迷と、所得補助、障害者、食券、その他、貧しい人々に影響を与えるプログラムへの連邦支援の顕著な削減と軌を一にしており、そのような連邦支援の削減は、有資格者人口と法律扶助への需要を相当増大させるものであった。

　1981年の終わりに、レーガン大統領は、カーター政権下で承認ずみの理事会メンバーの多数を、議会閉会中に任命した新たな者によって取って替えた。（カーターによって）承認された理事会メンバーの残りの者は、1982年に入れ替えられた。上院が政府提出の候補者の承認を拒否したため、レーガン大統領時代の大部分の期間、LSCは、議会閉会中に任命された者と前政権からの生き残りからなる理事会に管理されていた。この期間の理事会メンバーの多くは公然と、彼らが運営を委託されているこのプログラムへの敵意を表明した。他の者は、貧困者への法律扶助という概念は支持したが、このシステムを骨抜きにする変化を擁護していた。多くの者は、公然と、弁護士会、特にプログラムの油断のない支援者となっていたABAへの軽蔑をあらわにしていた。

　公社の運営は、地域プログラムにとってますます敵対的となった。地域プログラムの順守モニタリングは、非常に対立的な方法で行なわれ、依頼者に対する弁護士の倫理的義務と頻繁に対立するような、情報と記録に対するアクセスへの要求が含まれていた。公社は、理事会の欠員といった技術的問題を理由として資金援助を抑制したり、多くのプログラムには短期間の資金しか提供しなかったり、多くのプログラムに対する資金援助を減少させようと試みた。

　立法府の場面では、公社のスタッフが（自己が所属する公社に対する）予算割当てに反対して活発にロビー活動を行なったりロビイストを雇ったりしたし、公社が憲法違反であるという見解を表明するための法的意見を作成するコンサルタントも雇っていた。公社スタッフと理事会は、法律扶助公社法に議会が課した制限や予算付加条項をはるかに越えて、法律扶助活動を制限するために計画された新たな一連の規制と政策を発展させるために協力していた。その監督責任の延長として、ウォーレン・ラドマン上院議員に率いられた議会は、

しばしば、公社による行動を阻止するために割って入る必要を認めたほどであった。

　この期間の法律扶助の強さと、それへの支援の主要な源の一つは、民間弁護士団体であった。1980年代に制度化された二つの新たな要求が、法律扶助の管理と供給における民間弁護士個人の関与を増大させた。一つは、各地域プログラムの理事会の多数が州あるいは地域の弁護士会によって任命される弁護士であることを要求していた。もう一つは、受給側がその給付金の8分の1を、割引き報酬あるいはプロボノ・ベースで貧困者への法律扶助を直接供給する活動に従事している民間弁護士を含むような活動に与えることを要求していた。この新たな要求は、民間弁護士に、極めて資源が限られている貧しい依頼者にサービスを提供することの困難さを認識させることを助け、法律扶助弁護士と他の同僚との距離を縮めて、(法律扶助弁護士が)法律家のコミュニティ内部で尊敬すべき仲間としての地位を彼らが得られるようにし、法律扶助のための闘士としての弁護士会の役割を強化した。

　1980年代のもう一つの重要な展開は、法律扶助へのLSC以外の資金援助の増大であった。国内ほとんどの地域で、プログラムは常に、民間、または州あるいは地方政府から、何らかの資金援助を受けてきていた。しかしながら、外部からの資金援助は、ほとんどのプログラムにとってその予算のわずかの部分にしかならなかった。資金援助の大幅削減と連邦からの全資金の喪失という現実的な可能性に直面して、1980年代には、プログラムは、ユナイテッド・ウェイ、財団、弁護士会、個人の寄付、州や地方(郡や市町村)政府の補助金・契約、高齢者(Older Americans)法、コミュニティ開発交付金、歳入共有など、LSC以外からの連邦資金援助を含む、他の源からの資金援助を得るべく積極的な努力を始めた。

　同時に、ほとんどの州はIOLTA(弁護士信託財産利息、Interest on Lawyer Trust Account)プログラムを展開させ始めていた。IOLTAプログラムは、それまで利息を生まない口座に預けられていた、少額あるいは短期間の依頼者信託財産の預金から出る、プールされた利息を得るために、州の弁護士会、裁判所、立法府が、銀行業界と協力して制度化したものである。

　LSC以外からの資金援助にもかかわらず、LSCの資金援助の削減、インフレ、貧困者人口の増大といったことのすべてが、法律扶助が利用できる資源の破壊

185

的な減少に貢献した。1990年までに、「最小限のアクセス」という控えめな水準が短期間達成された1981年よりも、貧困者は、はるかに少ない法律扶助弁護士からしかサービスの提供を受けられなくなっていた。

1990年代

　1990年代には、法律扶助コミュニティの状況に、小さいが重要な改善が始まった。公社の予算は数年間にわたって停滞していたが、1991会計年度の3億2,800万ドルから1992年の3億5,000万ドルに上昇し始めた。ブッシュ政権は、法律扶助に対する前任者の公然たる敵意から転換し、一定水準に固定したままではあるが、議会に対して、公社への資金援助を継続するよう一貫して勧告した。

　ビル・クリントン大統領の選出によって、法律扶助コミュニティは、不安定で不十分な財政の長い時代の終焉を期待した。議会は、公社の初期の時代以来最大の増額となる4億ドルに予算を増加させた。議会は、LSCの再承認を取り上げるべく準備をした。法律扶助が広範な役割を果たすことに好意を持ち続けている議会の多数と、大統領の支援で、プログラムの法律上の枠組みは1990年代のうちに解決され得るように思われた。

　1993年の終わりに承認を受けた、クリントンの任命による理事は、そろって、強力で十分な資金援助を受けたLSCというものを支持していた。公社の新たな管理者は、まず、システムの再設計に焦点を当てた。そのシステムにおいて公社は、補助金を受けた側が議会の要求を順守し、高品質のサービスを提供することを保証するという、自己の責任を実行するものとされたのである。補助金を受けた側のほうの責任は、過去の公社当局からはほとんど無視されていたもので、議会の監視委員会は、このことに対して非常に批判的であった。1994年の終わりまでに、公社は、順守の監視と執行のための新しいシステムと、プログラムの質を評価し、改善するために計画された、専門家による新しい評価プログラムを発展させた。

　1994年の議会選挙で、公社をめぐる政治的条件は劇的に変化した。新たな議会の指導層は、LSCを排除し、法律扶助への連邦の資金援助を中止することにコミットしていた。下院は、LSCへの資金援助は1996会計年度に3分の1削除、1997会計年度に3分の2削除、そしてその後撤廃するということを想定し

た予算案を採択した。平等な正義というものに対する連邦のコミットがすべて放棄されてしまうこともあり得ると思われた。

　幸運にも、議会の超党派の多数派は、連邦の資金援助を受けた法律扶助というものにコミットし続けた。しかしながら、議会の中心的な政策決定担当者達は、プログラムが存続する場合には、サービス提供のシステムに大きな変化が要求されると決めていた。補助金は競争システムに従って交付されるものとされた。より根本的には、議会は、連邦の資金援助を受けた法律扶助の役割を再定義し、かつては要求していた、プログラムの広範な活動を制限した。議会は、本質的には、連邦資金は個々の事例に集中したプログラムに向けられるべきであって、依頼者のコミュニティの諸問題に取り組むより広範な努力は、連邦の資金援助を受けていない団体に委ねられるべきだ決定した。それまでは依頼者の利益のために法律扶助弁護士が使うべき重要な方法だと思われていた種類の弁護活動、たとえばクラス・アクションやほとんどの立法活動は、プログラムが連邦の資金援助以外の援助を受けて行なう場合ですら、もはや許されなくなった。議会は、LSCの補助金を受けている側にも多くの新しい制限を課した。法律扶助弁護士は、もはやクラス・アクションを始めることも、それに参加することも、できなくなった。彼らは、情報や証言を求める当局からの文書による要求に応答するためであればLSC以外の資金を利用できるが、依頼者のために直接あるいは草の根のロビイングに従事することはできなくなった。一定カテゴリーの外国人を代理することや、受刑者のための訴訟に従事することもできなくなった。彼らはもはや、法律に基づいて支払われる弁護士報酬（Statutory attorneys' fees）を得ることもできなくなった。彼らは、福祉政策改革法案に対して憲法違反であるとか、そうでなくとも違法であるとして挑戦することも、できなくなった。若干のささいな例外を除けば、これらの制限は、LSC以外からの財源による場合にも同様に適用された。

　新たな制限と共に、1995会計年度の予算取消後の水準である4億ドルから、さらに2億7,800万ドルへという、資金援助の大幅な削減がやって来た。1996年の最終的な統計は、資金援助の削減によって生じたコストを明らかにした。処理した事案の数は1995年の170万件から、1996年の140万件へと下がり、LSCの資金援助を受けた弁護士の数は全国で900人にまで下がり、そして、300人の地域的な法律扶助事務所が閉鎖された。

新たな制限とLSCの資金削減が組み合せられることによって、民事の法的援助の提供システムと、公社の役割に、大きな変化が帰結した。全国と州の支援センターと全国情報センターは、もはやLSCの資金援助を受けられなくなってしまった。1996年半ばまでに、14の州の23の地域プログラムがLSCの資金援助をあきらめ、LSC以外からの援助で運営を続けることになった。これらのサービス地域では、LSCの資金援助を受けるために新たな団体が設立された。加えて、少なくとも他の15の州では、それまでLSCの資金援助を受けたプログラムに交付されていたLSC以外の資金援助を受けるために、新たな団体が設立された。州での計画立案の努力は、法律扶助に対する州、地域、そして民間の資金援助を増大し、多様化させることと、プロボノの努力を拡大することを追求することになった。
　多くの州では、LSC援助のプログラムとLSC以外の援助によるプログラムの双方を含む、新たな提供システムが現われた。前者は活動範囲を制限されているが、後者は、それまで公社の任務に含まれていた広範な代理を行なう自由を有していた。結果として、サービスに関する州レベルの計画立案と調整がますます重要となり、公社自体はもはや、提供システムの重要部分に対する直接的コントロールを及ぼさなくなってしまった。
　1996年以来、公社は、議会の超党派的な支持を広く受け続けている。連邦の援助を受けた法律扶助に対する敵対者は、このプログラムに反対するキャンペーンを続けてはいるが、彼らが要求してきたシステムの変容を達成することにすでに成功したがために、法律扶助が達成してきたものの記録を否定するための弾薬は、ほとんど残っていなかったのである。

過去を振り返り、将来を見る

　法律扶助運動の歴史を通じて、法律扶助プログラムは何百万という低所得の人々に援助を提供してきた。法律扶助の活動家達は、医療、教育、訓練、そしてよりよい住環境に対するアクセスを子ども達が獲得するのを援助してきた。彼らは、貧しい母親達が不在の父親から養育費を獲得するのを助けてきた。彼らは、福祉の受給者が、児童保育、仕事のためのトレーニング、そして雇用を得るのを助けてきた。彼らは、農場労働者や他の低賃金労働者が危険で不健康な職場環境を改善し、法的に得るべき賃金を得るのを助けてきた。彼らは、高

齢者が自己の独立を維持するのを助けてきた。彼らは、経済開発と小規模企業へのイニシアチブを通して、犯罪、失業、貧困によって破壊された近隣を住民が再活性化するのを援助してきた。

　法律扶助は、制度が貧困者と関係する仕方を根本的に変容させてきた。それは、政府や民間のプログラムと、それらの想定される受益者との間に、本質的なつながりを提供してきた。それは、貧困者に利益を与えるよう計画されたプログラムが実際にそのように働くことを保証するために機能してきた。法律扶助は、司法制度を、貧困者のニーズに対してより応答的なものにしてきた。それは、何千という民間弁護士をプロボノ・サービスの提供者として民事の法的援助システムに参入させてきた。それは、数世代にわたって、熟練した貧困問題専門弁護士を生み出してきた。そのうちの一部は法律扶助に残り、他の者は法学の教授、判事、州最高裁の裁判官、および州、地域、あるいは全国レベルの政府幹部や選挙で選ばれた職員となった。

　多くの挑戦が目の前に横たわっている。多くの低所得アメリカ人をめぐる環境は、劇的に変化してきている。社会福祉プログラムの分野における1935年以来最大の包括的変化をもたらした1996年の連邦福祉改革法は、子どものいる家庭への、現金補給、医療、保育等に対する決定的に重要な連邦法上の受給権と法的権利を撤廃した。過去60年にわたって連邦の政策とプログラムが主に取り組んできた社会政策に対して、いまや州が、広範な問題点を決定することが可能なのである。福祉対象者の数は劇的に縮小してきたが、もはや公的な利益を受けない人々を防御するメカニズムは、ほとんど存在しない。労働と職業訓練への参加という要求、給付を受けられる時間の制限、子どもの保育と医療のための新たな機会といったものが、低所得の人々の個々の法的ニーズを再形成している。低所得層の全体としてのニーズはまた、誰が、どのような形で、そしていかなる条件下で援助を受けるのかに関して州が中心的な決定を行ない続けていることによって、影響を受けている。

　法律扶助の提供者もまた、大きな挑戦に直面している。法律扶助が利用できる資源は、ニーズに対じるにはあまりに不十分にとどまっている。州によってはLSC以外の資金援助を開発しているので、州の間での資源水準の乖離は増大している。最も重要なLSC以外の資金供給源である州のIOLTAプログラムは、「フィリップス対ワシントン法律財団」事件における連邦最高裁の1998年の判

決によって、危険な状態に陥らされている。民事の法的援助のシステムが多様なものになればなるほど、調整を増加し、分裂を回避するイニシアチブが、ますます必要性を増してくる。新たなテクノロジーが、法律扶助が提供される方法を変化させる潜在的可能性と、低所得の人々の環境を改善する機会を提供している。

　過去4半世紀の間ほとんど、法律扶助に従事する人々の多くは、法律扶助公社とその資金を受けるサービス提供者に対して完全で無制限な連邦の資金提供が行なわれるというヴィジョンを、平等な正義という約束を果たす方法として支持していた。1995年から1996年にかけて起きた、連邦の資金援助に対する最近の脅威と、その結果としての30パーセントの削減と新たな制限は、いかにしてこの目標が達成され得るのかに関する、新しい、より複雑で、より強力なヴィジョンの発展を促進した。連邦の資金援助への全国的なコミットの継続は、民事の法的援助に関する、全州での包括的、統合的、州全域的なシステムの創設と結びつけられなければならないのである。

　これらの、新たに現われつつある、州が基盤となったシステムは、すべてのあり得る参加者の努力と資源を、支援者としてというだけでなく、完全なパートナーとして動員するであろう。支援者のコミュニティは、平等な正義を確かなものにする責任を共有するであろう。そのコミュニティとは、法律扶助プログラムだけではなく、民間弁護士組織、ソーシャルサービスとコミュニティの組織、ロースクール、裁判所、支援グループ、そして支援者としての貧困者自身をも含むものなのである。これらの、平等な正義に関する各州のリーダー達は、自分の地元のプログラムあるいはコミュニティにおいてだけではなく、州全体において、有効な法的援助を行なうことへの責任を共有するのである。

　すでに、州に基盤を持つシステムの構成要素の構築に関して多くの成功例が存在しており、それが多様な提供者を統合し、資源のパッチワーク・キルトを整えている。5つの力が多くの州で働いている。

(1) 資源の増大：資源開発戦略が、LSC以外の財源の予期しない増大を生んでいる。

(2) 弁護士会のパートナーシップ：州の弁護士会と、司法へのアクセスを求めるグループが、かなりのスタッフとボランティアの資源を、州全体のシステムの立案と実施に関わらせている。

(3) テクノロジー：プログラムは、アクセスを拡大し、さらには、低所得者が自身の法的問題を解決するのに必要な情報と援助を得る方法を変容させるためにすら、テクノロジー利用における劇的進展を見せている。

(4) 健康なコミュニティの構築：弁護士、その他のサービス提供者、そして依頼者の間での新たな協同作業が、貧困を軽減し、変化する法的ニーズに対応する全体的なアプローチを生み出しつつある。

(5) 新たなリーダーシップ：裁判官、IOLTAプログラムの管理者、弁護士会の役員とスタッフ、コミュニティのリーダー達といった、新しい人々が、平等な正義のための州全体のリーダーとして現われつつある。

今世紀を通じて平等な正義の擁護者たちを性格づけてきたエネルギーと決意は、アメリカの法律扶助の歴史における、最も新しい、まだ終わっていない章における、成功の継続を保証するであろう。

<small>本稿は、ロバート・エコルスとアラン・ハウスマンの多大な援助と寄与があって準備された。本稿の元となったのは主に、Alan W. Houseman and John A. Dooley, "Legal Services History", Nov. 1984. とAlan W. Houseman and Linda Perle, "The Legal Services Corporation: Its Functions and History", Nov. 1993. である。</small>

…………………………………………………【監訳】宮澤節生（早稲田大学法学部教授）
………………………………【翻訳】大塚　浩（奈良女子大学生活環境学部専任講師）

敵方をも弁護する

アメリカの公設弁護人による貧困者のための刑事弁護活動

ウィスコンシン州公設弁護人　ニコラス・L・チャーカス

はじめに

「法律も刑罰も、正当なものでなければ、犯罪抑止の効果は得られない。実際、そのような不当な法律や刑罰があれば、それは公式な形であれ非公式な形であれ、犯罪行動を抑止するどころか、促進してしまうことになろう」。

法の存在意義の一つは、社会に平和をもたらすことである。たとえば、変転する日常生活の中で、各人が自己の意思を独立して主張する結果生じた個人間の紛争を解決することによって、法は我々すべての市民間に平和をもたらしてくれる。この意味において、法は個人の自由を最大化するものとして理解できる。しかし、人間の意思のみではなく、人間の欠乏や欲望、期待といった観点からも考察しておかなければならない。すると、法の目的は、個人の自由の最大化ばかりではなく、欠乏の解消を最大化することでもある。つまり、政治的に組織化された制度を通じた人間行動の処理によって、欠乏が解消されたり、主張が実現され得る限り、文明化された社会においても主張や要求や期待というものが重要な課題となってくるのである。

制度の背景

法と社会は、法律違反に対処するにあたり公式な手段と非公式な手段を用意している。公式の対応が差し迫ってきた場合、正義の観点から平等な処遇、公正さ、公平性が要請されるのであるから、被疑者・被告人のためにも公式の防御方法が必要となってくることは、容易に推定される。刑事弁護人の役割は、これらの防御方法が無視されないように保障することである。だから、もし、被疑者・被告人が貧困のために弁護士を雇えないのであれば、政府は、被告人を訴追するために検察官を使っているのだから、検察官と同じ活力と正義感を持った弁護士を供給すべきなのである。この原理にこそ、ウィスコンシン州の

公設弁護人制度が作られた基盤がある。

非公式の対応
——共同体、家庭、友人、その他の公式・非公式の支援団体に着目する——

　1970年代後半から80年代のアメリカにおいて、社会規範からの逸脱に対する政府の反応には明らかな変化が生じた。この転換は、比較的短期間に生じた4つの主要な因子によって惹起された。それらは、次のとおりである。

(1) 市民間における共同体感覚の喪失。これは、我々市民が自己の責任を公式の司法システムへ「外部発注」してしまったことに原因の一端がある。
(2) 社会規範からの逸脱に対する理性なき対応。
(3) 冷戦の終結。
(4) パンクしたタイヤ（訳者注：失敗したもの）を再び作り出すこと。すなわち、麻薬撲滅「戦争」。

　これらの事情から、逸脱に対する政府の対抗措置が強く要請されることとなった。

公式の対応
——アメリカの刑事司法システム：ギデオン判決以降の真実と適正手続——

　刑事弁護人の役割とは、代理される依頼者の法的権利を保護し促進することである。弁護人は、当該手続きにおけるどの当事者に対しても「訴訟のための後見人」（係争の実体を独立して客観的に評価することにより裁判所を援助する弁護士）として活動するようなことがあってはならない。

　ウィスコンシン州ミルウォーキー市のある上級検察官は、「量刑手続における真実」に関する公聴会で、自己の役割を「我らが社会の敵どもを訴追する、アメリカの犯罪撲滅戦争における歩兵」のようなものだと表現した。もし、この定義が真実ならば、今時の「戦争」における公設弁護人の役割は、社会の敵を援護するものとなる。

　「戦争」といったような煽動的な言葉の使用を、単なる記号論や修辞学上の誇張であると看過してはならない。戦争とは、集団間の軋轢が社会的に認識された一つの形態なのであって、敵意と暴力とが同時に、ある一定の限界を超えてしまった場合に発生するものである。

戦争は法執行ではない。戦争は、法執行とは正反対に、伝統的な価値観への不信を許容するばかりか、奨励しさえもする。

　法執行ではなく、「戦争」といったような煽動的な言葉を使用する結果、征服すべき非国民がいるのだ、といったような軍隊風の思考様式を警察官の中に創りだす可能性がある。マーチン・ルーサー・キング・ジュニアの指摘によれば、「平和は、単に暴力の不在を意味するだけではなく、正義が存在することも意味する」。

　戦争は平和の不在として最もよく理解される。その戦争が裁判システムに導入された場合、正義の不在へと至ってしまうのである。

公設弁護人の役割

　今時の「戦争」において政府側が味方につけているものを挙げていくと、警察、検察、連邦政府、州政府、地方自治体、情報提供者（マサチューセッツ州セイラムで起きた19世紀(*1)の魔女裁判の時代には、情報提供者とは、病的に興奮した子どもであるのが典型であったけれども、今日では、それは、国家の求める情報を語ることにより自己の凶悪な罪責を免除される犯罪者達である）、世論の大部分（ただし、減少しつつある）、そしてさらに、ほぼ無限に近い資源といったところである。

　これに対して、貧困者（と現代の魔女達）の味方は公設弁護人である。我々公設弁護人は社会の「敵」を代理し、弁護する。つまり、我が政府がある市民の財産、自由または生命を奪おうとするとき、ときおり一人の弁護士が、弁護士を雇う経済的余裕など持たない一市民のそばに置かれるのである。しかしながら、検察官とは違って、弁護人は、被疑事実を捜査する警察力を有していないだろうし、捜査活動を行なう財政基盤もないだろう。また、弁護人には、鑑識係も専門家も最先端技術も公的支援もないのである。

　弁護人は、政府が市民の生命、自由、財産を剥奪する前に、保障された手続きを市民に提供するよう政府へ執拗に要求するので、不評を買うことがよくある。今日でも、弁護人が我々の憲法をめぐって闘おうとするには、1776年（訳者注：独立宣言の年である）当時に憲法制定活動を行なった際と同様な危険が伴う。また、今日でも、弁護人が犯罪の嫌疑を受けた同朋市民の側に立とうとするには、いにしえのセイラムで魔法を使ったとの嫌疑を受けた市民達を弁護

した当時のわずかな弁護士たちがこうむったものに劣らぬ危険が伴うのである。

ウィスコンシン州の公設弁護人計画
州立の公設弁護人事務所

当州の公設弁護人事務所（以下、単に「事務所」という）は、州を管轄とする機関で、1年に約12万人(*2)の貧困な依頼者へ法的代理を提供しており、具体的には刑事事件や、自由に関わる利害が問題となるその他の手続きにおいて活動している。事務所の使命というのは、「高品質で、費用効率のよい代理を貧困な依頼者に提供し、被疑者・被告人の権利を保護し、有効な弁護役務の提供と合理的な刑事司法システムの実現のために弁護士として活動することにより、ウィスコンシン州全土において正義と司法の質を高めること」である。

このように、事務所は、依頼者に洗練された代理を提供するばかりではなく、州納税者の資源を効率的に活用しようと努力しているのである。さらに、事務所は、教育活動や広報活動を通じて全市民のために司法システムの改善を求めてもいる。

公設弁護人の必要性

アメリカ憲法は、犯罪で告発された個人の弁護人依頼権を、支払能力にかかわらず保障している（ギデオン判決、連邦最高裁判例集372巻335頁、1963年)(*3)。刑事司法システムにおける被告人のほとんどは貧困であり、私選弁護人を雇う経済的余裕がない。それゆえに、貧困な個人に弁護役務が提供されるよう保障することは、国家の責務なのである。

刑事事件における全当事者（つまり、国家だけではなく被告人も含めて）が代理を受けられるよう保障することは、よりいっそう公正な手続きを生み出す。適正手続の観念は、アメリカ憲法の根幹である。適正手続の保障が意味するところは、被疑者・被告人が犯した罪がどれほど凶悪であろうと、また、加害者が被害者をどれほど不公正に取り扱ったとしても、政府は被告人を処罰する前に公正な手続を提供することになっているというものである。適正手続を最悪の犯罪者にまで及ぼすことによって、我々は全員に対して公正さを確保するのである。

公設弁護人達は、この憲法上要請された弁護役務を効率的かつ有効に提供している。効率的である理由は、刑事法に関する専門性により各事件の最も適切な側面に自己の注意と精力を集中できるようになっているからである。また、地域の各裁判所における訴追実務や量刑実務に関する知識も、弁護実務を効率的にする。逆に、刑事事件を一般的には処理していない弁護士達にしてみれば、ある事件の重要な争点を特定したり、好ましい結果について依頼者に助言する際には、より多くの困難が伴うのである。この結果、民間の弁護士が、特定の事件や裁判所システムについて公設弁護人から教示を受けることも頻繁にある。

　また、公設弁護人の専門分化が、より一層有効な弁護役務を依頼者にもたらしている。公設弁護人は、刑事実体法、手続法、量刑上の選択肢、地域特有の実務等に関して専門性を発展させている。ウィスコンシン州にある72郡の各管轄において、地域の裁判官や法律家は、常勤の公設弁護人たちが利用可能な最良の刑事弁護士の中に数えられることを認めている。

　州全体を管轄とする公設弁護人システムは、効率性（納税者のお金を節約する）、品質、一貫性を供給する。また、このシステムにより裁判所としても、裁判所による弁護人選任システム（後述）に伴う利益相反の潜在的可能性や管理運営上の負担から解放されるのである。

公設弁護人事務所の歴史

　事務所は州法により1965年に設立された。1972年まで、事務所には一人の弁護士しかおらず、身分はウィスコンシン州最高裁判所に勤務する形で、有罪判決後の救済(*4)を求める貧困な被告人を代理していた。この上級審に属する事務所の人員は徐々に増え、仕事も、執行猶予や仮釈放の取消手続における貧困者の代理を含むようになった。

　1975年以前まで、公判段階で貧困な被告人に弁護人を提供する最も一般的な方法は、裁判所による弁護人の選任であった。裁判官が被告人の貧困性を判定し、第1回出廷（initial appearance）という手続きの際に貧困な被告人に対して弁護人を選任した（第1回出廷とは、被告人が公訴事実の告知を受け、保釈許否の決定がなされる裁判所の審問手続で、通常は逮捕後24時間以内になされる）。

この選任手続は、裁判官と郡にとって、また、当事者個人にとっても、多大な欠陥を有していた。

　1977年に州公設弁護人委員会が設立され、州最高裁判所から行政部へ権限が委譲されて、事務所は独立の機関となった。事務所は公判部と上訴部に分割された。財源が公設弁護人計画を執行するために供給され、貧困者弁護の主要な責任は各郡から州へと転換された。公判を担当する最初の各事務所は1978年に開設された。

　　［訳者による補足］
　　1980年に公設弁護制度が実施された時点では、州内の72郡で公設弁護人の導入率（処理事件の割合）がおよそ0パーセント、50パーセント、75パーセント、85パーセントと4段階に分かれていた。その後、1985年に至り、効率性と統一性などの観点から全郡で実施され、一人あたり事件負担量も下記のように想定された。

	重罪	軽罪	その他の事件	第一級殺人
〈1985年州予算〉	184.5件	492件	246件	
〈1989年ころのアメリカ法曹協会の基準〉	150件	300件	200件	
〈1993年州予算〉	166.8件	410.9件	256件	15件

　事件負担の過重問題は歳出削減の圧力と表裏一体であり、その他の合理化方策として、民間弁護士と固定報酬契約を締結したり、一定の上訴や扶養請求関係など周辺的な弁護活動の制限などが図られた。最近の変化としては、司法情報システムの合理化というテーマが行政部全体にあって、1999年までに368台ものパソコンが事務所に導入されている。

公設弁護人事務所と州の行政部および司法部との関係

　州の行政部が公設弁護人委員会の構成員(*5)を任命し、委員会は公設弁護人事務所の活動を監督する。州の司法部は、事務所に対する直接の監督権限を持っているわけではないが、例外的に、他の機関の権限が判例法上および裁判所の判断により制約を受ける場合には裁判所の監督を受ける（裁判官は、審理され

ている事件と自己の法廷に出頭している弁護士に対して監督権を持っている)。また、当事務所の職員を含めてウィスコンシン州の全弁護士は、弁護士による倫理基準の遵守を監督する弁護士職務責任委員会(*6)の監視にさらされている。

　事務所と司法部との関係は、相互に有益なものである。法廷で依頼者の弁護に従事することに加え、我々は、刑事司法問題についての知識の源泉なのであって、司法部から専門的な助言を求められることもある。また、事務所は、被告人が弁護人を要求した際に司法部が依頼をしてくる最初の場所でもある。事務所は、依頼者が公設弁護を受ける資格があるかどうかを判断し、もし資格があれば、弁護人を選任するのである。

公設弁護人事務所の財政基盤

　州の機関として、事務所は、州の立法府から歳出配分の承認を受けて財源を獲得する。州知事は予算案を2年ごとに提出し、予算案は立法府により検討され、修正されることもある。予算が立法府を通過した後、州知事は予算を部分的に拒否する機会を持つ。予算成立過程の性質上、予算問題を取り扱う州知事の部局と立法府に対して勧告と資料を提供することが、事務所にとって肝要である。

　事務所の予算は、年額約6,200万ドル(訳者注:1ドル110円とすると、68億2,000万円)である。その92パーセント以上が州の税収によって賄われている。その結果、事務所は、租税に財源を置く支出をなるべく削減したいという州知事と立法府の願望から大いに影響を受けることになる。また、財源は、事務所が提供した研修サービスから得た授業料や、裁判所の刑事訴訟費用(penalty assessment surcharges)(*7)からも得られている。

　1995年以降、毎年約100万ドルの弁護料を、成人依頼者本人や少年依頼者の両親から受けている(これらの制度の拡大以前には、事務所は、ずっと少ない額しか依頼者本人や少年の両親から回収できなかった)。この額は、事務所予算の約2パーセント程度でしかないけれども、賢明な財政運用に留意している機関として、政治システム内部における事務所の信頼性を高める効果があった。

　予算の約90パーセントは人件費で、常勤に換算して530名の職員に対する支払いと、公選事件を担当してくれた民間の弁護士への支払いに使用されてい

る。

公設弁護人事務所の職員弁護士と公選弁護事件を担当する民間弁護士

　事務所は、約320名の常勤弁護士を雇用しており、うち約280名が公判部、35名が上訴部に所属している(*8)。また、事務所の公選弁護部は、事務所からの選任を受けてくれる約1,200名の民間弁護士の受任登録を統括している。各郡には管轄を担当する公設弁護人事務所があって(*9)、そこで事件を職員弁護士と、公選弁護制度が適用される事件を処理する資格を持つ民間弁護士とに配分している。州全体では、職員弁護士が約60パーセントの事件を処理している。

公設弁護人事務所によって処理される事件の類型

　事務所が処理する事件の類型は、州法によって特定されている。刑事事件が事件の大多数を占めているけれども、事務所は、その他に、依頼者の自由の剥奪という結果を惹起する可能性のある、いくつかの類型の事件においても弁護役務を提供している。これらの事件類型は、少年裁判所手続（非行事件や親権停止の請求を含む）、執行猶予中および仮釈放中の保護観察取消手続、民事上の強制的施設収容手続である。

公設弁護人事務所が直面している諸問題
依頼者と潜在的依頼者へのアクセス

　事務所が直面している一つの問題は、依頼者や潜在的な依頼者と意思疎通する能力である。現実に、ウィスコンシン州の事務所では、アメリカ国内の他の司法管轄におけるほとんどの公設弁護人よりも、早期に依頼者と意思疎通を図ってきた。そもそも弁護申請者の資力に関する申請手続を完成させる責任が事務所にあるために、事務所職員は、通常、第1回法廷出頭前に地域の拘置所で申請者と面会することが許されている。他のたいていの州では、裁判所が公設弁護人を選任するため、第1回法廷出頭が開催されるまでは公設弁護人はつかないのである。

　それにもかかわらず、事務所は、3つの重大な点で、依頼者や潜在的な依頼者との意思疎通の試みを制限されている。第1に、事務所は、まだ正式に起訴されていない被疑者や、被疑事実に関連して身体を拘束されていない被疑者へ

法的助言を提供することを禁じられている。第2に、もし身体拘束中の被疑者が事務所との相談を特別に依頼していないのであれば、事務所のほうは、その人間に話しかける権利を持たない（この制限は、警察が被疑者を取り調べている最中には、実務上最大限の効果を持つ）。第3に、拘置所面会の手間、各事務所といくつかの郡拘置所との距離、拘置所から料金受信人払いでかかってくる高額な電話料金といった事柄が、弁護士たちと身体拘束中の依頼者との意思疎通を図りにくくするのである。

厳罰化と犯罪の増殖

　ウィスコンシン州は、犯罪者の処罰の厳格化という全国的な傾向にならっており、その結果、アメリカは受刑者の人口比率において他のどの先進国よりも大きくなっている。この傾向の二つの主要な側面は、①多くの犯罪で拘禁刑の期間が長くなったことと、②新しい「特別な利益」を擁護する犯罪類型(*10)が創られたことである。その結果、検察官は、単発の事件に対して複数の犯罪で重畳的に起訴して、刑罰の可能性がさらに増大するような悪い事情を主張するといった方法で、広範な裁量権を行使することが多くなっている。

　この傾向は、犯罪を減らしたり、司法システムへの尊敬を高めるには、有効ではない。この傾向は、資源を犯罪防止の努力から逸らせ、刑務所建設とその管理運営の費用を螺旋的に上昇させることとなった。また、この傾向は、厳しい刑罰に直面する依頼者の弁護において、公設弁護人の責務にストレスを与え、それを複雑なものにしている。

　事務所は、法律の変化について弁護士達に研修を行なうことに加えて、最近、犯罪防止と刑事司法に関する合理的な対話を奨励するため、州内で一連の公開討論会を開催している。一つの重要なテーマは、犯罪に対して不屈であること（犯罪を減らすこと）と犯罪者に対して不屈であること（犯罪者を長期間拘禁すること）には違いがあるという点である。たとえば、たいていのアメリカ国民は、拘禁刑の期間が長ければ長いほど犯罪は減少するものと信じている。しかし、実際には、高い拘禁率は、「頂点」に達した後で、犯罪の増加を惹起し得るという現実がある（ダイナ・ローズほか「強制的移動と犯罪：拘禁と社会の解体」未公刊の報告書）(*11)。

　また、事務所は、子どもに対するボランティア活動を行なってくれた市民や

組織を認定し、表彰することもしている。ここで子どもというのは、犯罪行動に関与する危険が高い家庭や社会経済的背景を持った子ども達のことである。事務所とトミー・トンプソン州知事は、現在行なわれているボランティアの努力を承認するため、ウィスコンシンちびっ子援助賞（Wisconsin Cares About Kids Award）を協賛している(*12)。

財源の削減

当事務所は、他の数多くの司法管轄における公設弁護人制度と比較して優るとも劣らないものの、資源の削減は、この機関にとって実務上喫緊の問題を提起している。資金削減の特別な兆候は、事務所の職員弁護士に割り当てられる事件負担の増大、弁護士を補助する職員の比率低下、鑑定証人や調査手段の支出削減、公選事件に対して民間弁護士へ支払われる報酬率の低さ等である。

ほとんどすべての政府機関は同様な資金削減にうまく対処しており、当事務所も資金を効率的に運用しようと努力している。また、事務所は、当機関が供給する公的な価値を公衆（ウィスコンシン州民）に教育しようとも試みている(*13)。メディアの中で公設弁護人は、耳目を集めた事件の争点である非難すべき犯罪と結びつけられることがよくあるので、事務所は、もっとバランスのとれた印象を市民に与え、当機関の使命を十分に理解してもらおうと努力しているような次第である(*14)。

*1――実際には1692年に発生した歴史上の出来事なので、17世紀末が正しい。

*2――1998年7月1日現在のウィスコンシン州の人口は525万5,180人である（http://www.dhfs.state.wi.us/population/98demog/wisconsin.htm）。
　　　これと比較可能な日本の自治体としては、人口540万1,877人（1995年10月1日現在、『朝日年鑑2000』）の兵庫県が挙げられよう。兵庫県全域を管轄とする神戸地方裁判所管内における平成10年の通常第1審事件の終局総人員中、交通関係業務上過失致死傷事件を除く刑法犯は、地裁で2,074人、うち国選弁護人が付された被告人が1,415人であり、また、簡裁では504人中、408人に弁護人が付された（『平成10年版司法統計年報刑事編』）。なお、刑事弁護役務の潜在的な依頼者層の規模を示唆するものとして、検挙人員数も掲げておくと、平成10年の兵庫県における（交通関係業過を除く）刑法犯の検挙人員は1万7,454人であった（『平成11年版警察白書』）。

*3――ギデオン判決については、アンソニイ・ルイス（山本浩三・山中俊夫訳）『アメリカ司法の英知』（世界思想社、1972年）が詳しい。

*4──ウィスコンシン州における有罪判決後の救済とは、第1審裁判所への異議申立てと控訴裁判所への控訴申立てのことである。救済の内容はほぼ同様で、有罪判決の破棄や刑の修正・減軽を求めるものであるが、前者には有罪答弁の撤回なども含まれる。

*5──委員の定員は9名で、党派的に偏らないよう選ばれ、任期は3年間である。

*6──州最高裁の機関で、委員の定員は法律家8名、一般人4名の合計12名。約半年間に一度、公聴会が開かれる(http://www.courts.state.wi.us/media/press/baprapp.html)。

*7──著者の説明によれば、法廷に出頭した者に対しては刑罰とは別に費用が請求され、その収入から年に11万3,300ドル(1ドル110円として、約1,246万円)が事務所に配分されるという。また、この歳出配分は、州法上、会議や研修などのために自由に使用でき、この資金により事務所では2人の職員を雇用できているという。

　ちなみに、公設弁護人補の最低初任給は、年3万8,966ドル(約429万円)であり、調査員のそれは3万69ドル(約331万円)、法律秘書のそれは時給11.71ドル(1,288円)である(2000年8月現在。なお、2カ月前の表示金額よりも5パーセント以上も賃金が上昇している)。また、公選弁護人の報酬は法廷内外にかかわりなく時給40ドル(4,400円)である。その他、諸経費に関する詳細な規定がある。

*8──その他に、著者を含めた上級管理職8名(定員9名、研修開発部長が欠員)が存在する。そのうち5名までもが女性である点(次席、公選弁護部長、法律顧問、上訴部長、総務部長が女性。著者、公判部長、首席情報官が男性)、また、公設弁護人補の42.5パーセントが女性である点(著者からの2000年9月12日付回答)は日本の実務にとって大変示唆的であり、公設弁護人制度は女性法律家の有望なキャリアの一つとして機能している。

　また、参考までに職員弁護士数の規模を理解する上で比較可能な数字を挙げておくと、強制加入制(加入率約87パーセント)のウィスコンシン州法曹協会には、2000年7月1日現在で、州内に1万4,157名、州外に6,010名の構成員がいる(http://www.wisbar.org/bar/sbabout.htm)。

　さらに、ウィスコンシン州の司法管轄には、市裁判所判事が218人、第1審裁判所判事が241人、控訴裁判所判事が16人、最高裁判事が7人いる。また、1998-99年度の裁判所予算は約9,520万ドルで、内訳は第一審裁判所が約6,870万ドル、控訴裁判所が約710万ドル、最高裁判所が約1,940万ドルである(http://www.courts.state.wi.us/misc/overview.html)。

*9──全72郡に対して公判等を担当する35の事務所が配置されている(その他に上訴担当の事務所が二つある)。

*10──耳目を揺るがす事件の発生や政治的圧力により特定の被害者集団を保護するように意図されて特別に立法された犯罪類型のこと。たとえば老人や看守に対する暴行罪など(著者の回答)。

*11──"Coercive Mobility and Crime: Incarceration and Social Disorganization" by Professor Dina R. Rose, John Jay College of Criminal Justice, City University of New York, Professor Todd R. Clear, John Jay College of Criminal Justice, City University of New York, and Professor Kristen Scully, Florida State University (1999). (未公刊論文)。

*12 ── 1998年1月以来、2000年8月まで14回、判事・牧師・警官・学校などを含む篤志家や慈善団体に賞の授与がなされている。

*13 ── 職員が学校に出向いて少年司法制度に関する講演を行なったり、高校生を対象にエッセイ・コンテストを開催したりしている（入選作はホームページ上で公表されている）。

*14 ── 著者は、2000年5月5日に「今年の行政官」としてアメリカ行政官協会ウィスコンシン州首都支部から表彰を受けている。

（訳者後記）

　　訳注の内容に特に記載のない場合、出典は、ウィスコンシン州公設弁護人事務所のホームページ：http://www.spd.state.wi.us（2000年8月30日現在）である。これには判例速報なども含め、実務上の情報が公開かつ満載されているが、とりわけイスラエルに公設弁護人制度を「輸出」したことが著者の自慢の種となっている。この「国境なき正義」という企画では、イスラエルと並んで、なんと日本も対象に挙げられており、クリック項目がホームページ上に作られてはいるものの、具体的な内容はまだ記載されていない。

　　なお、その他の州の公設弁護人制度については、さしあたり下記の文献が詳しい。

岡田悦典「パブリック・ディフェンダー制度研究序説（1）（2・完）」一橋研究20巻2号115～140頁（1995年）、20巻4号83～107頁（1996年）。

後藤昭「サクラメントで会った公設弁護人たち」季刊刑事弁護1号69～73頁（1995年）。

日本弁護士連合会刑事弁護センター編『アメリカの刑事弁護制度』（現代人文社、1998年）。

庭山英雄「ニューヨーク市の公的弁護の実際」『刑事法の諸問題5』専修大学法学研究所紀要23号1～33頁（1998年）。

………………………………………………【監訳】宮澤節生（早稲田大学法学部教授）
………………………………………………【翻訳】畑　浩人（広島大学教育学部専任講師）

民事法律扶助法の制定と残された課題

財団法人法律扶助協会本部事務局長　大石哲夫

はじめに

　2000年4月21日、民事法律扶助法が成立し、同年10月1日に施行された。

　日本では、民事法律扶助はこれまで法律の根拠を持つことなく、1952年に日本弁護士連合会（日弁連）によって設立された財団法人法律扶助協会が民間の事業として実施し、国（法務省）はこのうち民事法律扶助において利用者のために立て替える費用（弁護士報酬、訴訟費用、供託保証金）を中心として補助金を交付するにとどまってきた。

　欧米各国による法律扶助立法の整備がなされた1970～80年代においても、日本では法的整備の必要性は一部の関係者によって訴えられてはきたものの、その声は大勢を動かすには至らず、90年代を迎えるに至った。

　法律扶助協会による民事法律扶助の運営は、発足以来、日弁連と各地の弁護士会に全面的に依存してきた。とりわけ事業執行のための事務負担と、これを維持するための費用の負担は弁護士会にとって極めて重いものであり、この負担を解決するためにも、法律扶助法の制定は不可欠であるとする認識の下に、日弁連・弁護士会を中心とした立法のための運動が続けられてきた。

　民事法律扶助法の制定は、こうした運動の成果として、極めて大きな意義を持つものであり、民事法律扶助が国の責任の下で実施されるものとした点で、日本の法律扶助の歴史にエポックを画するものである[*1]。

　法律扶助協会は2000年10月18日、この法律により、民事法律扶助事業を行なう法人として法務大臣の指定を受けた。今後この法律の下で、国民の法的権利の実現を保障するための活動の充実が期待されている。

　しかしながら、法律扶助協会の設立以来、日本の法律扶助の問題点として指摘されてきたいくつかの課題は、この法律の制定によっても解決されたわけではなく、関係者からは法制定は今後の制度充実への出発点として理解されてい

る。本稿では、以前から指摘されてきた日本の法律扶助の問題点が民事法律扶助法の制定によりどのように克服されたのか、または課題として残されたのかを振り返りたい。

民事法律扶助法の内容と法律扶助制度研究会における論点

はじめに、成立した民事法律扶助法の内容を概観したい。

民事法律扶助法は、民事法律扶助事業が司法制度の充実に寄与する公共性の高いものであることにかんがみ、その整備および発展を図るために必要な事項を定め、国民がより利用しやすい司法制度の実現に資することを目的とするもの（民事法律扶助法1条、以下「法」と呼ぶ）であり、概要次のような内容を持っている。

① 援助の対象、援助の内容

この法律における援助の対象となる人の範囲は、「裁判所における民事事件、家事事件又は行政事件に関する手続において自己の権利を実現するための準備及び追行に必要な費用を支払う資力がない国民若しくは我が国に住所を有し適法に在留する者又はその支払により生活に著しい支障を生ずる国民等」とされた（法2条）。

援助の内容としては、

○ 民事裁判等手続の準備および追行(民事裁判手続に先立つ和解の交渉で特に必要と認められるものを含む)のため代理人に支払うべき報酬およびその代理人が行なう事務の処理に必要な実費の立替え——代理援助

○ 依頼または嘱託を受けて裁判所に提出する書類を作成することを業とすることができる者に対し民事裁判等手続に必要な書類の作成を依頼しまたは嘱託して支払うべき報酬およびその作成に必要な実費の立替え——書類作成援助

○ 法律相談を取り扱うことを業とすることができる者による法律相談(刑事に関するものを除く)——法律相談援助

の3つがある（法2条）。なお、これに附帯する業務が付加されている。

② 国の責務等

国は、民事法律扶助事業の適切な運営を確保し、その健全な発展を図るため、民事法律扶助事業の統一的な運営体制の整備および全国的に均質な遂行の

ために必要な措置を講ずるよう努めると共に、その周知のために必要な措置を講ずるものとされた。

なお、地方公共団体は、その地域において行なわれる法律扶助事業に対して必要な協力をすることができることとされた（法3条）。

③　日本弁護士連合会等の責務

日弁連および弁護士会は、民事法律扶助事業の実施に関し、会員である弁護士による協力体制の充実を図る等民事法律扶助事業の適正な運営の確保および健全な発展のために必要な支援をするよう努めるものとされた。また弁護士は民事法律扶助事業の実施のために必要な協力をするよう努めるものとされた（法4条）。

④　事業を実施する組織（指定法人）

法務大臣は、民事法律扶助事業を適正かつ確実に遂行するに足りる知識、能力および経理的基礎を有する者であり、民法34条により設立された法人で、その役員および職員の構成が民事法律扶助事業の公正な遂行に支障を及ぼすおそれがないなど、一定の条件を備える者を、その申請により、全国に一を限って、民事法律扶助事業を行なうものとして指定することができるものとされた（法5条）

⑤　指定法人の義務

指定法人は、民事法律扶助事業の統一的な運営体制の整備および全国的に均質な遂行の実現に努めると共に、国民等が法律相談を簡易に受けられるようにする等、事業が国民等に利用しやすいものとなるよう配慮しなければならないものとされた（法6条）。

⑥　業務規程、事業計画、予算の認可等

指定法人は民事法律扶助事業の実施に関する規程を定め、法務大臣の認可を受けなければならないものとされた。この業務規程には、

○　援助の申込み、審査方法に関する事項

○　代理援助、書類作成援助の立替えにかかる報酬・実費の基準ならびにその償還に関する事項等

を記載しなければならないとされた（法7条）。また、事業計画書および収支予算書についても認可を受けなければならないとされ、事業報告書、収支決算書などについては法務大臣の承認を受けなければならないものとされた（法

8条)。

⑦　役員の選任および解任

指定法人の役員の選任および解任は、法務大臣の認可を受けなければその効力を生じないものとされた（法12条）。

⑧　補助金

国は、予算の範囲内において、指定法人に対し、民事法律扶助事業に要する費用の一部を補助することができるものとされた（法11条）。

その他、法律は、指定法人に関する報告、検査など、法務大臣の監督について規定している。

このように、民事法律扶助法の内容は、事業に対する国の責任を認めると共に、指定法人により事業を行なわせ、事業に必要な補助金を交付し、必要な監督を行なうことにより法の目的を達成しようとするものである。

このような制度の枠組みは、法制定に先立って1994年から3年余りにわたり続けられた法律扶助制度研究会（座長は竹下守夫駿河台大学教授、以下「研究会」と呼ぶ）による検討結果をほぼ忠実に反映したものである。この研究会は学者2名、弁護士4名、法務省職員4名、最高裁職員1名の、合計11名の委員と、学者および法務省、最高裁、日弁連、法律扶助協会から参加した幹事により構成され、3年余の厳しい論議を経て、1998年3月、報告書をまとめた。

研究会報告書は、法律扶助制度が、裁判を受ける権利を実質的に保障する制度であり、司法制度の重要な一部を構成するものであって、国はその責務にふさわしい財政的負担をすると共に、運営主体に対して適正な監督を行ない、国民的見地に立った事業として充実発展し得るようにすべきであるとした[*2]。また報告書は弁護士、弁護士会は今後とも自らの責務の実現として、国民に対して平等に法的サービスを提供すると共に、その運営に積極的に関与するなどして、その役割を果たすことを期待している[*3]。また、法律扶助の運営主体としては、法律に基づき、国が主体的・主導的に関与し得るとともに、弁護士・弁護士会も積極的に関与することができ、民間等の活力も利用できる形態のものであることが望ましいこと、他方で従来法律扶助協会が民事に関する法律扶助事業以外にも種々の事業を実施していること、運営効率および財政的見地などを考慮すると、これらの事業を含め、一元的に法律扶助事業を実施することが可能な、指定法人によることがふさわしいとした[*4]。国の監督の在り方として

は、国は組織、役員人事、予算および業務方法等について認可等を行なうことにより監督を行なうこととする一方、運営主体には事業の執行における独立性および自主性が尊重されなければならず、また、国民からの幅広い信頼が得られるよう、その中立性も確保されなければならないとされた(*5)。

このように、報告書では作られるべき運営主体の内容については研究会参加者の共通の理解を得ており、それが民事法律扶助法に採用されているのであるが、こうしたスキームが包含すべき法律扶助の質については、随所で厳しい対立を示しており、これらは解決に至らないまま、法律の下での新制度においては多くの点で従来の実施方法が継承される結果となっている。

民事法律扶助法下での制度改善と残された問題点──

国の責任の下での事業運営という画期的改革のほかに、法の下での新たな制度はいままでの制度と比べ、いくつかの重要な変更を加えている。

まず、新たに書類作成援助という援助内容が採用され、サービスの提供者として、弁護士と共に司法書士の参加を得ることとなった。

次に、法律扶助へのアクセス・ポイントの量的・質的拡充を狙いとして、相談登録弁護士制度が採用された。これは、登録弁護士の事務所において、資力面で扶助適格の人に対し直接法律相談を提供すると共に、代理援助、書類作成援助を要する人については支部審査会に回付させ、援助開始決定となった場合にはその登録弁護士をして受任させようとするものである。相談に要する費用については、利用者に負担を求めないこととされた。

援助申込みに対する審査は、小人数からなる支部審査会において機動的になされることとなった。これにより、申込みから援助決定までの審査期間の短縮が図られている。

援助申込みに関する支部審査会の決定に対する不服申立制度も改善された。

立替金の償還免除制度の改善も図られている。償還免除のためには従来、終結後3年間の必要的償還猶予期間が設けられていたのが改められ、財産的給付を目的としない事件の償還免除の簡易化も図られている。そして、国庫補助金としては、立替費用に用いる補助金等の増額と共に、事務費部分への援助も、一部ではあるが開始されている(*6)。

こうして、民事法律扶助は新しいスタートを切っているが、その運用は全体

として従来の方法を引き継ぐこととなったため、従来の制度が持っていた問題点がそのまま引き継がれることとなったり、研究会において指摘された問題点が解決を見ることなく、今後の課題として残されている。それらは次のようなものである。

① 援助の対象範囲

法は民事法律扶助だけを援助の対象とし、刑事被疑者弁護援助、少年保護事件付添扶助などは対象から除外している。この点は研究会で最も対立を見た制度構築上の論点であるが、2000年11月にまとめられた司法制度改革審議会の中間報告では、これらについて国の資金による運営の必要性が指摘され、法律扶助スキーム全体の構成が再び論議の的となっている(*7)。

次に、法の目的として「国民がより利用しやすい司法制度の実現に資する」と、比較的広く規定されたのに対し、代理援助・書類作成援助の対象範囲は基本的に裁判所の手続きに限定され、わずかに、民事裁判等に先立つ和解の交渉で特に必要と認められるものだけが、代理援助の一部として認められるにとどまっている。これにより、労災認定、介護認定、社会保障の受給申請などの行政手続や、契約書類の作成など、欧米諸国で一般に弁護士の援助として法律扶助に含まれる活動の多くが代理援助・書類作成援助の対象範囲から除外され、いわゆるADRも、訴訟に先立つ和解交渉で特に必要と認められるものを除いては対象から除外されることになった(*8)。

これは、法律相談援助を除いて、司法へのアクセスを単に裁判所の手続きへのアクセスにとどめたという点で、今後の制度の広がりを構想する上で大きな問題を残している。

② 援助を受けられる人の範囲

援助を受けることのできる人は、立法以前の資力基準が継承された結果、国民の全世帯の下から2割層を対象とし、特に多額の弁護士費用を要する場合に、資力判定においてこの事情を考慮できるとの規定が付加されたにとどまっている。

病者、未成年者、高齢者など、資力要件の設定において配慮を要する利用者についての規定は整備されていないために、こうした人であっても、法律扶助を受ける資力要件は一般の人と同じ基準で扱われる。医療費、教育費、職業上

やむを得ない出費については資力判定の際考慮されるが、案件の性質や依頼者の状態に応じた資力基準の設定はなされていない。

次に、経済的理由以外の理由によるアクセス障害者については、法はこれらの人を援助対象とは予定していない。法律扶助の究極の目的は、社会的地位や資力に関わりなく、すべての国民にアクセス・トゥ・ジャスティスを保障し、これにより法的権利実現の平等を図ることにあり、そのためにはまず法的サービスへのルートを確保し、その上でアクセス障害の原因となる資力障壁、環境障壁、言語障壁などを取り除くことが法律扶助の内容となるべきである。この意味で、法律扶助を貧困者への裁判費用の援助に限定してしまう制度理解は(*9)、この制度の究極的目的の実現を阻害する結果となる。少なくとも、依頼者の置かれた環境を考慮に入れながら資力基準を弾力的に設定・適用することにより、援助を要する人の実像に迫る工夫が今後必要となろう。また、費用の立替え制度としての内容を残す限り、援助対象者の資力の範囲はより拡大させていく運用が目的達成の上では有効である。

外国人については、我が国に適法に在留する外国人だけが援助の対象とされ、労災、賃金不払いなど、緊急な援助の必要なケースであっても、在留資格を持たない外国人は援助の対象から外れている(*10)。

③　法的インフォーメーションの欠落

近時、欧米諸国においては法律情報の提供が法律扶助の出発点として重視されているが、法は事業の対象としてこれを含んでいない。したがって、このための活動は民事法律扶助事業以外の分野として、今後開発されていくことを余儀なくされている(*11)。

④　利用者の重い負担

世界の法律扶助に例を見ない、費用立替え＝償還原則による制度運営は、今回の立法化によっても抜本的に改善されることはなく、立替金償還免除の手続きとして、必要的猶予期間の撤廃と、免除案件が財産的利益または確認を目的としない場合で終結時に生活保護を受給している人について、法務大臣の承認を要することなく、法律扶助協会の内部の手続きだけで免除する旨の規定がなされたにとどまった(*12)。

立替金の償還原則は、貧困者の法的援助を目的とする制度の趣旨に逆行し、最も援助を要する人を制度の利用から遠ざける危険がある。また、この原則は

利用者に重い負担を強いる、制度利用の阻害要因になっているだけでなく、財政運営上も極めて不安定な要素を制度に残すものである。立替金の償還原則の是非については研究会においても、その後も多方面から論じられているので詳述を避けるが(*13)、少なくとも現在の民事法律扶助制度の利用者の半数以上が、多重債務にあえぐ自己破産を求める人であることを考慮すると、全額償還原則という制度構築は問題を残すものである。

⑤　弁護士報酬の内容

法律扶助事件における弁護士報酬をどのように定めるべきかについて、研究会報告は、

○　費用基準は、利用者をはじめ納税者たる国民及び法律扶助の責務を負担する弁護士・弁護士会等の意見が反映されたものとすべきである。更にその基準は、法律扶助制度の円滑な運用を確保するために、法的サービスの内容と種類に応じた明確かつ客観的なものでなければならない。

○　法律扶助制度における弁護士の費用については、弁護士の職務の公共性及び法律扶助の趣旨にふさわしいものにすべきであるとともに、法律扶助制度を充実・発展させるためには、弁護士による適正な法律サービスの提供を確保しうる水準とすることが望まれる。

○　法律扶助における弁護士費用基準を定めるに当たっては、公正な基準が設定される手続き及びそのような検討を行うにふさわしいメンバーで構成される機関による検討を経るべきであり、その際には、利用者をはじめ納税者たる国民、弁護士等の意見が反映されるよう努めるべきである。

としているが、法施行にあたってはそのような検証作業は省略され、従前法律扶助協会が用いていた基準に一部手直しを加えたものが費用の支出基準として業務規程に収録された。

そこで、研究会の報酬に関する提言の具体化はすべて今後の課題とされている。

弁護士報酬の水準とその適用は法律扶助の基本問題であるが、基準の決定にあたっては二つの問題が横たわっている。その一つ目は、実体的に適正な基準をいかにして設定すべきかであり、その前提として一般に弁護士が事件を受任している水準を基礎にして、公的サービスとして十分なサービスを期待し得る必要額を探ることである。その二つ目は、研究会報告の提言のように、その決

定の過程が公正・透明な手続きとして示されることにある。いずれも未解決の問題である(*14)。

⑥　国庫補助金

法の下で施行された民事法律扶助事業費補助金交付要領は、代理援助、書類作成援助の報酬および実費の立替えに要する費用、法律相談援助の費用および法務大臣が事業の遂行上必要と認める事務関係経費その他法務大臣が認めるものについて、予算の範囲内で補助金を交付するものとしている（交付要領2条）。そして、これに基づき、2000年度では扶助費（立替えに要する費用）約16億円、事務費約3億円など、合計21億7,532万円が補助されることになっている。2年前の1998年度補助金額が約5億円であったのに比べると、この補助金の増加は目を見張るものといってよく、弁護士会と法律扶助協会の永年の悲願であった事務費補助の開始も、民事法律扶助の今後に大きな希望を灯すものである。

ただし、問題も残っている。費用の立替え＝償還を原則とする制度である限り、資金を使うことのできる援助分野は限られ、一般に償還が期待できない未成年者の事件（児童福祉法の事件など）、償還を課すことが妥当でない犯罪被害者の援助や家庭内暴力からの救済などには資金を用いることは困難である。これらは補助金というよりは制度そのものの問題ではあるが、援助が求められる事案に機動的に対処するという観点での補助金運用も今後検討されなければならない。

事務費補助金についても、民事法律扶助事業の管理に必要な費用全体との対比ではその割合はなお低く、今後の充実が求められる。

日本の法律扶助の環境と課題
司法制度の基幹ソフトとしての法律扶助

日本における法律扶助は、法律扶助協会の設立としては第2次世界大戦後の英国法律扶助の整備と同時期であるが、その後の経過は比較が無意味なほどの国際的な立ち遅れを見せてきた。その理由として、弁護士会の関係者からは国庫補助の停滞や使用使途の限定が挙げられてきたが、立ち遅れの理由としてはそれ以前に、司法制度における法律扶助の位置づけのあいまいさがあったのではないかと思われる。

法律扶助は、裁判所による救済を中心軸とする法的な紛争解決に不可欠な弁護士の援助等を通じて、法的救済へのアクセスを確保するものであり、司法制度運営のソフトとしてまず整備されるべきスキームである。しかしながら、日本においては、司法制度運営における弁護士の役割の重要性、すなわち、「国民の社会生活における医師」としての弁護士の役割の理解は司法制度の検討自体の中では立ち遅れた傾向があり(*15)、弁護士の業務自体も、刑事国選弁護を除いては、費用を支払うことのできる中流以上の顧客層のサービスに限られてきた(*16)。弁護士の提供する法律サービスが訴訟上必須のものであるという理解は弁護士強制がとられなかった事情もあって立ち遅れ、弁護士のサービスへの援助である法律扶助も、社会の提供すべき義務であるとは認識されてこなかった。まして、裁判所や法律事務所を訪れることのできない依頼者への助力が一国の政府の存立に関わる義務であるという認識は日本では立ち遅れてきた(*17)。その意味で、中間報告において「国民の社会生活上の医師」としての法曹の役割を指摘した司法制度改革審議会が、発足間もない1999年11月に特に会長談話を発表し、民事法律扶助制度の整備の早期実現を訴えたことは、法律扶助改革を司法制度改革の出発点に置いた、画期的なものであった。今後も、法律扶助の改革は司法制度全体の中での検討を通じた、包括的・相互関連的なものとしていく必要がある。

法律扶助の運営――国と弁護士会の関わりをめぐって

　日本の法律扶助はその出発の当初から弁護士会によって運営されたために、制度の充実が国の取り組むべき課題としては認識されてこなかったきらいがある。

　日本の法律扶助は、1949年、占領軍（GHQ）の示唆を受けた法務庁が日弁連の設立を控えた弁護士会側に法律扶助協会の設立を求めたことに始まっている(*18)。以来日弁連と弁護士会は、サービス提供者とシステム運営の当事者という二つの立場を取ってきた。国は1958年度から補助金の交付を開始したが、その使用使途を費用の立替えに必要な直接費（扶助費）に限定し、法律扶助協会が行なう資金造成のために補助するという制約を課していた。また事業の維持・管理は全面的に弁護士会が責任を持つべきものとされてきた。

　国庫補助金の交付開始と共に、法務省は補助金交付要領を作成し、補助金の

対象となる費目を管理するための特別会計（資金）の設定や、一定の報告義務を協会に課したが、このことは法律扶助事業に対する国の責務を認めたものではなく、法務省が国会の場で民事法律扶助を憲法に由来する国の義務であると認めたのは実に1989年のことであった(*19)。

こうした経緯の中で、弁護士会は一方では過大な業務・財政負担に苦しみ、制度運営にアパシーを醸成させるほどの事態を招きながらも、この制度を弁護士会業務の一つとして、弁護士会の他の業務との間で齟齬や衝突を招かない範囲で運営してきた。

初期においては法律扶助の申込みは弁護士会を通じて行なうこととされ、支部の運営は弁護士会の業務の一つとして位置づけられ、法律扶助協会の役員は弁護士が独占してきた。

こうした、国の消極的な対応と弁護士会の独占的運営は、歴史的経緯としてはまことにやむを得ざるものであったが、その結果、制度の維持、充実に対する国の責任をかえってあいまいにさせ、この制度が弁護士会による弁護士のためのものではないかとの誤解さえ生み出しかねない状況を作ってきた。

1998年、法律扶助協会はそれまでの役員構成を根本的に変更し、理事25名のうち、弁護士は12人とし、このほかに学者、ジャーナリスト、社会福祉協議会・実業界・消費者団体・自治体など、国民各層の利害を代表する組織からの参加を得た。これは法律扶助協会の運営の透明性、中立性を確保し、サービス提供者である弁護士の事業支配を抑制しながら、国民に開かれた事業運営を目指す画期的なものであり、これにより、指定法人としての要件をも備えることとなった。

法務省の関係者からは法律事務を独占する弁護士の責務として、法律扶助に対する弁護士と弁護士会の責務が過度に強調される傾向がある。今回の民事法律扶助法にも弁護士会と弁護士の事業に対する協力義務が規定されているが、その内容が、サービス提供者としての責務にとどまらず、国と並ぶ財政的な負担までをも包含して観念されるものであるならば、それは事業運営に対する国と弁護士会それぞれの、従来からの関わりを残存させ、事業運営に対する国の責任をあいまいにする危険がある。

この制度に対する国の責務を認めることは、一方では国の財政負担の飛躍的増加に法的根拠を与えるものであると共に、他方では弁護士会と弁護士による

歴史的な事業管理の改善を迫るものである。それはまた、日本の弁護士会が手がけてきた各種の法的サービスと民事法律扶助の質的区別を不可避にするものであり、民事法律扶助の公的性格をサービスの受給者である国民に対しても、サービスの提供者である弁護士と司法書士に対しても明確にさし示すものである。

サービスの提供形態をめぐって

今後の日本の法律扶助を考える場合、サービスの提供形態としては二つの課題がある。

第1に、法律扶助サービスの充実にとっては、スタッフ弁護士によるサービスが不可欠なものになってくるものとみられる。日本の法律扶助はその発足から、一般の開業弁護士が私選事件と共に受任する、ジュディケアの形態を取ってきており[20]、研究会においては、法律扶助専門の事務所の下でのスタッフ制も検討されたが、これはあくまでジュディケアの補完として位置づけられ、弁護士会では弁護士過疎地への対策として理解される傾向が強い。しかしながら、無資力者への法律相談、援助申込事件の調査、ジュディケア弁護士を含む弁護士のサービス水準を確保するための法的な調査研究、一般の弁護士によっては受任されにくい少額事件や、一人の弁護士では処理しにくい困難な案件などの処理は、一般の弁護士が交代もしくは複数で担当することも可能ではあるが、スタッフ弁護士のほうがより効果的・効率的になし得るものと思われる。

また、法律扶助が取り扱う案件はその多くが時代の特徴を反映した社会問題の一断面であることが多く、個々の依頼者に対する援助のみによっては抜本的解決は不可能である。

ジュディケアによるサービス提供に対する反省として提起されたスタッフ制による戦略的アプローチの有効性は日本においても当てはまり、消費者破産、犯罪被害者援助、児童虐待からの救助など、今日法律扶助の取り組むべき課題とされている多くの問題は法改革までを視野に置いた取り組みを必要とするものである。この観点からも、スタッフ弁護士の活用が検討されるべきである。

第2に、法律扶助サービスをより効果的に実施するために、弁護士以外の専門家や行政との協働的システムの構築が必要になっている。

法律扶助対象事件の依頼者の多くは法的問題の解決だけを求めているのでは

なく、貧困、病気、家族との不和、住宅問題などを抱えている。弁護士が解決できる法律問題はこれらの一部であり、依頼者の立場に立った時には、問題の全体的解決を援助する、より広範な支援システムが必要となる。法律扶助事件の受任弁護士にこうした協働的援助の提供者の確保を求めることは困難であり、法律扶助の運営主体によるネットワークの整備が必要である。

財政運営の弾力化の必要性

ジュディケアを取る英国・カナダの各州では1980年代の後半から、法律扶助予算と実支出額の不整合に悩まされてきた。スタッフ制と異なり、援助決定時と費用の支出時にタイム・ラグのあるジュディケアでは、費用の支出予測は極めて困難であり、法律扶助の支出予算に拘束性を認めないオープン・エンド方式はこの予測の困難性の表現でもあった。不況の長期化と国家財政の困窮の中で、ジュディケアをとってきた英国と、カナダのいくつかの州では1990年代にいずれも制度の大改革に踏み切り、予算統制の中での事業執行に転換しているが、ジュディケアの持つこうした問題は日本の制度にとっても無関係ではない。日本の場合、受任の着手時に支払われる費用と着手金が、全体の支出に対して8～9割程度を占めているために、かつての英国やカナダなど、ジュディケア採用圏と比べて予算統制は比較的容易ではあるが、緊急かつ大量の法律扶助申請が殺到する場合には、予算枠を守ることは困難である[*21]。

また、相談登録弁護士の実施を円滑に行なう上でも、援助対象者を制約なく受け入れる登録弁護士について、予め予算の制約を課すことはこのスキームの運営を萎縮させる危険がある。

法律扶助予算の策定に当たっては、事業内容が持っている機動的資金支出の必要に見合った柔軟性を確保し、予見し難い支出や、大量の資金を伴う事態にも対処できるよう、規定の整備が必要である。

包括的制度に向けて

民事法律扶助法の施行によって、日本の法律扶助はその法制化の一歩を実現したが、そこには民事法律扶助だけを取ってみても前述のような課題が残されている。法律扶助協会では民事法律扶助のほかに現在本部・支部のそれぞれで、難民法律援助、外国人人権援助、精神障害者法律援助、児童虐待救済援助

などの民事法律扶助関連事業を小規模ながら実施しており、犯罪被害者法律援助の準備も急いでいるが、それらは現行の民事法律扶助スキームの限界ないし制約の反映であり(*22)、援助を必要とする社会的需要に対して機動的に対応していこうとする努力の表われである。法律扶助を真に国民生活の安定と向上に寄与するシステムとして充実していくためには、こうした、新たに援助の対象として登場する問題や人々に対して的確に対応していく柔軟な運営が必要である。法律扶助に対する国の対応もまた、そのような運営を可能にするものであることが求められる。この観点からは、事業計画、予算においても運営主体の主体性、自主性に配慮すると共に、制度自体が新たな需要、新たな事態に対応できるものに設計していくことが必要である。

法律扶助協会は組織改革によって多くの民間の声を反映させ得る理事構成を実現したが、法律扶助の活力ある運営には広範な国民の代表の参加を得ると共に、その意思が国の政策レベルに反映される装置を設けることが不可欠である。

おわりに

日本の司法制度は今、かつてない範囲と規模において大きな転換期を迎えている。司法制度改革審議会の中間報告は、法科大学院を含む法曹養成制度の改革と年間3,000人程度の新規法曹の確保を打ち出している。このことは近い将来弁護士人口の急激な増大をもたらし、抑制的法曹養成策と報酬基準規程、広告の制限などにより業務的競争を抑止してきた従来の弁護士会の政策に大きな影響を与えるものである。それは従来の制度を前提として組み立てられてきた弁護士の様々な社会的活動——公益的弁護活動、弁護士会を通じた政策的提言や各種の義務的法律サービスの提供などにも影響を与えずにはおかないであろう。

法律扶助もまた、こうしたサービスの提供主体が置かれた客観的条件の変化に対応しながら、全体として国民の利益を増進し、信頼される効果的・効率的システムを追求していかなければならない。

*1──法律扶助の国際比較は根拠法の内容、事業内容および規模、国庫予算の規模などとしてなされる。基本法の存否はその国の法律扶助の質を決定する。

*2──法律扶助制度研究会報告書7頁。

*3──同8頁。

*4──同37頁。

*5──同39頁。サービスの提供者、利用者、資金の提供者（国）いずれの利害からも中立の立場で事業目的を達成するためには、運営主体の自主性、独立性は必須の条件である。なお、このことと政府に対する各種報告の整備は決して背反するものではない。F. H. Zemans, P. Monahan『法律扶助の組織と方法』100頁（法律扶助協会、1999年）。

*6──2000年度国庫補助金（法務省）の合計予算額は21億7,532万円で、これは前年度当初予算に比べ15億6,515万円の増であった。このうち、事務費補助金は2億9,943万円となっている。

*7──「中間報告」は、公的費用による被疑者弁護制度について「少年事件も視野に入れつつ、被疑者に対する公的弁護制度を導入し、被疑者・被告人の弁護体制を充実させる方向で、具体的な制度の在り方とその条件につき幅広く検討すべきである」としている。そこで、弁護士会の内外では、この制度の運営主体のあり方が、刑事国選弁護との関係でも論議されている。

*8──たとえば英国では、英国法に関わる法律問題である限り、これらの援助も法的助言・援助の対象として認められてきた。

*9──伝統的なジュディケア・モデルの理解によると、アクセスへの主要な障害は支払い能力の欠如であり、この障害が法律扶助制度によって克服されるならばアクセスの平等は実現されることになる。F. H. Zemans, P. Monahan同前137頁。

*10──国会審議の中で法務省は不適法在留者までも対象とすることは公費でそうした不正行為を助長しかねないと答弁しているが（平成12年3月21日衆議院法務委員会における横山政府参考人の説明）、交通事故、不当解雇や賃金不払い、滞在資格を争う訴訟などでは、滞在資格の有無にかかわらず緊急な援助が必要であり、こうした事件については滞在資格の有無を問うべきではない。

*11──英国のコミュニティ・リーガル・サービスは、情報、助言・援助へのアクセス改善を目的に、従来の民事法律扶助に代わるものとして設立された。法的情報の提供につき1999年アクセス・トゥ・ジャスティス法4(2)(a)。同法制定に至る事情の紹介として我妻学「英国における近時のリーガルエイド政策の動向」リーガルエイド研究第4号（1998年）。

*12──ある人の立替金の償還を免除すべきかどうかの決定は、援助の現場（支部）から離れれば離れるほど困難なものになり、特に書面により審査する場合には、求められる疎明資料がそろっているかどうかなどが判断基準となりやすい。法務大臣により1件ごとに審査するよりは、免除要件を定め、これに適合する場合に運営主体に判断を委ねることが適当である。

*13―研究会では、日弁連・法律扶助協会のメンバーは、欧米諸国が採用しているように、給付を基本とし、利用者の資力に応じて一定の負担金を支払うこととする制度(負担金制度)と、事件の結果、財産の利益を得た場合に一定の限度で償還を課す制度の結合によるべきとした。その根拠として、生活保護を要するなどの資力に乏しい人を対象としながら訴訟等の種類や結果に関わりなく原則的に償還を課す制度は費用の貸しつけ制度にすぎず、貧困者の利用を阻害する結果となっていることなどが挙げられた。これに対し、法務省側のメンバーは償還制度の維持を主張した。その根拠は、日本は欧州各国と異なり、訴訟費用敗訴者負担を採用していないので、その援助を公的に行なう場合でも原則的に償還制とすることが我が国の制度に適合すること、償還制度の下では資金の効率的利用と財政負担の軽減になることなどであった(研究会報告書29頁〜30頁)。

償還原則という制度の構成は、利用者にとって過酷な結果を招く場合があるだけでなく、制度の運営に歪みをもたらす危険がある。償還が原則となれば、規則的な要請はいきおい償還率の維持・向上に行き着くことになり、償還ができなければ「なぜ償還がなされないのか」という理由探しが始まる。これを避けるためには、償還の確実な案件だけを援助すればよいということにもなりかねない。償還免除制度があるからという理由で原則償還という制度を認めることは実務の観点からは首肯しがたい。またある年度の援助に要する資金の原資をその年度に償還される見込みの立替金に依存することは、財政運営を不安定なものにする。

*14―司法制度改革審議会の中間報告は、弁護士費用(報酬)について、利用者にわかりにくい、事前予測が困難であるなどの指摘があることを踏まえ、弁護士報酬の透明化、合理化を進めるための施策を求めている(30頁)。法律扶助の報酬は、一般の受任報酬を前提に検討される必要があり、たとえばスウェーデンの公益法律事務所のような公設事務所を通じて、市場価格の調査を積み重ねることなども検討に値する。なお、その決定にあたってはサービスの提供者、利用者、資金の提供者が参加する公開の機関によることが必要である。

*15―1964年にまとめられた臨時司法制度調査会意見書においても、弁護士制度については大都市偏在の是正の必要などが指摘されているが、同意見書は法曹一元と裁判所改革を主要な課題としていたようであり、弁護士の役割への言及は法曹一元との関わりでとらえられている。

2000年11月、日弁連は臨時総会において、①裁判官制度の改革と法曹一元制の実現、陪審制度の実現、②社会の様々な分野・地域における法的需要を満たすための法曹人口増加、③法科大学院における教育と、その成果を試す司法試験およびその後の司法修習への積極的関与・協力、を内容とする決議を行なった。

*16―弁護士を頼む費用の捻出ができない人への援助としては、通常の営業的業務を離れたボランティア活動または公益的弁護活動としてなされてきた。

*17―法律扶助受給権について藤井範弘「権利としての法律扶助受給権」リーガル・エイド研究第2号(1997年)。国際連合「弁護士の役割に関する基本原則」は、その3で、「政府は貧困者及び必要のある場合にはその他の不利な状況にある人々に対し、リーガルサービスのため十分な基金その他の援助が与えられる規定を置くものとする。弁護士会は

サービス、施設その他の資産を組織し準備することに関して協力するものとする」としている。

*18―法律扶助だより第66号（1999年）「法律扶助協会創設の頃」弁護士岸星一氏の回顧。

*19―1989年3月24日衆議院法務委員会冬柴鐵三議員の質疑に対する高辻法務大臣の答弁。

*20―日本における法律扶助のサービス提供形態の特質について、佐川孝志「日本型的ジュディケアの再構成」法律扶助協会編『リーガル・エイドの基本問題』（法律扶助協会、1992年）。サービス提供方法の改善を多角的に論じたものとして小島武司「報告書の評価」ジュリスト1137号（1998年）、佐川「新しい法律扶助への制度設計」同前。

*21―1999年度、消費者金融事件の急増により資金不足を生じた法律扶助協会では補助金の追加を求め、国庫補助金は当初の6億円から9億円に増加されたが、これは1995年度の震災被災者・法律援助を除いては法律扶助協会の歴史上はじめてのことであった。

*22―法律扶助協会が新たに開始する自主事業の多くは、民事法律扶助の資力制限と、立替金を償還しなければならない償還原則という制約を緩和して、求められるニーズに応えようとする動機から始まっているといってよい。

コーズ・ローヤリングとしての公益的弁護士活動

公益的弁護士活動：韓国の経験

韓国慶南大学校教授　尹　大奎

はじめに

　韓国では、もともと、公益的弁護士活動（public interest lawyering）は、独裁主義的支配の下における民主化運動と共に発展してきた。その間、弁護士達は軍事独裁政権に対抗して、政治犯の弁護を行なっていた。それは、国家保安法や集会および示威に関する法律にいう政治的動機や、その他の理由で起訴された人々であった。こうしたいわゆる人権派弁護士が公益的弁護士活動のパイオニアであった。

　1987年以来、韓国がさらに民主的な立法措置を進めるにつれて[*1]、もう一つ特徴的な現象が発生した。すなわち、独裁主義的支配の下では抑圧されていた労働紛争の噴出である。民主化の結果生じた労働紛争と共に、弁護士の中には労働法事件に関与するものが現われ、その結果、公益的弁護士活動の新たな領域を生み出していった。

　1990年代初頭の初代文民政府の出発は、新たな市民団体の活発な運動と形成のための肥沃な土壌を提供した。政治的支配がより民主的な国家へと発展し、市民社会の範囲が拡大されるのに伴い、それらの市民団体は自らの目標を達成するための有効な手段として法を重要視し始めた。こうして公益的弁護士活動は、韓国社会において急速に拡大してきた。

　加えて、公益的弁護士活動の増加が司法制度の変化とも関連していることに注意しておくことが重要である。1981年以来、司法試験の定員増加によって、弁護士の数は増加してきている。弁護士の供給増加は、公益的弁護士活動あるいは弁護士によるプロボノ活動のためにより多くの資源をもたらした。現在の公益的弁護士活動は、弁護士が増加した結果生じた、弁護士団体の全体的雰囲気と構造の変化なくしては不可能であったであろう。

　本稿では、弁護士協会の公益的活動と、市民団体によるコーズ・ローヤリング（cause lawyering）（訳者注：宮澤教授による序文を参照）について説明す

る。したがって、ここでは、国家主導による法律扶助や国選弁護人制度については取り上げない。

大韓弁護士協会の公益的活動

　弁護士が公共的責任を負ったプロフェッションとしてプロボノ活動を行なうことは、一般に韓国ではそれほど顕著ではなかった。プロボノ活動を一定期間行なうことを義務づける弁護士協会の規定も存在しなかった。しかしながら、以前と比べ、弁護士協会の活動は積極的になってきた。援助を必要とする人々に対して法律相談を提供するといった通常のプロボノ活動に加えて、公益のためのプログラムを創設してきた(*2)。本章では、大韓弁護士協会および全弁護士の65パーセントがその会員であるソウル支部のレベルで行なわれているプログラムに基づいたプロボノ活動について紹介する。

法律救助基金

　大韓弁護士協会は生活に困窮した市民を援助し、コーズ・ローヤリングを促進する目的で、1979年に法律救助基金を創設した。本基金は会員からの寄付によって成り立っている(*3)。協会に属する法律救助事業会は、申請がなされた場合、援助の利用可能性を検討する。申請者に有利な判断がいったん下されると、申立手数料と弁護士報酬を含む全費用が訴訟中この基金から支払われることになる。訴訟を担当する弁護士は、基金から支払われる少額の報酬を除いて、訴訟当事者から追加の弁護士報酬を受け取ることは認められていない。援助を受けた当事者は、民事訴訟の場合、500万ウォンを超える額で勝訴した場合には、費用を償還することになる。この基金は、過去10年間に118件、年間では平均12件に対して援助を行なってきた。

　協会の新しい指導部は、会員となるための要件として一定期間のプロボノ活動を行なうことを義務づけるか、あるいは代替案として、弁護士に本基金への寄付を求めることにするかを、現在検討している。仮にそうなれば、法律扶助は拡大し、弁護士の公的イメージと共にその公益的責任も高まるであろう。さらに、基金の増加によってより多くの国民が援助を受けられるようになることはいうまでもない。

当職弁護士制度

　日本の（当番弁護士）制度をモデルとした当職弁護士制度が、1993年、ソウル地方弁護士会によって導入され、日本の制度と同じ仕組みで運用されている。それは刑事手続の起訴前段階にある人々を援助する目的で創設されたものであり、それゆえ、当事者に対して刑事手続の最初の段階から適切な弁護を与える有効な手段として賞賛されている。国選弁護人が起訴後の被告人に対してのみ選任される場合を考えると、この制度は起訴前の刑事事件の被疑者にとって重要なメリットを持っている。

　この制度は、現在では全国に普及している。韓国の全弁護士の3分の2が所属するソウル地方弁護士会の場合、会員の約15パーセントがこのプログラムに参加している(*4)。1993年の採用から1999年5月28日までに、当職弁護士が援助を提供した事件の数は全体で5,469件であり、そのうち862件では引き続き弁護を依頼された。弁護士報酬も、依頼人のために、最低額、たとえば1件につき100万ウォンに制限されている。

　皮肉なことに、そのメリットにもかかわらず、この制度の利用者は減少している。依頼人は、司法過程において優先的な待遇を受けるであろうより経験豊富な弁護士を望んでいるようである。あるいは、事件ブローカー（訳者注：尹教授のもう1本の論文を参照）が自らの既得権益のために行動しているのかもしれない。

特定の集団に対する法律相談

　ソウル地方弁護士会は、苛酷で、かつ不利な状況に置かれた外国人労働者のために、法律相談センターを1994年に開設した。外国人労働者について、賃金支払いの遅滞、業務上の事故、残虐な取扱い等に関する多くの報告がなされている。95人の弁護士がこのプログラムに参加しており、昨年（1998年）までに約500件について助言がなされている。

　1996年以来、大韓弁護士協会もまた法的サービスを提供し、将来的な法律問題の発生を防止するために、小・中規模の企業に対する相談プログラムを開始した。それらの企業がわずかな額の会費を支払うと、プログラムに参加する弁護士が要求に応じて必要なサービスを提供することができる。昨年までに、218人の弁護士がこのプログラムに参加し、約4,800件について相談が行なわれ

た。このプログラムは、あまり競争力を持たない企業に対して、経済的負担をかけずに、法的サービスに対する大変有効なアクセスを提供している。

NGOによる活動の出現

　民主化に伴い、韓国社会は市民団体、いわゆる非政府組織（NGO）の繁栄を迎えることになった。逆説的なことであるが、長い間続いた独裁主義的支配は、公的な問題について意見を主張する反体制派の人々を多く生み出した。独裁主義的支配が後退するにつれ、それらの活動家の多くが市民団体の中で特定の公的利益を追求するようになった。社会変革や貧困者の援助に関心を抱く団体は、彼らの法的権利を守るために弁護士の援助を必要とした。市民団体に引き続き、地方自治体や公的機関も、必要な人々に対して法的サービスを与えるプログラムを創設し、強化した。

　こうした雰囲気は、弁護士にプロボノ活動のための新たな舞台を与えた。生活に困窮した市民に対するプロボノ法律相談に加えて、弁護士はそうした組織と提携して、自分達の専門的技能と知識を提供することが可能になった。社会変革を目指す組織は様々な専門家の協力を必要とするが、弁護士のプロボノ活動は彼らの目標を有効に達成するためには不可欠である。

　これらの団体に関わる典型的問題は、若干のものを挙げると、人権、女性の地位、労働者の地位、消費者保護、環境保護、経済正義などである。本稿では、公益的弁護士活動において顕著な役割を示してきたいくつかの団体を紹介する。

韓国家庭法律相談所

　本団体は1956年、「家庭の平和は世界の平和」というキャッチフレーズの下に、韓国で最初の女性弁護士である李兌栄女史によって設立された。その主たる目標は、女性の権利と家族問題に向けられている。法律扶助と公益的弁護士活動に関する限り、本団体は韓国において、最も長い歴史と最もすぐれた実績を誇っている。1998年時点で、韓国内に27の支部、アメリカ合衆国に7つの支部がある。さらに、本団体は、1988年に法律扶助法人として法務部に登録されて以来、政府からの補助金を受けている(*5)。

　本団体の目的は、家族問題に関する無料法律相談の提供と並んで、家庭内で

の諸問題を防止するための教育プログラムを実施することから成り立っている。本団体が重要視しているのは、最終手段としての訴訟と共に、調停と仲裁である。遠距離での対応も、手紙および電話での相談という形式を用いて、利用可能である。法律専門職ではない相談員が、フルタイムあるいはパートタイムの職員として勤務する一方、弁護士によるサービスも提供されており、必要な場合には、600名を超える弁護士からのプロボノの法的サービスを提供している。

本団体は、100万件以上の事件で無料法律相談を提供してきた。しかしながら、訴訟を通じた援助は、年間20ないし30に限られており、本団体が大きな成功を収めているのは、法廷外での紛争解決である。その主たる目標は、個人的な問題からの救済と紛争解決であり、たとえば、テストケースなどを通じた社会変革を重要視してはいない。ただし、本団体は、家族法改正運動への取り組みを始めている。

一つここで注目すべきことは、本団体が学部段階の法科大学生に対して、臨床的トレーニングのための理想的な場を提供してきたことである。1965年という早い時期から、臨床法学が、本団体と提携する形で、梨花女子大学校法科大学の正規のカリキュラムに取り入れられてきた。法科大学における臨床法学コースは韓国では一般的ではなく例外である。梨花女子大学校は学生に臨床法学コースの履修を義務づける唯一の大学であると思われる(*6)。このプログラムは、韓国家庭法律相談所が取り上げるのと同様の問題を扱う、多くの組織で働くボランティアの相談員を供給する主要な源泉になってきた。

YMCA市民中継室

本団体は1978年に設立された。その目的は、生活に困窮した市民や、消費者の苦情、権利や利益を侵害された人々、あるいは多数の人々に拡散的に及んでいる少額損害を被っている人々などに対して、法的サービスを提供することである。その活動範囲は、外国人労働者を含めて、市民からの些細な苦情にまで及んでいる。14,000件近いケースにおいて相談その他の法的援助を与えてきた。法廷での訴訟を通じた援助は、年間では平均20件である。1998年4月現在、59人の弁護士がこのセンターの法律顧問として登録されている。

このセンターは、それが重要な意味を持つかどうかを考慮して、訴訟事件と

して選択する。テスト訴訟、クラス・アクション類似の集団的訴訟、あるいは国や公的機関を相手取った訴訟が利用可能である(*7)。訴訟では、約84パーセントの事件で勝訴を獲得しているが、大韓法律救助公団の成功率95パーセントと比較した場合には、それほど高いとはいえない。こうした高い成功率が可能なのは、大韓法律救助公団が勝訴の確率を訴訟へ持ち込む前の重要な考慮対象と考えているからである。他方、YMCA市民中継室には、あまりそうした傾向は見られない。受任事件の重要性あるいは意義もまた、大切な要因となっている。

訴訟の場合、当事者は申立手数料と基本的な弁護士報酬を支払う責任がある。その者が勝訴した場合、事件を担当した弁護士は追加の金銭的報酬を受けることになる。勝訴した者は、本センターに対して総額の1パーセントを寄付することが期待されている。

民主社会のための弁護士の集い

弁護士によって構成される本団体は、韓国語では「民弁」と略記されるが、とりわけ国家保安法や他の関係法令に違反する反国家的、あるいは公安に関わる活動や労働運動において、人権のためのコーズ・ローヤリングを行なっている(*8)。この団体が通常の刑事事件や民事事件を扱うことはない。本団体は公式には、1987年に民主的憲法が発効した直後の1988年から動き出したものであるが、弁護士グループとしては、1970年代以来、政治的な意味合いのある様々な事件で法的専門知識を提供することで、民主化運動に献身的に関わってきた。その勇気ある活動を通じて同僚からの幅広い共感の獲得に成功したことと、1987年の民主化運動実現後、周囲の状況が改善されたことによって、それらの弁護士達は、現在、若い弁護士達の幅広い参加を誇る本団体を設立することができた。

1998年時点で、弁護士会員が約250名で、その主たる任務は、法的助言を与えることよりもむしろ法廷で訴訟活動を行なうことである。会員の弁護士は順番に事件を割り当てられる。弁護士報酬は最小限か、あるいはときに無償の場合もある。過去10年間（1988-1997年）に扱われた事件の総数は1,074件である。これは、他の法律扶助組織が扱う訴訟代理と比較した場合、かなり大きな数である。

法廷訴訟代理を越えて、必要がある場合には、会員の弁護士たちは現場での調査を行ない、関連する機関へ報告書を提出する。また、拷問のような不法行為について公的機関を監視し、人権侵害を一般大衆に公表する。社会の変化と共に、環境保護や社会福祉を含む事件をカヴァーすることによって、その活動範囲は拡大されつつある。公益的弁護士活動に対する質と熱意という観点からみて、本団体は最善のものである。団体の会員である多くの弁護士は他の団体でも公益的活動を行なっている。

参与連帯

　本団体は、1994年に設立され、その歴史は大変浅いにもかかわらず、コーズ・ローヤリングの新たな様式を含めて、多くの点で重要である。この団体が取り組んでいるのは、参加型民主主義と人権の拡大、政府・司法・産業界における権利乱用の防止である。このグループは社会正義の擁護や、代替的政策の提示、国民参加の促進を通じて、その目的を達成しようとしている(*9)。本団体は、その予算を会費と寄付によって調達しているにもかかわらず、約40名のフルタイムの有給・無給のスタッフと多くのパートタイムのボランティアによって運営されている。

　本団体は、広範な監視プログラムと民衆による監視と改革にとって重要な領域でターゲットを絞ったプロジェクトを展開している。監視プログラムの対象には、司法、政治、財閥、海外の韓国企業、地方行政といった分野が含まれている。本団体がもう一つ取り組んでいることは、社会福祉、透明性の高い社会、市民の権利回復、少数株主の権利などに関する社会運動を組織することである。たとえば、この団体は、司法過程の監視、秘密警察活動に関する資料収集と記録化、重要な判決の検討、司法改革のための運動、そして、季刊誌『司法監視ニュースレター』の発行などを行なっている。この団体は、企業における少数株主の権利侵害を監視し、また、株主総会へ参加して少数株主の代理を行なっている。必要な場合には、誤った経営によって株主に損害を与えた取締役に対して訴訟を提起する。これらの幅広い活動は、100名以上の弁護士を含む約300名の外部の専門家の参加と協力によって行なわれている。

　問題の性質に応じて、大学教授、エコノミスト、公認会計士といった人々とチームを組んで活動することもある。予想されるように、この団体に対する

需要が最も大きい仕事は、弁護士活動である。パートタイムのプロボノ活動は、その目標を有効に達成するには十分ではない。それにはフルタイムで働く弁護士が必要であるが、市民団体で弁護士を雇うために高額な報酬を支払うのはほとんど不可能である。幸いにも、この団体は、無給でフルタイム働く弁護士を3名雇うことに成功している(*10)。弁護士が非営利組織において、フルタイムで、特に報酬を受けることもなく働くというのは珍しいことである。

　これらのフルタイムのプロボノ弁護士たちは、いかにして収支を合わせているのだろうか。彼らは本団体で自らの責任を果たす一方、団体の通常の活動の一部として訴訟を提起し、依頼人から報酬（あるいは、成功報酬）を受ける地位にある。担当する事件の性質に応じて、訴訟金額はかなりのものになる(*11)。事務所の賃借料や事務員給与は請求しないものの、彼らの弁護士活動に対して報酬を支払えないような訴訟はほとんど存在しない。加えて、彼らは様々な活動に従事した際、それに関する本を執筆するための豊かな情報源を見出し、その出版を通じていくらかの金銭を得ることができる。こうしたことも彼らの経済的困難を緩和する役に立っているだろう。

　もちろん、こうした仕組みは、本団体が先進諸国で実際に行なわれているように、弁護士を有給で雇えるだけの基金を確保できるまでの一時的なものであるべきである。NGOの歴史が浅く、それに対する一般的な意義もそれほど浸透していない韓国では、NGOがフルタイムの職員として弁護士を有給で雇えるようになるには、政府からの補助金による援助がない限り、しばらく時間がかかるだろう。

　弁護士を雇うにあたり本団体が用いている仕組みは、どうしてもフルタイムの弁護士を職員として必要とするNGOにとって、新しい様式である。そうした団体で働くことで、自らの公共的目標（public cause）を自覚している若い弁護士たちもよい経験をすることになるだろう。また、それは、彼らの専門的知識を向上させるすばらしいトレーニングの場ともなり得る。

　上記の4つの団体を紹介したのは、弁護士活動が通常の活動の、主たるまたは重要な部分となっているからである。自分達の目標を追求するに場合に弁護士活動を利用する団体は他にも多くみられる。たとえば、「環境運動連合」（1993年設立）あるいは「緑色連合」といった環境に関わる団体は、自らの主張のために訴訟を提起したり助言を与えてくれる法律アドバイザーとして、10

数名以上の弁護士を抱えている。もう一つ有名なNGOとしては、1989年に設立された「経済正義実践市民連合」がある。30名以上の弁護士がプロボノでその活動に参加している。「韓国消費者連盟」や「ソウル女性の電話」もまた、アドバイザーとしてプロボノ弁護士を有している。自らの目標を実現する一つのシステムとして弁護士活動を用いる団体は、他にも多数存在する。

展望

　弁護士数が極端に制限され、弁護士費用が極端に高い一方、政府による独裁主義的慣行が深く根づいている韓国社会では、法的援助に対する需要は目に見えて明らかである。国家主導の法律扶助プログラムに加えて、市民の不満や法的困難な状況に対処する様々な団体が存在するが、それらの活動は、依然として法的な援助を求める高度な要求に十分応えるには至っていない。しかしながら、より民主化された状況の中で市民団体が増加するのに伴い、プロボノ活動は、弁護士にとって、より望ましいものと見えることになるだろう。弁護士の増加も、公共的目標と社会的責任に多くの関心を抱く者を生み出す一因となっている。市民団体の活動の向上と弁護士の増加は、明らかに弁護士によるプロボノ活動の拡大を促している。

　公共的弁護士活動の大部分は、市民団体によって、その目的を達成する手段として弁護士の参加を得て行なわれている。それは、個人の不服や損害に対する補償を求めることによる場合もあれば、社会改革のためのテスト訴訟や新しい法案の起草による場合もある。

　弁護士へのアクセスが依然として低いところでは、非法律家による相談活動は大変際立っている。その中にはフルタイムで働いている者も、パートタイムで働いている者もいる。有給の者もいれば、そうでない者もいる。そして、有給の者であっても、その給与は最低限である。臨床法学プログラムは、そうした非法律家による法律相談を提供するための豊かな源泉となっている。このプログラムを通じて、学生たちは法的専門知識を習得・向上させるだけでなく、社会問題に対する意識を高められもする。彼らはその結果、市民団体で働こうとするきっかけを見つける場合が多い。この点において、臨床法学プログラムは他の法科大学校にも拡大されるべきである。しかしながら、現在の司法試験が、その利用を可能にするための大きな障害になっている[*12]。

市民団体から法的援助を受けた人々も、そうした団体と公的問題に関心を抱くようになる傾向がある。援助を受けた後、彼らはそうした団体にボランティアで参加する。こうした市民団体による積極的な役割は、より多くのボランティア活動家を再生産する一因となるだろう。

　全般的に見て、有効な公益的弁護士活動のために、我々は市民団体で働くフルタイムの弁護士をもっと多く雇うべきである。それによって、さらに新しい弁護士業務の場が生まれる。そうした業務は専門化されるべきである。プロボノ弁護士がパートタイムで提供するサービスは、おざなりのサービスを提供するだけで、自己満足に陥る可能性がある。一般の弁護士によるプロボノ活動をいかに増加させるかということと同時に、フルタイムの公益的弁護士をいかに確保・増加させるかということが、我々が解決すべき次の課題である。

　政府もまた、公益的弁護士活動の重要性にさらに多くの注意を払わねばならない。公益的弁護士活動は政府の利益に反するものではなく、民主社会においてはそれを補完するものである。政府は公益的弁護士活動を促進する様々な手段を有している。経済的な補助金の提供が唯一の方法というわけではない。クラス・アクション制度の創設、法科大学校における臨床法学プログラムの促進、市民団体への寄付に対する税制上の優遇措置が、そのいくつかの例である。

訳者注：一般的概念としての法律扶助と韓国での固有名詞である法律救助のように、訳語を使い分けた場合がある。

*1——1999年は韓国の民主化プロセスにおいて重大な時である。現行憲法は、大衆の民主化要求に応えるべく施行された。
*2——たとえば、ソウル地方弁護士会は、年間で4,657件に法律相談を提供した。
*3——1999年時点で、基金の総額は7億2,000万ウォン（約60万米ドル）にのぼる。
*4——約2,500名の会員のうち366名がこのプログラムに参加している。
*5——本団体は、法律救助法（1986年12月31日法律3862号）3条に従って法務部に登録され、その結果、本法4条によって補助金の受給資格を有する唯一の機関である。
*6——本団体の創設者は、梨花女子大学校法科大学長を8年間務め、このプログラムの成功を導いた。

*7──クラス・アクションは韓国では認められていない。したがって、判決の効果は訴訟に参加した者にのみ及ぶ。

*8──この団体の詳細については、以下のウェブ・サイトを参照（http://minbyon.jinbo.net/about.htm）。

*9──詳細については、以下のウェブ・サイトを参照（http://www.pspd.org/about-e.html）。

*10──これら3名の弁護士が法科大学卒業生ではないことを、興味深い事実として挙げておく。

*11──たとえば、空港周辺の住民のために適切な騒音防止策を講じないことを理由に、空港管理当局に対して提起する訴訟を考えてみよ。

*12──同様に、司法研修院が市民団体において行なう臨床法学プログラムも拡大されるべきである。

……………………………………………【監訳】宮澤節生（早稲田大学法学部教授）
………………………………【翻訳】李 東熹(神戸大学大学院法学研究科博士後期課程）
………………………………………………………………………菅野昌史（同）

中国の社会正義問題および弁護士の公益活動

神戸大学大学院法学研究科教授　季　衛東

はじめに

　現代中国では、人々がマルクスの国家と法に関する理論に基づいて、私有制や資源分配をめぐる階級間対立の消滅を前提として社会正義を捉えてきたが、1989年から1999年にかけてかかる状況は本質的に変わった。すなわち、公共財産のインフォーマルな私有化によって、所有権関係が徹底的に再編成され、それに伴って貧富の格差が拡大したのである[*1]。しかし、国家イデオロギーも権力構造もほとんど従来のまま維持されているので、結局、資本は特殊な人間関係に媒介されながら急速に蓄積され、労働は選択の自由を持たずに自己責任、ひいては体制失敗の責任を背負うようになるにつれて、社会正義の問題が顕在化した。かかる問題の解決を図るには、もともと共産主義の呪縛から脱出するための思想解放および民主化を目指す政治改革は避けられないが、しかし、国民統合の見地から体制の抜本的な変動を抑え続けているのは現状である。まさにこうした背景の下で、中国政府は様々な弥縫策を講じて社会の不満と動揺を緩和し、とりわけ貧困階層に対する支援、弱者保護、社会保障諸制度の整備、個人的権利の司法救済および官僚腐敗の取締まりに力を入れ始めた。

　とはいえ、法律扶助も、その一環として位置づけることができる[*2]。たとえば、法律扶助制度の意義について、中国では次のような言説が繰りかえされてきた。いわく、「法律扶助は、新しい情勢の下に党・政府と人民大衆との親密な連帯を強化するためのもう一つの重要なルートである」。いわく、「法律扶助制度は、利益を人民大衆に与え、功績を党と政府に帰するという光栄な営為であり、社会主義体制の優越性を具現しうる」。いわく、「市場競争は一部の人々を先に豊かになれるようにしたが、法律扶助はすべての人々が権利の実現において平等であることを保障している」[*3]。これらの宣伝文句には、躍起になって統治の正統性危機を防止する中国政府の姿が映し出されているといってもよかろう。また、社会正義の問題を司法公正の角度から具体的に捉えるならば、

法律扶助を通して裁判へのアクセスを改善することは、様々な紛争や対立を体制内の解決の軌道に乗せるような効果もある。一方、現代中国の法学は近代欧米社会における裁判所の敷居の高さや弁護士の営利動機を厳しく糾弾してきたが、事実上、いま行なわれている法システムに対する改革は過去の理論と正反対の方向に進んでいる。その分だけ進行中の制度的変化と既存のイデオロギーとの自己撞着のゆらぎも増幅しつつある。だからこそ法律扶助という媒介項が一層必要になる。

　しかしながら、中国的状況設定を背景として、ある意味では、法律扶助があくまで一種の逆行的な進歩である。なぜなら、従来の法システムの下に、弁護士報酬を含めて司法関連のサービス全体は、そもそも形を変えた法律扶助とさえいえるような方式をもって、ほとんどただで社会へと提供されていたからである(*4)。弁護士報酬などの裁判費用がますます高価になるのは、1990年代に入ってからの出来事にすぎない。もちろん、かかる変化は歴史的必然性があり、しかも法治主義と権利保障の観点から見れば極めて必要でもある。それにもかかわらず、法務サービスの価格が向上するにつれて、一般庶民や貧困者階層が裁判を利用することがますます難しくなるという問題は無視できない。とりわけ彼らが弁護士報酬や裁判所手数料の減免を政府の提供すべき福祉として当然視していたから、その分だけ自分のすでに手に入れたものを奪われたように思いやすく、問題はより一層深刻である。それゆえ、中国政府は、法律扶助を強調するばかりか、弁護士事務所の義務としてそれを強制もするような独特な出方をせざるを得ない(*5)。

　では、政府の立場と違ったところの弁護士界からすれば、法律扶助にどんな意義があるだろうか。それを語るにあたってまず留意すべきなのは、国家権力から個人の権利を守るために断固として闘うような弁護士像が、現段階の中国ではまだ確立できていないという事実である。弁護士が相当の程度まで政治的に去勢されてしまった以上、その経済志向が強くなるのは自然的な成り行きであろう。実は政府にとっても、いわゆる「権利のための闘争」にそれほど熱中せず、ただ開発独裁型の市場秩序を形成し維持するに役立つような弁護士のほうが望ましい。しかるに、その結果として法律事務所の中に営利主義的傾向が強まり、弁護士のイメージもひどく傷つけられてしまった(*6)。そこで、有識者には法専門職主義的精神の空白および人民に奉仕するという司法原則の凋落を

憂慮する声が上がった(*7)。まさにこの延長線において、積極的な公益活動を通して、弁護士の威信失墜を防止しなければならないという考え方が打ち出されたわけである。言い換えれば、中国では、法律扶助義務に関する法律規定は、相当の程度まで日本弁護士法の基本的人権擁護の条項と同じような機能を果たしている。

　こうした統治の正統化を図る中国政府の動機づけおよび職業的理念や社会信頼を強化する弁護士の動機づけによって促進された法律扶助制度の整備過程を概観し、貧困者のために提供された法務サービスの主要な内容を社会変動の文脈において説明するのが、本稿の目的であるが、以下は、法律扶助制度の導入を規定する外部環境の因子、弁護士公益活動の実態、政策形成型訴訟における弁護士の役割および法律扶助の需給関係などを具体的に分析して、しかも法律扶助制度の社会機能を考えることに重点を置きたい。

法律扶助制度を規定する社会的要因

　法律扶助制度の整備をめぐって、1990年代半ばの中国の情勢は、1960年代半ばに「貧困撲滅プログラム」を実施していたアメリカのそれと多かれ少なかれ類似しているところがある(*8)。中国でも、法律扶助への関心は、貧困者扶助の難関突破計画（「扶貧攻堅計画」）の策定と遂行によって促進されたのである。1994年3月、中国政府が「第8回5カ年計画期間中の貧困者扶助の難関突破計画」を公表し、それから約7年間（第9回5カ年計画の期間を含む）のうちに8,000万人の貧困者の生活保障を実現するという目標を立てた。1995年3月、国連の首脳会議では、1996年を「国際貧困撲滅年」とする決議が採択された。これを受けて、1996年3月、中国の全国人民代表大会が「国民経済社会発展第9回5カ年計画および2010年遠景目標綱要」を採択し、中でも社会保障に関する法律体系の完備化を特に強調した。かかる国内外の情勢に応えるような形で、1994年4月に、中国司法部は法律扶助の制度化作業を本格に行ない始めた(*9)。1995年、司法部の関係機構が法律扶助海外視察団を派遣し、15カ国の関連資料を編訳し、制度設計のプランニングおよび地方での試行を始めた。1996年3月、国家法律扶助センター準備委員会が設置され、同年6月3日、司法部の「迅速に法律扶助機構を設立し法律扶助活動を展開することに関する通達」が発布された。その後、法律扶助の各方面に関する一連の具体的な規範文

書も次々と制定された。こうした中、貧困問題を解決するためのプログラムと結びつけられた法律扶助制度の意義について、『中国律師報』のある記者が「貧弱者に漕ぎついてゆくノアの箱船」という表現で謳歌したこともある(*10)。

　貧困者扶助の難関突破計画と並んで、中国において法律扶助制度の整備を促進したもう一つの重要な因子は、社会コントロール方式の転換および全面的市場化・商品化の流れに沿った弁護士職業の変容である。行政規制の緩和、法治原則の提唱に伴って、1980年弁護士暫定条例が示した、いわゆる「国家の法律工作者」としての弁護士の役割定義は、1992年の司法部意見によって、相当の程度まで修正され(*11)、そして、1996年の弁護士法によって、完全に書き直された。すなわち、法律事務所は第3次産業のカテゴリーにおいて捉えられ、弁護士は明らかな「在野的な存在」に脱皮し、まず経済的にはますますその独立性を強めていった。弁護士に依頼者に対する忠誠義務の観念を持たせるのはもちろん望ましいが、それと同時に、経営の圧力および高報酬の誘惑が、程度の差こそあれ、弁護士達の行動様式を変えたのもまた事実である。かかる状況の下で、法律扶助制度はなければ、貧困者階層は十分に法務サービスを受けることができまい。一方、法律扶助は、既存の国家出資による公設法律事務所にとって、そのままの態勢で時代に適応できるような専任スタッフ型の公益的法務サービス機構へ移行してゆき、一筋の活路を切り開いた次元での意味もある(*12)。しかも、物事をうまく運んだ場合には、制度改革のコストの節約と法律扶助の実務水準の維持という「一石二鳥」の効果さえ収められるかもしれない。

　法律扶助制度の整備を促進した第3の要素として、弁護士職業の性格上の変化と関連しあう司法改革が挙げられる。1980年代末から推し進められてきたこの改革は、裁判の方式に当事者対抗主義的要素を組み込んで、法廷弁護のレトリック、手続的攻防の策略および挙証責任の分配をめぐる交渉技術の重要度を向上させた。法律事務の取扱いにおける弁護士の独占的地位がいまだに規定されていないが、法律専門家に依頼しなければ、訴訟の場において勝負できないような事態が確かに形成されつつある。しかしながら、まさにその時に、弁護士制度の改革を通して、法務サービスの専門化が進み、弁護士費用も日増しに高価になる。そこで、多額の弁護士費用を負担する能力を持たない当事者にも法務サービスを届けるように扶助を提供することは、「法の下の平等」原則や

司法公正を実現するために不可欠である。

　なお、ある意味では、司法行政管理に新しい手法を用いる動機づけも、法律扶助制度の整備を促進した潜在的な要因として理解することができる。この点について、司法部副部長、後に国家法律扶助センター主任をも兼任する張耕は、1995年1月23日に提出した報告の中に次のように指摘している。

> 「法務サービス活動の改革の深化につれて、法務サービス機構およびその人員がどのように経済的収益と社会的効果との関係を正しく処理するかという問題はとりわけ重要になる。かかる方面では、法務サービス人員に対する教育を強化するほか、関連の諸制度を整備し、制度的保障を図らなければならない。法律扶助制度の設立は、法務サービス人員が社会に対しての義務を尽し、法務サービス活動の社会的効果を高めることに有利である。と同時に、この制度は、司法行政機関および弁護士、公証、基層法務サービス活動の社会的地位の向上、その社会的影響の拡大にも有利である」[*13]。

　確かに、法律事務所の経済的独立性が強化されたにもかかわらず、弁護士会による職業自治のメカニズムがいまだに作動されていない現状の下で、司法行政部門には、義務規定や資金提供で手を打つ余地のある法律扶助制度を通して、弁護士活動の間接的な管理を行わざるを得ないという暗黙の了解があっても不思議ではない。実は、中国関係当局がそれよりさらに広く法律扶助の社会管理機能を捉えていることさえも垣間見られる。たとえば、司法部前部長蕭揚は、次のように語った。

> 「法律扶助制度を設立し実施することの目的は、単に費用の減免で当事者に法務サービスを提供するだけではなく、法的調整と規範における「盲点」を最大限に除去し、もって法律に定められた社会関係の具現を確実に保障することにもある」[*14]。

　また、1996年11月に開かれた全国第1回法律扶助に関する理論研究・討議および経験交流のコンファレンスにおいて、彼は次のような話をもした。

「法律扶助は、貧弱身障者などの特殊な社会集団に向けて活動する以上、比較的直接で迅速に社会の動きを反映する機能をも果たせる。法律扶助の情報ルートを通して、党と政府が即時に社会安定に影響を及ぼしうる動向や徴候を把握し、様々な隠れた危険をその萌芽状態において取り除くことができる」(*15)。

こうした言説は、中国政治の文脈において解読しなければ、その意味内容が極めて理解し難いだろう。しかし、司法行政機関が管理方式の転換を余儀なくされる中、政府行為として位置づけられた法律扶助制度から、弁護士事務所との新しい接点を見つけ出そうとするその行動様式は、それなりの必然性がある。とはいえ、かかる社会管理機能こそ、中国における法律扶助制度の整備を促進した第4の要素である。

弁護士公益活動の多様な組み合わせとネットワーク方式

ほかの分野における制度化と同様に、法律扶助の場合も、実験主義的な発想に基づいて、異なる地域で異なるモデルの試行を経験した。その中から、主に3つの基本的類型が現れたと思う。まず第1の類型は、社会ベースのボランティア活動によって支えられた法律扶助のプログラムである。1992年5月に武漢大学で設置された「社会弱者権利保護センター」は、その最も典型的な実例として挙げられる。当該センターは、当初に武漢大学法学会の会員30名と大学院生10名の若手志願者によって構成され、「弱者を保護し、正義を伸張し、愛情を蒔き付ける」というスローガンを掲げた。その後、多くの大学法学部や専門的研究機構にも貧困者およびマイノリティを対象とする法律扶助プログラムが登場した。第2の類型は、アメリカ流の専任スタッフ方式を参考にして設立し、政府予算の補助金で運用される専門的な法律扶助事務所である。中でも特に著名なのは、広州市政府の財政的サポートを受けて、公益活動の専任弁護士を有する広州市法律扶助センターである。そして、第3の類型は、最も一般に見られているが、ヨーロッパ大陸のジュディケア方式を取って、法律基金会の資金による弁護活動を各事務所でそれぞれ行なうという法律扶助の方式である。地方試行の段階における北京の経験はその端的な現われとして見ることが

できる。なお、基金会の資金源は主に政府出資による場合もあれば、主に弁護士会の会費収入から一定の比率で引き出した特別経費による場合もある(*16)。

しかし、以上に述べた3つの基本類型が絶対的なものではなく、互いに峻別することが難しい。ほとんどの法律扶助活動が、むしろこれらの類型を異なる構成パターンで組み合わせたものに近いともいえる。たとえば、広州市法律扶助センターは、専任スタッフ方式を主としているが、実際上ジュディケア的要素をも取り入れて、分散的な公益活動の調整機能をも果たしてきたのである。これに対して、武漢市弁護士会の法律扶助プログラムはジュディケア方式を主としながら、各事務所のボランティア活動にも力を入れた。その延長線において鄭州市モデルがあり、各法律事務所のボランティア活動に重点を置くようになっている。なお、まったく対照的に、上海市の浦東モデルは、専任スタッフ方式とジュディケア方式との混合形態に強制義務の要素をも織り込んだのである。

1997年5月20日に発布された司法部の「法律扶助活動の展開に関する通達」は、中国的法律扶助の概念内容を示している。それによれば、「(1) 法律扶助とは、国家が設立した法律扶助機構の指導と協調の下で、弁護士、公証人、地域法務マン(「基層法律工作者」)などの法律サービス人員が、経済的困難を有する当事者または特殊な事件の当事者のために、費用を減免して法的支援を提供する制度のことである。(2) 司法部は法律扶助センターを設立し、もって全国の法律扶助活動を指導し調整する。……(5) 弁護士事務所、公証所、基層法務サービス機構は、所在地の法律扶助センターによる統一協調の下で、法律扶助を行なう。(6) その他の団体、組織、学校で展開される法律扶助活動は、その所在地の法律扶助センターからの指導と監督を受ける」(*17)。ここでは、司法行政機関の一部門である法律扶助センターを結び目として、多様な法律扶助の組織、類型、方法などが併存しながら、状況に応じて絶えずそれらを組み合わせてゆくような公益的法務サービス提供のネットワークが姿を見せている。それは、法律扶助のネットワーク方式と呼んでもよかろう。

中国の法律扶助センターは、自ら専任スタッフを招聘して公益的弁護活動を行なうほか、弁護士法の法律扶助義務条項(42条)に基づいて、多少強制的な形で法律扶助事件(とりわけ刑事弁護事件(*18))をその管轄範囲内の弁護士に割り当てることができ、また、輪番弁護士プログラムを通して各法律事務所

に「参勤交代」型のセンターでの公益奉仕をさせることもできる(*19)。したがって、中国における弁護士の公益活動が高度に組織化した性格を有し、その中で政府の法律扶助センターは極めて重要な役割を演じている。現段階では、司法行政機関が法律扶助義務条項および法律扶助センターの調整力を活用して、法務市場に対するマクロ・コントロールの強化を図るというような事態が避けられないだろう。しかし、その結果、法律扶助プログラムの独立性・公平性に対する市民の不信および弁護士の不満は次第に高まってくる可能性が大きい。かかる不信と不満を防止するために、法律扶助センターを政府の司法行政部門から独立させてゆく改革は、遅かれ早かれ求められるに違いない。

　法律扶助件数の統計を1997年の末に行ない始めたが、1997年以降の年度別データはまだ公表されていない。けれども、この期間中、一部の省・市の統計数値を見るだけでも、かなり多数の貧弱者が法律扶助のメリットを確かに享受できたことがわかる。たとえば、広東省では、1999年6月現在、合計7,737件の刑事裁判、2,911件の民事裁判に法律扶助の適用が認められたほか、のべ80,000件の無料法律相談も行なわれた。その評判が大変よかったと報道される(*20)。全国の統計数値について、1998年度の結果だけが公開された。すなわち、この1年間に法律扶助事件の受理件数は80,000件余り、無料法律相談の件数はのべ100万件余りに達したのである(*21)。なお、最近では、失業労働者の中に、租税、労働、婚姻家族、社会保障などの面で法律扶助を求める声が高まっている(*22)。しかし、その一方で、法律扶助が弁護士に有利な一つの新しいビジネスではないかという懐疑論もあれば、逆に有能な弁護士が収益の少ない法律扶助事件を敬遠するという傾向も見られたのである。

クラス訴訟、法律扶助および弁護士の役割

　クラス訴訟の重要性がその政策形成機能および弁護士による圧力集団作りにある。中国現行民事訴訟法55条では、クラス訴訟について次のような規定が設けられている。

「1　訴訟物が同一の種類であり、当事者の一方の人数が多く、訴えを提起する時に人数がなお確定していない場合には、人民法院は、公告を発し、事件の状況および訴訟上の請求について説明し、権利者に一定の期間内に

人民法院に登記するよう通知することができる。
2 人民法院に登記する権利者は、代表者を選任して訴訟を行なうことができる。代表者を選任することができない場合には、人民法院は、登記に参加した権利者と協議して代表者を確定することができる。
3 代表者の訴訟行為は、その者が代表する当事者に対して効力を生ずる。ただし、代表者は、訴訟上の請求を変更し、もしくは放棄し、相手方当事者の訴訟上の請求を承諾し、または和解する場合には、代表される当事者の同意を得なければならない。
4 人民法院が下す判決および裁定は、登記に参加した権利者全員に対して効力を生ずる。登記に参加していない権利者が、訴訟時効期間内に訴訟を提起した場合には、その判決および裁定を適用する」。

中国の法解釈学上、「共同訴訟の代表者訴訟」を定める54条と区別して、55条の適用対象について「集団訴訟の代表者訴訟」という表現を用いているが、その概念内容はクラス訴訟のそれとまったく同様であるように解される(*23)。

クラス訴訟制度を中国に導入することのきっかけを作ったのは、農業生産請負契約に違反して農民の利益を侵害するような権力者側の行為に対する訴訟が、1985年以降に大量発生したという事態である。その最も早く、かつ典型的な実例として挙げられたのは、1985年3月に安岳県の種籾生産農家1,569戸を代表して田安契ら複数の関係農民が水稲種子の売買契約をめぐる紛争について同県の種子会社を訴えた事件である(*24)。この訴訟では農家側が勝訴した判決が言い渡されて、社会に大きな反響を引き起こした。その直後、簡陽県の桔梗栽培農家2,324戸が蒼溪県龍山区農業副産物運輸販売部および簡陽県草地区供給販売協同組合を訴えた事件（1986年）が生じた。近年来、このようなクラス訴訟がより頻繁に行なわれてきたのみならず、農民による「依法抗争」の様相さえ見られる(*25)。

農村だけではなく、都会でもクラス訴訟が多数に現われた。その代表的なものとして、蘇州市の住民22世帯が市の電力局を訴えた事件（1987年）、広州市のタクシー運転手54人が同市中発タクシー連合経営会社を訴えた事件（1988年）、晋城市の住民11人が「割増金つき貯蓄」の規定に違反したことについて同市の郵便局を訴えた事件（1988年）などが挙げられる。なお、国務院の「国

営企業労働争議処理暫定規定」(1987 年発布) 4 条によれば、裁判外の紛争解決にもクラス訴訟と類似するような処理方式が採用される。この暫定規定は、1993 年の「企業労働紛争処理条例」の施行に伴って廃止されたが、条例のほうが労働に関するクラス訴訟の可能性を開いたのである。1990 年代に入ってから、特に消費者権益保護法に基づくクラス訴訟の増加ぶりが注目に値する。そのほか、代表者による製造物責任訴訟、公害訴訟などの事案も見られる(*26)。

　では、クラス訴訟において、弁護士がいったいどのような役割を、どのようにして果たすべきだろうか。かかる議論はまだ公に行なわれていない。実際に弁護士がクラス訴訟に重要な影響を与えたというような例もまだ極めて稀である。弁護士とクラス訴訟の関係を印象づけた最初の事件は、おそらく 1994 年 1 月に北京市の二人の弁護士が当事者として、しかも 80 余名の乗客を代表して航空便の不適切な取消しによる損害の賠償請求を提起したことであろう(*27)。当時のマスコミおよび法律界では、今後の航空運輸業の賠償基準、消費者権益保護、約款問題などをめぐる政策形成を視野に入れて、事件への関心が極めて強かった。ほぼそれと同時に、山西省芮城中級人民裁判所が果樹栽培の 1,031 農家によるクラス訴訟を受理した。この場合には、原告側が弁護士報酬を分担する形で北京市の弁護士に依頼したのである(*28)。

　クラス訴訟に法律扶助を適用する可能性が高いのは、事故による多数者死亡の場合の弔問金給付、災害などが発生した場合の救済金給付、規模の比較的大きい労働補償問題、特定の貧弱者集団の権益などに関わる事件である。特に国有企業と行政機構の改革に伴って、レイオフや失業の状態に置かれる人口が急速に増加している現在では、仕事を持たない労働者階層の様々な権利保障が法律扶助の緊迫の課題としてクローズアップされたのである(*29)。このために、司法部法律扶助センターは、1998 年 5 月 26 日に、国有企業のレイオフ・失業労働者に積極的に法律扶助を供与することに関する通達(司援通字 [1998] 002 号) を発布した。なお、この問題と関連して、中国司法部は、かつて厳重な欠損状態にある国有企業や集団所有企業のような法人をさえ法律扶助対象の範囲に入れるように検討したことがあるが、激しい意見対立を引き起こした(*30)。実践上、身体障害者企業や社会福祉施設や教育機構に法律扶助を提供した例も報道された(*31)。しかし、1997 年発布の司法部「法律扶助活動の展開に関する通達」は、法律扶助の対象を自然人に限定して、法人を除外するようにした。

司法部が「法律扶助試行条例」を起草して、関係部門の意見を求めていたが、それはまだ実定化されていない。したがって、法律扶助の基準が司法部の一連の関係通達によって定められているのが現状である。中でも刑事法律扶助および民事法律扶助についてそれぞれ具体的な規定を設けた司法部と最高裁の連合通達が二つの柱をなす。一方、地方のレベルでは、法律扶助に関する法規や暫定規則などが数多く制定された。そのうち、クラス訴訟および社会における大規模な異議申立を視野に入れた法律扶助に関する条項も見られる。たとえば、「広州市司法局法律扶助試行弁法」16条が次のように規定している。

「下記の案件または事由があれば、法律扶助センター主任の批准を得て、審査手続きを経ず直接に法律扶助を提供することができる。
　(1) 人民裁判所指定の刑事弁護；
　(2) 養老費、扶養費、養育費、弔問費の請求；
　(3) 法律扶助センターが充分の理由に基づいて次の判断を下した場合：
　　①当該事件に法律扶助を認めなければ社会秩序に混乱をもたらし、大衆に悪影響を与え、類似事件の発生を助長する恐れがあること；
　　②法律扶助制度の設立、完備にとって切迫した実践的意義があること；
　　③確かに法律扶助を必要とするその他の特殊な事情があること；
　(4) 市の政府および主管部門が即時に法律扶助を提供する必要性を認めた場合」(*32)。

　法律扶助センターの独立性、公正性を堅持する観点からみれば、この条文に問題がないとはいえなかろうが、クラス訴訟への法律扶助および弁護士による公益活動の社会影響という別の観点からみれば、(3) の規定内容が極めて興味深い。
　中国の法律扶助が積極主義的な性格を見せた例も存在している。たとえば、「青島市弁護士法律扶助試行弁法」11条は、「当事者が申請していないにもかかわらず、市の法律扶助センターが法律扶助を提供すべきであると判断した場合には、法律扶助センターは主動的に法律扶助を提供することができる」と定めている。続いて、同弁法12条は、「弁護士が本弁法第10条と第11条に列挙された事項について法律扶助を提供する際に、法に従って調停を行なうことがで

きる。ただし、調停は法律扶助を受ける当事者の利益を損ねてはならない」とする(*33)。また、1997年3月に司法部と農業部が連名で発布した「農業および農村活動における弁護士機能の一層強化に関する通達」も、農村の社会安定と経済発展を促進するために、弁護士による「法律宅配サービス」、「法的な貧困者扶助プログラム」および積極的な法律扶助を提唱している(*34)。

法律扶助の需給におけるジレンマ

　上述のような野心的な目標を掲げる中国の法律扶助制度は、しかし、資金の問題に悩まされている。最近、あるジャーナリストが「法律扶助も扶助が欲しい」という皮肉を込めた大見出しで、関連記事の特集を法律新聞紙に掲載したほど、この問題は深刻化しつつあるのである(*35)。中国における法律扶助の資金難は、主に二つのジレンマとして現われている。

　一つのジレンマは、法律扶助を政府行為として位置づけて、しかも自由職業に変身した弁護士事務所に対する新しい管理方式の意味合いをその中に織り込ませた以上、国家的予算を中心にその資金面のサポートを考えなければならないが、法律扶助の需要規模のほうが極めて大きいから、それは比較的低い負担能力しか持たない財政を圧迫している。司法部の法律扶助関係者の試算によれば、潜在化している法律扶助案件の年間平均件数は38.5万件にのぼり、アメリカの基準（貧困者の約1万人ごとに2名の法律扶助専任スタッフを用意しておくこと）に照らして、最小限2万人に近い法律扶助専任の弁護士、3億人民元余りの法律扶助専用の資金を必要とする(*36)。しかし、現状はこの計測数値と余りにもかけ離れている。

　もう一つのジレンマは、地方のイニシアチブの下で弁護士会の集金活動や企業などの寄付行為による法律扶助基金の形成という視座から見れば、経済発展の立ち後れた地域ほど資金難が厳重になり、逆に法律扶助の需要規模が大きくなるような厄介な現実の中にある。したがって、法律扶助制度の設立と運用には各地方の間にも格差が開かれている。貧困な地域では、貧困者が法律扶助を得ることは経済発展の先進地域よりもっと難しくて、裁判利用に対する経済的支援は必ずしも一番必要な人々に届くことができない。

　といっても、先進地域では問題がないわけでもない。実際には、広東省のような豊かな地方でさえ、資金難が顕在化している。様々な報告資料を綜合して

分析すれば、広東省の法律扶助資金はこれまでの5つのルートを通して形成されてきたことがわかる。すなわち、①財政予算から支給される経費（約法律扶助資金総額の68パーセントを占める[*37]）、②司法行政部門から支給される経費（主に国家出資による公設法律事務所への資金投下など）、③弁護士会の集金（たとえば、広州市法律扶助経費の主要な出所は各弁護士事務所の年度業務収入から0.5パーセントの比率で差し引いた掛金である[*38]）、④裁判所による指定事件の補助金、訴訟費免除および敗訴者負担の確定など[*39]、⑤社会寄付（寄付収入が極めて少ない）である。これらの諸項目をあわせて、1997～1998年の2年間、広東省の法律扶助経費の総額が1,278.34万人民元になるが、社会の需要を満たすことができず、法律扶助申請の受付を拒否せざるを得ない事態さえ生じてしまった。そこで、いわゆる「法律扶助最低経費保障制度」――住民一人当たり年間0.1人民元を基準にして計算する政府負担低料金の訴訟保険制度――設置する提言が唱えられ始めた[*40]。

中国法律扶助基金会が1997年5月に正式に成立した。その時点で、政府出資の登録基金210万人民元と社会寄付金1,050万人民元だけが基金会の活動基盤をなしているにすぎなかったが、将来の発展目標は10億人民元と設定されたのである。かかる基金をどのように管理・運用するかの問題も残っているが、その使途は経済発展の後進地域および相対的により貧困な階層に重点を置くように予定している[*41]。

資金難による法律扶助の不十分さを緩和するために、中国では様々な代替的な工夫物も考案されている。たとえば、地域法務マンや公証人を法律扶助の主体としたこと、大学法学部の教官や学生による無料法律相談および法律扶助機構の設立[*42]、退職法曹で構成される法律扶助専任スタッフ、労働組合・女性連合会・青年団などの社会組織による特別法律サービス、人民調停委員会や「信訪」という苦情処理機構など既存のインフォーマルな紛争処理メカニズムの活用、等々。

むすび

法律扶助は、貧困者に無償で法務サービスを提供して、もってその権利を保障する制度であると同時に、弁護士に公益活動を通して法専門職主義の理念を陶冶する機会をも与える。こうした過程において、法律扶助事件担当の弁護士

はより直接に社会の政治的力関係の非対称性や経済的不平等などの構造的な問題に直面せざるを得ない。したがって、貧困者の集団ないし全体に対する救済、訴訟を通しての政策や法規範の形成、構造的病理現象を取り除くための改革を図る意欲も沸き立てやすいだろう。この意味で、法律扶助によって法の改正や社会改革が促進されるという可能性が確かに存在している。

しかし、中国の場合には、既存体制の正統性危機の回避ひいては弁護士活動に対する司法行政機関の管理の改善にも法律扶助を用いる傾向も多少見られる。しかも異なる社会理念を抱える利益集団の法廷闘争については、法律扶助の方式で弱者側を支援して政治的力関係のアンバランスを是正するというような理解の成り立つ余地がまだ極めて厳しく制限され続けている。たとえば、最近の気功団体法輪功のメンバーの大規模な異議申立についての裁判の場合には、弁護士に依頼する権利さえも相当の程度まで侵害されたという報道がある。かような背景の下で、鳴物入りで登場した法律扶助も、実は開発主義的政府によってガス抜きの手段として利用されえたという一面をも持っている事実は否めない。

それにもかかわらず、中国における法律扶助制度の整備はもちろん歓迎すべき進歩的な措置である。それを手掛かりとして、社会の底辺にもがいている貧困者や弱者も、権利のための闘争について徐々に目覚めてくるに違いない。また、弁護士の行動様式も多かれ少なかれ人権擁護の方向に沿って変化するのだろう。その結果、権利、平等、民主などの言説と結びつけるような法システム全体の変革をなし崩し的に推し進める気運も高まってくるかもしれない。

なお、現段階では、中国の法律扶助機構が、次のような二つの極めて重要な任務に取り組んでいる。一つは、これまでの試行経験、司法部通達の執行状況および各方面の問題提起に基づいて、法律扶助に関する包括的な法律を制定することである(*43)。もう一つは、法律扶助経費や担い手の問題を解決し、都会だけではなく、県のレベル以下の基層社会（とりわけ失業労働者や貧しい農民）へも効果的に法務サービスを届けることである。かかる作業がこれから果たしてどのように展開してゆくか、いわゆる「法的社会主義」を促進するか、それとも権利のための闘争および社会の多元化を促進するかについては、注意深く見守りたい。

*1──李 培林（編）『中国新時期階級階層報告』（瀋陽：遼寧人民出版社、1995年）によれば、都市と農村の一人当たりの収入比例は、1985年の1.72:1から1994年の2.60:1に拡大した（10頁）。都市部でも収入の格差が大きくなりつつある。たとえば、1992年に、個人経営者の平均的貨幣収入はサラリーマンのそれの3～5倍に達しており、私営企業家の場合はその数字が10倍以上跳ね上る（11頁）。また、全国人口3パーセントに及ばない高収入者の銀行貯金額は国民貯金総額の28パーセントを占め、その一人当たりの平均貯金額は全国一人当たり平均額の6倍、農村部一人当たり平均額の18.3倍に相当する（351頁）。国家統計局の統計によれば、1995年末、全国の貧困者人口が約1,500万にのぼり、相対的貧困人口を入れて約4,000万にもなる。何清漣『現代化的陥穽──当代中国的経済社会問題』（北京：今日中国出版社、1998年）222頁から引用。なお、1995年以降、中国における貧富の格差が一層急速に拡大されてきた。中国戦略與管理研究会社会結構転型課題組「中国社会結構転型的中近期趨勢與隠患」『戦略與管理』第30号（1998年）7頁によれば、1998年半ば現在、全国の農村地域の絶対貧困人口が約6,500万である。この数値は1992年の8,000人、1994年の7,000万人より若干減少したが、都市部の失業による貧困者の人数は大幅に増えた。

*2──中国司法部前部長蕭揚は、中国法律援助基金会成立大会の講演においてこの点を明示している。『中国律師』1997年第8号5頁による。

*3──さしあたり、張耕＝宮暁氷（編）『中国法律援助制度誕生的前前後後』（北京：中国方正出版社、1998年）20-21頁を参照。

*4──Cf. Ji Weidong, "Legal Aid in the People's Republic of China: Past, Present and Future", in Louise G. Trubek & Jeremy Cooper (eds.) *Educating for Justice Around the World; Legal Education, Legal Practice and the Community* (Aldershot: Ashgate Publishing Ltd., 1999) pp.93-117, esp. pp.95-97.

*5──1996年公布の弁護士法42条に、「弁護士は国家の規定により法律扶助義務を負い、職務を尽し、被扶助者に法律サービスを提供しなければならない」という規定が設けられている。なお、法律扶助の質を保証するために、共同法律事務所管理弁法（1996年司法部令42号）13条④号は、「法による法律扶助義務の引受け」を事務所パートナーの義務の一つとしている。

*6──拙稿「人権保障と弁護士の役割」土屋英雄（編）『現代中国の人権──研究と資料』（東京：信山社、1996年）311頁以下に詳しい。

*7──たとえば、茅彭年＝李必達（編）『中国律師制度研究』（北京：法律出版社、1992年）494頁以下、江平「做人與做律師」『中国律師』1997年第8号15頁以下。

*8──アメリカについて、G・ベロウ「貧困者への法的サービス──アメリカの状況」M・カペレッティ（編）『正義へのアクセスと福祉国家』（小島武司＝谷口安平編訳、東京：中央大学出版部、1987年）63-92頁を参照。

*9──1994年1月に中国の法律扶助に関する問題提起がすでに行なわれたが、各国の経験に照

らして制度整備を行ない、かつ専門的な機構を設けるように動き出したのは、1994年4月12日の司法部部長指示以降のことである。張＝宮・前掲書*3 257頁。

*10 ― 孫継斌「駛向貧弱者的諾亜方舟――中国法律援助在行動」蕭揚＝張耕（編）『探索有中国特色的法律援助制度』（北京：法律出版社、1996年）99-112頁を参照。

*11 ― 司法部「弁護士活動の一層進んだ改革に関する意見」『中国律師』1992年第5号4-9頁。1993年、司法部がさらに新しい弁護士の役割定義に基づいて弁護士制度改革の深化に関する方案を制定し、かつ全国でそれを実施するように命じた。

*12 ― 青鋒「国弁律師事務所：転制還是転向」『中国律師』1995年第11号6頁。

*13 ― 張＝宮・前掲書*3、105-106頁。

*14 ― 蕭揚「建立有中国特色的法律援助制度」蕭＝張・前掲書*10、4頁。

*15 ― 張＝宮・前掲書*3、19頁より引用。

*16 ― Cf. Ji, supra note *4, pp.106-108.

*17 ― 『中国法律年鑑』1998年巻（北京：中国法律年鑑社、1998年）803頁。

*18 ― 最高裁＝司法部「刑事的法律扶助活動に関する連合通達」1条による。『中国法律年鑑』1998年巻（同上）802頁。

*19 ― たとえば、上海市の浦東モデルはその代表的な例となる。「浦東新区法律扶助プログラム」によれば、新区におけるすべての法律事務所は定期的に法律扶助センターへ当番弁護士を派遣しなければならず、すべての弁護士は法律扶助センターから割り当てられた事件のうち少なくとも年間1件を担当する義務がある。張＝宮・前掲書*3 67頁を参照。

*20 ― 『法制日報』1999年10月11日付による。

*21 ― 『法制日報』1999年3月28日付による。

*22 ― 『法制日報』1999年10月17日付による。

*23 ― たとえば、馬原＝唐徳華（編）『民事訴訟法的修改與適用』（北京：人民法院出版社、1992年）53-55頁に詳しい。

*24 ― 中国経済法判例研究会による判例全文の翻訳および福田博美による解説が、『日中経済法律センター会報』第13号（1987年4月）18-23頁に掲載されている。

*25 ― Cf. Kevin J. O'Brien & Li Lianjiang, "The Politics of Lodging Complaints in Chinese Villages", *China Quarterly* No.143 (1995) pp.756-783; Li Lianjiang & Kevin J. O'Brien, "Villagers and Popular Resistance in Contemporary China", *Modern China* No.22 (1996) pp.28-61; Kevin J. O'Brien "Rightful Resistance", *World Politics* Vol.49 No.1 (1996) pp.31-55.

*26 ― さしあたり、江偉ほか『中国民事訴訟法の理論と実際』（小口彦太ほか訳、東京：成文堂、1997年）69頁以下を参照。See also, Benjamin L. Liebman, "Note: Class Action Litigation in China", *Harvard Law Review* Vol.111 No.6 (1998) pp.1523-1541.

*27 ― 袁江「二律師『牽団』状告航空公司」『中国律師』1994年第4号30-32頁。

*28 ― 呉軍「『紅富士』変海棠果農憤怒、律師幹旋調解円満成功」『北京律師』1995年第1号28-29頁。

*29 ― たとえば、朱偉東「下崗者需要那些法律幇助」『法制日報』1999年10月17日付。

*30 ― 張＝宮・前掲書*3、12-13頁、186-188頁、陳相明「論我国法律援助的対象」蕭＝張・前掲書*10、59-61頁、宮暁氷「探索中的中国法律援助制度」『中国法律』1996年第3号15頁、廖中洪「我国法律援助制度的基本構想」『現代法学』1997年第4号98頁などを参照。

*31 ― たとえば、王頴超「貧者得助、愛洒人間——法律援助在大連」『当代司法』1997年第5号24頁。

*32 ― 張耕（編）『法律援助制度比較研究』（北京：法律出版社、1997年）の付属国内資料部分、244頁。

*33 ― 同上、249頁。

*34 ― 『中国法律年鑑』1998年巻、前掲*17、180頁を参照。

*35 ― 遊春亮「法律援助望援助——為建立法律援助最低経費保障制度呼喚」『法制日報』1999年10月11日付第3面。

*36 ― 宮暁氷＝高貞「中国法律援助制度的実践、探索與前景（下）」『当代司法』1997年第6号13頁による。

*37 ― 遊・前掲文*35による。

*38 ― 張＝宮・前掲書*3、52頁による。なお、武漢市の場合には、このような掛金が弁護士会の年度会費収入の10パーセントを差し引いて形成される。鄭州市では、各事務所の業務収入から1パーセントの比率で直接に徴収し、事務所ごとに単独口座を設けて使用するようになっている。同書66-67頁、83頁を参照。

*39 ― 最高裁は、2000年7月12日に、貧困者へ訴訟費用の減額、免除および延期納付の扶助（司法救助）を供与することに関する規定を制定した。

*40 ― 遊・前掲文*35による。

*41 ― 張＝宮・前掲書*3、212-224頁に詳しい。地方の一部の弁護士が法律扶助基金の全国統一運用および貧困地域の重点化を特に強く求めている。さしあたり、張全意「貧困地区実行法律援助有関問題的探索」蕭＝張・前掲書*10、208-211頁を参照。なお、法律扶助基金の管理問題について、余亜勤「関于法律援助基金的運作初探」同書212-216頁を参照。

*42 ― たとえば、北京大学「女性法律研究・服務センター」、武漢大学「社会弱者権利保護センター」など。

*43 ― 劉仁文「制定符合中国国情的法律援助法」『法制日報』1999年10月18日付。

臨床的法学教育による公益的活動

アメリカ

コミュニティへのサービスと法学トレーニングを結びつける

臨床的法学教育

ウィスコンシン大学ロースクール　ニナ・カミック

臨床プログラムの教育機能

　アメリカのロースクールの法律学の学位は、大学院段階で法律学についての3年間の厳しいプログラムを経て与えられる。ロースクールのカリキュラムには、当然のことながら、財産権や不法行為、刑事法、契約、憲法などといった主要科目が含まれている。ごく最近になって多くのロースクールのプログラムに付け加えられているのは、ロースクールのリーガルクリニックに参加して一定数の単位を修得するという選択である。これらの科目は必修ではない。病院でインターンシップを経験することが例外なく医学生に求められるメディカルスクールとは違って、ロースクールでは、クリニックでのインターンシップはほとんど常に選択的である。そして多くの学生は、通常の教室形式の科目のほうを好み、クリニックに参加するのは選ばない。

　だが、多くの学生がクリニックを避けるのだとしても、同じほど多くのロースクールの学生がそのようなプログラムに参加したいと思い、参加するために順番待ちの長いリストをしばしば作るのはなぜだろうか。それには多くの理由がある。

　第1に、学生達は、教室で行なわれる理論的分析から離れて、法理論が実務においてどう現われるのか、探り出したがっている。彼らは「現実の世界」で演じられるような具体的トピックが持つ意味を自分で理解したいのだ。そして、それゆえに、正式に法専門職の一員になると直ちに要求されることになる課題に極めて近い仕事をやっと手掛けることができるプログラムを、学生達はたいそう熱烈に歓迎するのである。

　クリニックに人気があるのは、たいていは成績評価をしないことにも理由がある。私が教鞭を執っているウィスコンシン大学ロースクールでは、学生はロースクールで1年を過ごした後の夏に始まる臨床の単位に、履修登録することができる。そして法学教育を受ける残り2年の間、臨床の単位を取り続ける

ことができる。臨床の単位を1学期ないしは2学期以上取る者はわずかしかいないが、これらは競争によって成績評価がなされる他のクラスから一息つく場を提供してくれる。クリニックは「合格」あるいは「不合格」で成績が登録されるが、学生が課題をやり終えたら、「合格」は確実なのである。

臨床コースでは、学生は将来の仕事にと考えている具体的な法分野を試すことができる。学生が今後、家族法や刑事法で専門化しようと思っているのであれば、そうした分野の臨床プログラムが自分達の興味を試す貴重な機会を創り出してくれる。多くの学生は、自己の関心がはっきりしていない。そこで、自分達を一層奮い立たせてくれそうな分野や、将来にとってよい選択ではまったくないとわかる分野で働く機会を、彼らは歓迎するのである。

臨床プログラムは、伝統的に限られた数のコースしか提供されない夏学期に開講されるので、学生にとって、これらのプログラムは、夏の数カ月間、学問の世界と職場とを橋渡ししてくれる魅力的な方法である。クリニックに参加しない学生はたいてい、夏の間働き、しばしば、ロースクールでのトレーニングを終えれば将来にわたって雇ってくれるかもしれない法律事務所での仕事を見つける。夏の間クリニックで働くのを選んだ学生は普通、単位と、出費のいくらかをカバーするかもしれない手当ての両方を手にする機会を得る（多くのクリニックには、夏学期の学生が少額の助成金を手にできるよう予算が組まれている）。臨床担当のスタッフの監督の下で、彼らは何カ月間かフルタイムでの臨床の仕事に打ち込むことができる。その間、彼らは、法的調査と書面作成、依頼者への法律相談、審理の準備を行ない、行政機関や立法機関に顔を出し、こうした仕事に対する単位と、時には金銭的な埋め合わせとを手にできるのである。

コミュニティへのサービス

クリニックが最初にロースクールのカリキュラムに導入されたとき、クリニックを推進する者は、必要な法的サービスを低所得のコミュニティに提供するという役割を強調することで、クリニックの存在を正当化した。法的代理の費用は、今日でもそうだが、大多数の人々にとっては法外なものだった。法律上の離婚に苦労してたどり着くのであれ、雇傭主を訴えるのであれ、弁護士のサービスに対する支払いが、平均して1時間あたりの最低賃金の30倍に達し

ているような国では、個人は自分達の法的権利を十分には行使できなかったのである。その結果、多くのアメリカ人は、裁判所や行政機関といった法機関へのアクセスを剥奪されていた。ただ刑事手続においてのみ、被疑者・被告人は公設弁護人（public defender）──法的サービスに対する費用請求をせずに、州が提起した訴追に対して弁護を行なう弁護士──をつけてもらうことができることができたのだった。1960年代に、連邦政府の資金拠出による法律扶助事務所がアメリカ全土に現われた。こうした法律扶助機関（legal services corporations）──それらはそう呼ばれた──は、負担荷重で十分な報酬を受けていない弁護士をスタッフとしており、彼らは、民事訴訟事件で法的主張をめぐって争っている膨大な数の人々に無償で代理を提供するために出動しようとしていた。アメリカには、貧困で社会的に不利な境遇にある集団の法的ニーズに適切に応じるのには到底足りない数しか弁護士がいなかったのだ。しかも、連邦の緊縮財政により保守的な財政政策という昨今の趨勢の中で、こうした事務所に対する資金拠出が削減されだすにつれて、法的代理が必要な者のうちのごくわずかしか、これまで法的サービスに接していなかったことが、明らかになった。ロースクールに設けられたリーガルクリニックは、他の方法では法的ニーズを満たす機会をほとんど持っていない層の住民のためにロースクールが活動する、具体的な機会を提供したのである。

　多くの学生やスタッフは、無償の法的サービスや法的弁護の提供を必要としているコミュニティを対象に活動することは、まさに、弁護士になる者の中核に対してサービスという発想を植えつけるためにロースクールが行なうべきことであるということを、発見した。ロースクールの学生の中でも少数の者は、プロフェッションに関する自分達の選択はサービスに対する信念に導かれたものだと、すでに理解していた。だが、ロースクール卒業後は営利的な法律事務所で働くつもりでいる学生の中のかなりの数の者も、社会的に不利な境遇にある集団に援助を提供する機会を歓迎したのである。彼らにとって、臨床プログラムはそうした活動に参加する場を提供してくれたのだった。

臨床プログラム──選択すべき多くのモデル

　現在のところ、主要ロースクールのほとんどは、カリキュラムの一部として臨床プログラムを提供している。だが、利用可能なプログラムの種類につい

て、ロースクール間の一貫性はない。そこで、臨床カリキュラムを構成する際に最もよく用いられる多様なモデルをいくつか記し、次いで、私の所属するウィスコンシン大学ロースクールでの臨床経験について論じることにしよう。

　臨床法学教育をカリキュラムに十分に組み込んでいるロースクールでは、クリニックに参加する学生の監督にかなりの時間を割いてくれる臨床担当の法学スタッフが配属されている、学内の (in-house) 臨床プログラムの存在に、学生は気づくであろう。だが、たとえロースクールが、学内に十分に発展したクリニックにスタッフをあてがうのを躊躇している場合でも、エクスターンシップ・プログラム (externship program) の設置を認めることにより、クリニックに似た機会を提供することは可能である。このモデルの下では、学生はロースクールの外部にある組織に配属される。社会的に不利な境遇にある人々を特定的に対象として活動する非営利団体や政府機関は数多い。それらの中には、ロースクールの学生による助力を歓迎するものもある。組織の性格にもよるが、学生は、組織のスタッフの弁護士が監督する下で、いくらでも問題を扱うことができる。環境団体や高齢者支援組織、消費者保護機関、これらはいずれも学生のエクスターンの活動から恩恵を受けていると思われる。教育という点からいうならば、エクスターンシップ・プログラムは、ロースクールに所属する所定のスタッフが監視しておれば、最も成功を収める。そうした監視を行なわないならば、学生の労働力が濫用される可能性がある。クリニックは、第一義的には自分たちが提供する教育上の特典として位置づけられるということを、ロースクールは覚えておかなければならない。ロースクールのスタッフが監視することによって、学生が適切に監督されていること、彼らが有能な弁護士と自分達の経験について議論する機会があること、そして実際に法律業務に従事していて、無意味な事務手続に忙殺されているのではないことが保証されるのである。

　臨床プログラムを分類する別の方法は、生の依頼者 (live-client) に接する機会を提供するプログラムがある一方で、学生にシミュレーションを通して経験を得させるプログラムもあることを認識することである。生の依頼者を用いるクリニックは、まさに現実の法律問題を抱えた依頼者を相手に活動する機会を提供する。明らかに、コミュニティにとっても学生にとっても、それによって得られる利益は非常に大きい。学生は、プロの弁護士の活動にかなり似た課題

をこなすよう求められる。臨床担当のスタッフが、当該依頼者の代理人として選任された弁護士として活動し、学生が独力でやり遂げられる仕事の量や、どの程度特に注意深く監督する必要があるかを、決定し得るのである。この種のクリニックには大きな欠点が一つある。それは、現実の法律問題が、ロースクールの学生のスケジュールや、彼らが必要としている複雑さのレベルに合っていないことである。時期が必ずしもロースクールの学期に合致してはいないし、学生が注意を払いながら自分のペースでこなせる話題に問題がうまく収まらないかもしれない。法律問題が臨床コースで学生の費やす期間内に解決できないこともしばしばある。これに対して、シミュレーション形式のクリニックは、臨床教員に対して、学期内に効率よくスケジュールが収まっていて学生の理想的な学習経験に必要な難易度にちょうど合った問題を、創り出す機会を与えてくれる。しかもシミュレーションでの代理活動は、学生の能力や習熟度を基に教官が適切だと考えるペースで進められる。しかし、当然のことながら、シミュレーション形式のクリニックはコミュニティに何ら利益をもたらさないし、教室での演習よりも実務志向的であるとはいえ、実際の法律実務の一連の流れを経験する機会を学生に与えてくれはしない。

　臨床プログラムを分類するもう一つ別の方法がある。臨床プログラムがすべて依頼者に基礎をおいた代理に焦点を当てているわけではない。代理されない層の人々全体のために活動する機会を提供する臨床プログラムもある。こうした集団支援（group advocacy）クリニックは、紛争に対する裁判所の裁定を通してではなく、立法的ないしは行政的支援を通して人々の生活の改善を図るものである。学生は意思決定機関に出向くことや十分な資源を持たない人々や法律や行政手続の変更で大きな恩恵が得られる人々の福祉に対する関心を高めるために、メディアや他の支援団体と共にうまく活動することを学ぶ。個人依頼者に基礎を置く（client-based）クリニックが個人の法的ニーズに焦点を当てるのに対して、集団支援クリニックは多くの人々の生活に大きな変化を引き起こそうとするのである。

　学生に求められる法的活動の点でも、クリニックには様々のものがある。上訴審クリニックでは、上級審で審理されるケースの上訴趣意書を作成する機会を学生に提供する。刑事法クリニックは、当然のことながら刑事分野における経験を提供するのに対して、民事法クリニックは民事訴訟から生じるケースの

みを手掛けるのである。

　ロースクールの臨床担当のスタッフが、極めて特定化された具体的分野で臨床プログラムを監督することもあり得る。アカデミック・スタッフが自分達の専門知識や関心の反映したコースを教えるために雇われているのとちょうど同じように、ロースクールは、自分達が提供している臨床コースの中の一定の分野を強調することにしたり、特定分野の法実務で十分に経験を積んだ臨床スタッフを雇ったりすることもあり得る。クリニックは、次に挙げるような具体的な実務分野において実践的トレーニングを提供するために創られてきた。すなわち、エイズ罹患者に対する法的サービス、消費者保護、環境保護、発達不全者（persons with developmental disabilities）の支援、家庭内暴力の被害者の代理、老齢者保障法、家族法、健康に関する法、少年司法、労働法、不動産賃貸借人間の紛争、貧困者に関する法一般などである。それぞれのクリニックは、当該プログラムが有する資源に応じて、広汎な分野に基礎を置いていたり、特定の分野に高度に特化しているかもしれない。一つのロースクールに、臨床の機会がいくらでも存在することもあれば、資源を高度に集中させた結果、中核的プログラムがたった一つ展開されているだけかもしれない。

ウィスコンシン大学ロースクールの臨床プログラム
―― 家族法クリニックの詳細な検討

　我々のロースクールが提供する臨床について記すことで、ロースクールが臨床プログラムをカリキュラムに設ける際に行なう選択について描写する助けにしたいと思う。とりわけ、私が監督するクリニックである家族法クリニックについて、より詳細に検討することに集中しよう。

　ウィスコンシン大学ロースクールの場合、群を抜いて大きな臨床プログラムは、法的代理を州の刑務所の被収容者に提供するというものである。おおよそ12名の弁護士が学生と一緒に活動し、刑事上訴、（認知や離婚、子どもの扶養といった）家族内の法律問題に関しての被収容者に対する助言、犯罪被害者と犯罪者との和解調停、有罪確定後の刑事法上の問題をめぐる活動といったプロジェクトを支援している。ロースクールの学生は、依頼者の代理をするのに必要な法的技能のトレーニングを受け、矯正制度や、身体拘束が人に及ぼす影響について、より深く理解するようになる。

さらに、別の臨床プログラムである刑事弁護プロジェクトでは、優れた刑事弁護人になるのに必要な原理や技能をロースクールの学生に教えている。臨床スタッフが監督する下で、学生は軽罪や交通犯罪で告発された貧困者の代理を行なう。依頼者が最初に出廷してから終局決定に至るまでの代理の全局面にわたって学生が直接に責任を負うのである。

　ロースクール所属の公益的法律事務所である公共代理センター (the Center for Public Representation) では、学生は個々の依頼者の代理の域を超えた公益的実務について学ぶ。学生は臨床スタッフと共に、法案の起草やロビイングに携わり、社会的に不利な境遇にある人々のコミュニティ同士の連携を築く、生の経験をし、コミュニティの法律教育に広く携わる。近年では、彼らによる支援は、医療の提供や通信サービスの利用しやすさにまで及んでいる。

　消費者法訴訟クリニックでは、個人で弁護士を雇えない消費者のために訴訟分野で活動することにより、弁護活動の技能を発展させる機会を学生に与えている。学生は、個人のケースとクラスアクションの双方で活動するが、それらは不実表示や詐欺、保険金請求に対する悪意の拒否、反トラスト法違反、信用詐欺、不正な債権取立てを含む、様々な問題を網羅している。

　最後に、ウィスコンシン大学ロースクールで私の管理している家族法クリニック (FLC) について簡単に記して、臨床活動が直接提供するサービスの構成要素を明らかにすることにしよう。FLCが設立されたのは、おおよそ5年前で、児童虐待や育児放棄の嫌疑で法廷に引き出された親が弁護士を雇うことができず、それゆえに自分自身を防御できなかったり、ときには不当に、また常に感情を高ぶらせるような形で、プライベートな生活に介入されるのを防ぎ得ないことに、裁判官が危惧したことによるものだった。子どもたちは家庭から引き離されて、長期にわたって里親による保護の下に置かれる一方、両親は、子どもたちが戻ってくるための条件を設定する法的手続に、十分な知識を持って参加することができない状態にあった。FLCは、そうした訴訟手続が州の裁判所で開始される低所得層の家族に、無料の法的代理を提供しようとするものである。私の監督の下で、学生は子どもの両親に対して、申立書、裁判に提出される訴答書面、答弁の選択、彼らが取り得る手段について説明する。また彼らは、子どもの両親に対して設定される条件が確実に公平かつリーズナブルなものになるよう、当該ケースを担当するソーシャル・ワーカーと共に活動す

る。最後に、彼らは両親の出廷の準備をし、訴訟手続の終局決定段階に入れば、長期的な見通しについて家族に助言する。家族が学生による助言から利益を得ることは確かである。こうしたケースでは、法的手続だけでなく、貧困、家族というもののダイナミックス、および社会環境の複雑な相互関係を読み解くために費やされる時間とエネルギーはとても貴重であり、法専門職が提供し得るものを凌駕している。

　FLCはまた、これら以外の家族法分野のケースも受けつける。ソーシャル・ワーカーは、家庭内の様々な法律問題において課題を抱えている依頼者と日常的に関わる。そうした問題の多くは、夏学期の科目の中で素早く効果的に処理することが可能である。依頼者の中には、様々な家庭内紛争で法的代理が幾度となく必要となり、何年間もFLCと関わりを持っている者がいる。家族法のケースは法廷に満ちている。だが、かなりの数の依頼者が、民間の弁護士に法的支援を求めるだけの十分な資源を持っていない。FLCは数少ない支援の源の一つになっている。そしてロースクールの学生にとって、FLCが扱うケースは、法的手続だけでなく、貧困と法の微妙な相互作用についても省察的な議論を可能にしてくれるのである。

結論：リーガルクリニック
──リーガルクリニックは存続するか？

　アメリカのロースクールのリーガルクリニックは、少なくとも過去30年間にわたって、目立つ存在であったのであるが、その足場は不安定な状態にある。ロースクールは、臨床法学教育に関する理論を受け入れてはきたが、臨床プログラムに対して必要な資源や支援を割り振ることについては、必ずしも乗り気であったのではない。クリニックを維持する費用の問題が解決していないのだ。クリニックはスタッフ一人当たりの学生の数が少ないため、非常に費用がかかる。たいていの臨床担当スタッフは、プログラムの性質にもよるが、3人から10人の学生を監督している。多くのロースクールが採用してきた、批判されている方法は、臨床担当スタッフの給与を通常のスタッフの給与よりはるかに低く抑えておくというものだった。理論上は、臨床担当のスタッフは、クリニックで数年過ごしたら、法律家の社会の中で別の地位に移るであろう。しかしながら、労働市場では法律家が多数存在しており、そのような移動がい

つも容易というわけではなかった。臨床スタッフであることのプロフェッションとしての職業的満足度が一般的に高いことも伴って、低賃金の問題に対する不満が蔓延しているにもかかわらず、臨床担当スタッフはロースクール内にいつまでもとどまってきたのである。

　かなりコストのかかる臨床プログラムをロースクールで維持するもう一つの方法は、臨床担当スタッフに教室での教育の責任をも負わせるというものであった。こうすることにより、臨床家ははるかに多くの学生全体を相手に活動することができる。このことの利点は数多い。臨床家は所定の分野の実体法に一層通じるようになるし、はるかに多くの学生や他のスタッフと活動することから利益を得ることもしばしばである。その結果、臨床プログラムは、いくぶんか孤立した性質を失う。ロースクールもまた、スタッフが不足している講義を教える意思のある貴重な教員集団を手に入れるという点で、利益を得る。そして彼らは、書かれたテキストを凌ぐ実践的な専門知識を教室に持ち込む。当然のことながら、重いケース負担とアカデミックな教育負担をともに課することによって、臨床家を負担荷重にする危険がある。こうした問題は個別に対処する必要がある。

　私自身の所属するロースクールでは、上記の二つの方法、つまり臨床家への給与を低く抑える方法と彼らに通常の教室での教育に携わることも求める方法を組み合わせた方法を採用している。それにもかかわらず、臨床のポストには容易にスタッフを採用することができ、転職率は非常に低い。いかなる地位であっても教育に携わることは、多くの弁護士にとって、プロフェッションとしての魅力的な目標なのだ。臨床担当のスタッフにとって、コミュニティに大いに必要とされるサービスを提供することから得られる利益は、法へのアクセスを持たない人々を支援するという個人的目標をも満たす、魅力的なものなのである。

……………………………………【監訳】宮澤節生（早稲田大学法学部教授）
……………………………………【翻訳】上石圭一（新潟大学教育人間科学部助教授）

タマサート大学の臨床教育と法サービスの配備

歴史的・個人的観点から

タマサート大学教授　マリー・プルエクオングサワィー

はじめに

　法学教育とは、人間社会の平和的福利のために、秩序を保ち正義を守るためにその知識、技術、インスピレーションを使うことが期待されている「法学者」の学習プロセスである。法学教育は理論的要素と実務的要素をあわせ持っている。それは決して価値判断から解放されたものではなく、よい社会の創造を目的とした一つの判断科学である。著者は、法律学は、法的諸原理がどのようなもので、またそれらの諸原理をどのように適用するのかということを理解することにより、全体論的アプローチに基づき研究されるべきであると考える。さらに、法的諸原理はそれらが関係者を公正に扱っているかを確認するために、定期的に見直されなければならない[*1]。

　実習教育は法律学の研究と適用の実務的な側面を担っている。それは、各国における法システムや法学教育を形作っている、社会経済、政治的発展といった、より幅広い文脈の中で議論されなければならない。シャム(タイ国の旧称)におけるそのような発展は、それぞれ「1932年革命期前」、「1932年革命期後」と呼ばれる二つの主要な時期を通じて進展してきた。1932年革命期後はさらに「1976年軍事流血クーデター期前」と「1976年クーデター期後」に分けることができる。

　本論文は、タマサート大学における実習教育と法的サービスがいかにして発展してきたかの背景的な情報として、タイにおける法学教育の歴史的発展を概観するものである。この発展の参加者の一人として、私はこれらの活動の将来的展望に関する私自身の個人的経験、分析、また概念をここに提供するものとする。

歴史的観点における法学教育

1932年革命期前と土着の法システム

法の概念および法源

　1932年革命前、シャムは絶対君主国家であった。シャムの王権は仏教概念であるダルマ・ラジャ（Dharma Raja）、すなわち正統的で啓発された王に強い影響を受けたものであったとされている(*2)。

　シャムの前近代的な法システムは二つの主要な法源にその基礎を置いている。一つは成文化されていないシャム慣習法であり、もう一つは成文化されている、ヒンドゥー教を基礎にした古代インドの法律である、マヌ法典、あるいはダルマサトル（タマサート）に由来するものである。しかしながら、シャム人が採用した法律はモン（Mon）によって仏教的な概念に修正されたものであった。

　主要な概念は、法は自然より与えられたものであるということである。法は、誰かが創造するものではない。まして、王が創造するものでもない。法はダルマ（Dharma）そのものである。それは普遍的秩序として存在しているものなのである。原理に従うものはよい報いを得るが、その一方で、遵守しない者には自己破壊をもたらすとされている。最も端的なダルマの説明は、それらがすなわち自然の法則、あるいは因果関係の法則であることである。伝統的な諸概念は、習慣、法、そして正義は同一のものであり、すべてダルマの中に抱え込まれたものであるとされる。

　民主制の基礎である平等、博愛、自由の仏教的説明は、奥深く、現実的である。仏教では、すべての人類は、生まれ―衰え―死ぬ（Birth-Decay-Death）、という自然の法則の下において平等であるとされている。社会経済的、政治的地位にかかわらず、誰もその自然の法則から逃れることはできない。それゆえ、すべての人類は同じ運命を共有する友人なのである。したがって、人類はそれぞれが取り扱われたいように取り扱われるべきなのである。すべての人類、男子、女子は、自然の法則から逃れるための機会を平等に享受しており、生まれ、衰え、死ぬという肉体的、精神的なサイクルの進行を、仏教の教えを実行することによって止めることができる。ダルマの生き方を通して、彼らはその心と魂を浄化することができ、啓発されるのである。すべての人類の紛争と暴力は、憎しみ、欲望、迷いという3つの業によって引き起こされている。仏教は、すべての業から自己を制御する力を称える。仏教における自己内面化の過程を通じた自己抑制は、疑いなく国家統制ないし処罰の必要性を減少させるであろ

う。

法システムにおける西欧帝国主義の影響

　シャムの法概念は、ラーマ（Rama）4世の治世において変革され始めた。タイ女性による運動は西洋化の産物であるとの一般的な非難にもかかわらず、不公正な法的諸原理に反対するその運動は、それぞれ別の機会に王に対して請願を行なった二人の女性庶民によって引き起こされた。最初の女性、アンダエン・ムアン（Andaeng Muan）は彼女の両親により、意に沿わない男性と結婚することを強制された。二人目のアンダエン・ジュン（Amdaeng Jun）は彼女の同意なしで夫に売りとばされた。これら請願に対して、ラーマ4世は、女性を不平等に扱い、彼女らを水牛と同様に扱い、男性のように人間並みに扱わない古い法的諸原理を公式に非難し、女性のさらなる自由を許可する勅令を出した。

　西欧の帝国主義が拡張しなかったなら、ラーマ4世は、シャム国の秩序が維持されるように、一つ一つの事例が起こるたびに、それに対応して既存の法的諸原理を一つ一つ修正していくことができただろうし、また彼は仏教原理に訴えることもできただろう。なぜなら彼は国王になる前の27年間、聖職者であり、仏教原理に精通していたからである。しかし、シャム国は、西欧列強諸国、中でも特にフランスおよび英国により押しつけられた「武力外交」から逃れることはできなかった。ラーマ4世の治世は、シャムの法システムについて新たな1ページを開いたものと断言できるが、その最も重要な要因は、西欧の帝国主義であった。

　シャムは公式には西欧列強諸国の植民地とはならなかったが、英国により1855年ボウリング（Bowring）条約締結を強いられ、それに続いて貿易協定がその他の西欧の数ヵ国と結ばれた。西欧列強諸国やその国民はすべて、シャムの法や司法制度が文明的でないという理由から、治外法権という特権を享受していた。法的にも植民地状態にならないよう、戦略として、シャムは、シャムが西欧列強にとっての「認められる水準」となるように、大規模な行政改革、法制度改革、司法制度改革に着手していった。

　1892年から1935年にかけて大規模な改革が進められたが、この改革は、チュラロンコーン王（ラーマ5世、ラーマ4世の息子）の筆頭顧問として雇われて

いたベルギー人の著名な国際法専門の法律家グスタフ・ローリン－ヤコイミンズ（Gustave Rolin-Jaequemyns）のきめの細やかな指導の下で行なわれたものであった。この国家改革の一環として、ラーマ5世は、息子であるラピーパタナサク（Rapeepattanasak）王子を、法律を学ぶためにオックスフォード大学に留学させた。1897年には、ラピーパタナサクは近代化された法務省の大臣に任命された。彼は、新たな裁判所で働けるように、上級公務員を教育していった。新しい法典が成立した後、法学教育を行なうために、法務省の付属機関として王立法律大学院が設立され、学生は、大陸法を学ぶようになる。

　法的な諸原理や諸手続の複雑さに馴染んでいない一般の人々のために、法律相談を行なうことのできるような専門家が必要であることは、ラーマ4世によりすでに認識されていたことであった。また、ラピー王子も、学生が囚人に対する弁護活動を行なうことを奨励していたと記録されている(*3)。ラピー王子は、大胆で有能な法律専門家の生きた見本であった。ラピーの知名度は高く、現在に至るまで法律専門家から高い信頼を得ている。その理由は、彼が自らのモットーを「私の人生は奉仕である」と表現しているように、職業に対し献身的であったからである。

1932年以降の「未完の」改革
タマサート大学、プリーディ・バノムヨン（Preedee Banomyong）、および立憲的民主国家の始まり

　1932年6月24日、市民グループおよび軍幹部が、無血革命の中で権力の掌握に成功し、それによりシャムは立憲君主国家となった。1933年4月25日、司法省の付属機関であった法科大学は、当時唯一の高等教育機関であったチュラロンコーン大学の法政治学部法律学科に移された。

　チュラロンコーン大学の新しい法律学科が運営されたのは、わずか数カ月にすぎず、結局新たに1934年に設立された機関であるタマサート政治大学に合併されることになった。この新しい大学の英語名は、the University of Moral Science (Dharmasatr or Thammasat) and Politics (Kan-Muang)である。

　タマサート政治大学は、シャムは仏教原理に基づいた民主的支配を目指すという明確な目標を掲げている。タマサートの創設者は、1932年革命の民間指導者でありフランス法を専門とするプリーディ・バノムヨン博士である。革命

後、プリーディは、タマサート政治大学を含めたすべての民主的インフラを整備する上で重要な役割を果たした。彼は、大学における学問的・行政的役割とは別に、首相、内務大臣、外務大臣、大蔵大臣といった高い地位に就いた。平和と非暴力を尊重する仏教の教えに強い影響を受けながら、また一方でシャムのような小さな国家が生き残るための戦略は中立であるという明確なヴィジョンを持ちながら、彼は、彼の同僚や学生、上級官僚と共に、第2次世界大戦の間、連合国側を支持するための自由シャム運動という地下運動を始めた。自由シャム運動によりシャムは、敗戦国となることから免れることができた。さらに、すべての不平等条約について再交渉を可能にし、それにより西欧諸国との関係においてシャムはより平等な地位に就くことになった。この再交渉において、プリーディ・パノムヨンは、首相として、また外務大臣として重要な役割を果たしたのである。

タマサート政治大学は、入学者数に制限をつけず、広く大衆に教育の機会が与えられた最初の開かれた大学であった。入学試験はなく、授業に出席することも要求されなかった。しかしながら、入学希望者はある資格を満たさなければならなかった。大学の入学担当官は、学生の便宜のため、すべての村で任命された。6学期（3年間）の試験に合格すると、道徳学と政治学の学位が授与された。科目は、新しい法典に基づいた法律がほとんどであった。一般的な法律コースに加えて、経済理論、財政法、公法機関の規則および規制といった科目も用意されていた。シャム人と西欧人、特にフランス人とベルギー人の法学者がいた。

タマサート政治大学に入学した学生のほとんどは、学校の先生や下級あるいは中級レベルの国家公務員であった。卒業後、彼らは官僚機構や公共機関の中で新たに作り出された公共サービスを行なうことになった。

軍事独裁下（1947-1973）における法学教育

以上に述べたように近代化がイメージされ、それが現われているにもかかわらず、タイにおける民主主義は依然初期段階にあった。なぜなら、軍部が主導する右派が、血のクーデターを通じた介入を繰り返していたからである。一番最近起こった軍事クーデターは1991年で、また民主主義を主導するグループに対して起こった一番最近の大量虐殺は1992年の5月事件であった。

最初の軍事クーデターは、第2次世界大戦後の1947年に起こった。この軍事クーデターはプリーディ・バノムヨンと1932年革命の軍事的指導者であるピブーンソンクラム（P. Piboonsongkram）将軍との間のイデオロギー上の対立が激しくなって起こったものであった。第2次世界大戦後プリーディは、彼の任期中、現在の国王であるラーマ9世（King Rama IX）の兄であるラーマ8世（King Rama Ⅷ）が不可解な死を遂げたことと彼が関係しているのではないかという疑いをかけられ、政治的ライバルから非難を受けていた。クーデターの後、彼は中国に亡命し、1980年代はじめフランスにおいて82歳でこの世を去った。彼は亡命中においてさえ、国際的事象における数多くの場面でシャムを支援し続けていた。彼はまた、国王を暗殺していないことを証明する裁判で数多く勝訴した。

　クーデターの後、軍隊は新しくタイという名前に変わった王国を完全にその統制下においた。タイとは「自由な人々の土地」という意味である。しかし皮肉なことに、タイは1943年から1973年までの26年間、ピブーンソンクラム（1947年から58年）、サリット・タナラット（Sarit Tanarat）（1958年から1962年）、タノム・キティカチョン（Tanom Kittikachorn）（1962年から1973年10月）という3人の将軍に連続して支配されていた。戒厳令および1952年共産主義弾圧法が、事実上の国家の最高法規であった。プリーディ・バノムヨンと彼のタマサート大学の同僚による新しい立憲君主国家を建設しようという試みの第1段階は、1932年革命の後わずか15年間で終止符が打たれることになった。

　軍事独裁はタマサート大学に悪影響を与えた。なぜなら、タマサート大学がプリーディ・バノムヨンの拠点であるとして批判されたからである。民主主義・平和・社会的公正を勝ち取るためにプリーディに進んで協力していた学部の教職員と学生は、「過剰に政治化」されており、軍隊に反対するものであるというように見られていた。タマサート政治大学から政治的色彩を取り除くための方法として、首相であったピブーンソンクラム将軍は、1949年にタマサート政治大学の名誉総裁の地位に就いた。「道徳学と政治学」の単位を与えていた最初のカリキュラムは再編成され、法律学部、政治学部、経済学部、商学会計学部という4つの学部に分割された。「政治」を意味する「Kanmuang」は、大学の名前から消された。さらに、学生の入学者数を制限したり、授業に出席

することを要求したりして、タマサート大学は閉鎖的な大学となった。

　新しい法律カリキュラムは、純粋に「生活の糧」に直結する科目に集中されることになった。経済理論、財政法、公法的諸機関の規則や規制といったコースは、最初のカリキュラムである道徳学および政治学の一部であったが、除外された。

　1951年に海軍の起こしたクーデターは実を結ばなかったが、さらに深刻な影響をタマサート大学にもたらすことになった。それは、プリーディがそのクーデターに関係しているのではないかという疑惑を政府が抱いたからである。それにより、タマサート大学の資材は、残らずすべて没収されてしまった。大学のキャンパスは軍隊の監視下に置かれ、その後5カ月以上に渡り完全に占領された。教室での授業はキャンパスの外に移された。最後には、ピブーンソンクラム将軍が率いる内閣が、「軍隊使用」のためにキャンパスを防衛省に売る決定をしてしまった。さらに、チュラロンコーン大学の学生と同様、タマサート大学の卒業生が享受していた行政官になる特権やすべての特権が取り上げられた。学生達は、試験が近づくにつれ、自分達の将来に不安を抱くようになった。そこで、学生達は、政府に圧力をかけるために、メディアや、政治家や、タマサート大学の卒業生に訴えた。彼らはさらに、大衆デモを組織し、ついに政府から大学を取り戻すことに成功した。

タイにおける法学教育の現在

　タイの現在の法学教育について簡単に説明することは、実務的な法学教育に対する予備知識を提供するものである。

法科大学における学部学生のカリキュラム

　現在タイには、法学を教える公立大学が6つ、私立大学が16ある。これらは大学省（the Ministry of University Affairs; MUA）の監督下に置かれている。それは、一方で公立大学の入学者数を制限するため、もう一方で民間に法学部の設立を許すための政府の政策であった。その理由は単純で、民間部門は法学部を設立する財政的余裕があり、そしてまた教える人材を公立大学やそのほかの政府機関に頼ることができるというものであった。法学教育や法学の専門性や質の管理に対し、政府がこのような無頓着な態度を取っていることは、この課

題が持っている社会的側面に対する理解を欠いていることを明確に反映するものである。

　大学省の規制によれば、公立、私立を問わずすべての大学のカリキュラムは、最古の大学であるタマサート大学の「基準」に従わなければならないとしている。数度にわたってカリキュラムの改革が行なわれたにもかかわらず、タマサート大学の法学カリキュラムは、伝統的な「生活の糧」に直結する法律に集中したタイ弁護士会の法学教育機関が行なうカリキュラムに、大きく影響されたものであった。それにもかかわらず、タイにおける新しい傾向によれば、すべての公立大学は公的資金から資金を得て、自治権を持つものとなることが求められている。この傾向は、内在的、外在的な社会経済の急速な変化によりよく対応して法学カリキュラムを調整する余裕を、もっと提供するに違いない。

　私立大学の法学部はそれぞれ、学生の獲得に関する独自の方法を持っている。大学省は、すべての大学で第1学年の法学生が300人を超えないようにという制限をつけた。3つの公立大学（タマサート大学、チュラロンコーン大学、チェンマイ大学）の入学者は、小学校、中等学校における12年間を経た後、国家競争試験を通して選抜される。ラムカムハエン（Ramkamhaeng）大学およびスコータイタマティラット（Sukothaitammatirat）大学は、最大の法学部在籍者数を認める開かれた公立大学である。

　タマサート大学は、学部レベルで法学に関する二つの指導プログラムを実施している唯一の大学である。昼間のプログラムの学生は、大学省の国家競争試験を通じて300から400人の高校生が採用される。大学省のシステムによれば、高校の卒業生はそれぞれが、公立大学であればどこの大学でも4つの選択肢の中から学部を選択できるとした。また、高校の卒業生は、試験の成績によって選抜される。それゆえ、大多数の学生が本気で法学に興味を持っている学生でないということになるかもしれない。それゆえに、タマサート大学法学部は、ごく最近には、一部の入学者を直接選抜するようになったり、よい成果を上げている。

　昼間のプログラムの学生は、卒業し法学士の学位を得るためには146単位必要である。科目は、一般教養の基礎コース（30単位）と、必修の法律科目（92単位）と、副専攻および自由に選択できる科目（24単位）に分けられている。

夜間プログラムの学生は、二つ目の学位として法学士を得ようとする点で、アメリカ合衆国のJDに近い。彼らは、一般教養科目と選択科目は免除され、昼間の学生と同様の法律必修科目を3年かけて学ぶ。このプログラムは1970年代初頭から続いており、非常に人気のあるプログラムとなっている。毎年約450人が、競争試験を経て入学する。

学生がもっと余裕を持って学習計画を立てられるように、必修科目の数を削減しようとする努力が払われてきた。しかしながら、それぞれの法科大学の学部のカリキュラムは、タイの弁護士会（Thai-Bar Association）の法学教育機関の要求を満たすよう、学生の便益を考えてデザインされているため、削減は困難であった。

大学院レベル

卒業の際、学生は通常最低2学期間タイの弁護士会の法学教育機関に入会する。彼らが裁判官や検察官になりたいと考えるならば、司法試験に合格しなければならない。25歳になると、最低2年間、民事訴訟に関する実務的な訓練を受けるか、あるいは政府機関に勤めることにより、裁判官あるいは検察官になるための試験を受けることができる。多くの学生が、4つの主な大学が提供している修士課程に入学する。加えて、タマサート大学は国際法とビジネス法の学位が取れるプログラムを提供している。

もし法学の卒業生が民間の実務に従事したいと考えるならば、司法試験に合格する必要はない。しかし、法律家の資格を得るためには、その必要条件として、タイ法律家協会（the Law Society of Thailand）により作成された1年間の訓練プログラムを受けなければならない。法律協会は、実際には弁護士の協会であるが、もともとは裁判官、検察官、弁護士からなるタイ弁護士会の一部であった。1985年以前、タイ法曹協会は弁護資格をすべての弁護士に与えることを公認されていた。しかし、内部紛争が原因で、弁護士達は別々の自律的な組織となるため法律協会法の可決を求めて議会に働きかけた。この新しい法律は、法律協会に弁護士資格を出したり取り消したりする権限を与えるものであった。

歴史的文脈における臨床教育

アメリカの状況と比べた場合、タイにおける体系的で公式的な実習法学教育は、最近の現象であるといえる。タマサート大学における実習教育の発展は、主に2段階に分類することができる。第1段階は、1976年の軍事クーデタ以前の発展であり、その特徴は学生主導であり、独立的であり、自発的な性格という点である。1976年軍事クーデター以降の第2段階の特徴は、実習科目の公式化である。この分類は不自然な部分もある。というのも、実際は完全に分けるべきではなく、むしろそれぞれの段階が相互に補完しあっており、平和な社会、公正な社会を実現するために、統合されたものと考えるべきであるからである。

1976年流血の軍事クーデター以前の臨床教育

タマサート政治大学のもともとの道徳および政治に関するカリキュラムによれば、「弁護の実習」という名前のある種の実践的な訓練コースが修士課程に設けられていた。コースの詳細、期間、養成場所等は大学の学長が指定しなければならないと規定されていた。

実習教育が、タマサート政治大学の修士課程でしか行なわれなかったのはなぜだろうか。その理由はいくつかあるが、第1に、何人の学生が修士課程にいるのかはっきりしていなかったこと、そして開放的な大学という雰囲気の中で大量の学生がおり、体系的に実習教育を行なうことが困難であったからということがあげられる。タマサート大学が開放的な大学ではなくなった後も、入学する学生の数は常に非常に多かった（現在毎年、昼間・夜間の学生を合わせて約1,000人の入学者がいる）。私が学生であったころ（1968年から1971年にかけて）は、非公式の実習教育が行なわれていた。「弁護技術の夏季訓練コース」である。これは、法学部とタイ法律家協会が合同で行なったものである。このコースは実践的な訓練とはいえなかった。それは、訓練を行なう教官は、ベテランの有名な弁護士が担当したが、長い講義を通して彼らの経験を伝えるのみであり、実践的な技術訓練は何も行なわれていなかったからである。

第2の理由は、常勤の職員が不足していたため、タマサート大学法学部は、昔は裁判所や検察庁からの非常勤講師に頼っていたことである。サンヤ・ダマサクディ（Sanya Dhammasakdi）教授（1969-1971）が学部長になり、はじめて常勤の職員が採用された。助手として最近の卒業生が採用されている以外

に、最高裁判所判事を退官した判事の中から、入念に選ばれた数人が手続法コースの担当官として雇われた。法廷劇を指導するために、ある退官した判事が雇われたが、そのコースは単位の与えられないコースであった。

　第3の理由は、原理上、大学とタイ弁護士会の法学教育機関との間で役割分担がはっきりと認識されていたことである。大学は理論的側面に対する責任を持ち、一方、法学教育機関は実践的な技術訓練という側面に対し責任を持つものであるとされた。しかし、現実には、法学教育機関はこの役割を果たしていなかった。そこでの教育は、最高裁判決を扱うことに中心が置かれていたことを除き、大学と同じ科目を繰り返すものであった。

　第4の理由は、学生が実践的な技術の習得を望まれていなかったということである。したがって、この役割に適応するような法的インフラは作られなかった。裁判所が任命した弁護士を規定している刑事手続法の条項や従業員のための弁護を規定する労働者保護法の条項はあるが、法学部も学生もこれらの諸活動に関係してはいない。機会があるのは、依頼人が法的助言を求めて法律センターから直接来る場合に限られている。さらに、公立大学の常勤職員は公務員である。彼らは法律実地に従事できず、一生学問の世界で生きていくことになる。実習法律科目は、限られたものでしかなかったので、担当教官は数名にすぎなかった。

　それにもかかわらず、タマサート大学では1940年代後半から1960年代後半にかけて、単位の出ない非公式の実習教育に類似した諸活動が、学生のボランティアグループの手によって開始された。

タマサートとカン・ムアング (Kan-Muang) 女学生グループ

　1949年に、スパットラ・シンゴラカ (Supattra Singholaka) に率いられた女子法学生達は、学生ボランティアによる法律サービスを始めた。彼女らの法律相談サービスは法学教授の監督の下で行なわれた。また彼女らは、法律理解プログラムにも携わり、性差別の問題に関する法律改正のキャンペーンを起こした。このグループは、最終的には「女性法律家協会」(the Women Lawyer's Association) を女王の支援の下で立ち上げ、現在に至るまで活発に活動を続けている。それはタマサートにおける女子法学生の同窓会の協会となっている。またもう一つ、女性援護会 (the Women Advocates Group) は、性差別問

題に関して活発に活動をしていた女性弁護士のジュルアイポルン・パッタナンコーン（Jaruayporn Pattanangkoon）によって旗揚げされた。

また、タイ法律家協会も同様に旗揚げされたが、そのメンバーは男性弁護士によって占められていた。この協会は、弁護士達をタイ弁護士会から解放することにおいて重要な役割を担っていた。

法学生研究会（the Law Student Study Group：LSSG）またはクラム・ニッティスクサ（Klum-Nittisuksa）
LSSGの創設

LSSGは1970年前後に、現代的な幅広い社会的文脈に関連する法律問題を議論するためのフォーラムを創設することを目的として、法学生達によって旗揚げされた。それはタマサートにおける学生による進歩的運動の一部であり、またより広く大学間の知的運動の一部でもあった。これらの研究会に共通している目的は、理論上の教えと実際の軍制下における生活との矛盾に関する重大な問題を指摘することであった。彼らは汚職の広がりや、権力の濫用、国家のリーダー達の家族関係を通した不当な特権、などを深く懸念していた。つまり、彼らの主張は、彼らそれぞれの専門分野を通してよりよい社会を探求することにあった。

すべての大学がある一定の額の補助金を政府から受けているという事実は、学生らに納税者のために仕える、という奉仕の心を引き出すために用いられてきた。進歩派学生グループは軍事独裁体制が民主的発展のための最大の障害であると見ていた。しかしながら、このような学生グループは少数派であり、大多数の学生は引き続く軍事体制の支配下にあったため、（これは現在においても言えることだが）税金が彼らの教育を支える主財源である事実に気づかず、また無視している。彼らは勉強、スポーツ、ダンス・パーティーなどに明け暮れるばかりである。

LSSGの設立メンバーは、全員当時大多数を占めていた男子学生であった。学内における勉強会や公開ディスカッションに加えて、LSSGは手紙形式による法律扶助サービスも始めた。また彼らは法律的問題を基にしたラジオドラマの制作や、分析的な書物の作製、民主主義を目指した知的運動への参加などもした。1969年から1976年まで法学部長を執務した3人は、後にタイの法学教

育改革全体に影響を及ぼすことになったタマサート大学法学部の法学教育改革に重要な協力的役割を演じた。これらの特筆すべき3人の法学部長とは、サンヤ・ダンマサクディ教授（Sanya Dhammasakdi, 1969-1971）、チッティ・ティンサバッド教授（Chitti Tingsabadh, 1971-1974）、プリディー・カサンサップ博士（Preedee Kasamsup、1974-1976）の3人である。三者全員が法学教育を海外で受けており、人生の大半を司法の分野で過ごした。三者とも、その学問的、実務的バックグラウンドから、法律研究の理論的側面と実務的側面とを統合する必要性を認知しており、それゆえに彼らは可能な限りの支援をLSSGに提供したのであった。重要な必須科目として、法哲学と法律専門職の2科目が加えられ、それらは現在でもカリキュラムの一部である。これらの2科目は学生達の視野を広げ、また専門職に対する敬意を植えつけた。

　1969年以来、タマサート大学法学部は、外部からの非常勤講師に依存するのではなく、独自の常勤の教授陣を育成し始めた。新卒法学生は助手として採用された。教えることとは別に、彼らは法律扶助サービスその他のLSSGの活動を指導するように義務づけられていた。この義務が生徒―教授間協力の伝統を形成した。現在では約59名の常勤の教授陣を擁するに至っている。

　タマサートにおける実習教育の歴史的発展とその法的サービスを顧みるということは、私個人の半生の回顧である。30年の歳月が過ぎた現在でも、私は法学生として、また若手教員として受けた印象を鮮明に思い出すことができる。タマサート・コミュニティーは、常に掲げられてきた——それはたとえ軍事体制下であった当時も——サンヤ教授の、「タマサートは自由の地である」というモットーによって強く鼓舞されてきた。法学生達は教授陣の社会的名声にもかかわらず、シンプルで誠実な生き方によって勇気づけられていた。サンヤ教授とチッティ教授は、軍事独裁体制下における彼らの勇敢な司法判断により非常に尊敬され、また賞賛されていた。

　私はサンヤ教授とチッティ教授が学部長在任中に法学生として在籍しており、後者の任期中に助手として採用された。私はチッティ教授の退任後に学部長となったプリーディー・カサンサップ博士の秘書として仕えた。つまり、私は発展の一部をこの目で見届けたといえる。LSSGが発足した当時、私は2年生であった。私は設立メンバーではなかったが、学生時代を通してLSSGに積極的に関与するようになり、手紙による法律扶助活動の直接の責任者であっ

た。1973年に助手として採用された後に、私はLSSGのアドバイザーの一人に任命された。そこで私は、1975年にアメリカのイェール大学のロースクールに留学するまでLSSGの活動に参加した。イェールでは「囚人のための法律サービス」というコースを取り、そこで私はアメリカでの法律扶助活動の経験を得た。1980年にタイに帰国した後、私はLSSGの復刻版である、法律理解グループ（LLG）の指導者として委員会メンバーの一人に任命された。

1973年10月14日の蜂起。学生行動家と自発的な法律理解プログラムの増加
一般的状況

　LSSGが一部加担した反軍事、知的運動は1973年10月14日に起こった人民の蜂起で最高潮を迎え、ピブーンソンクラム、サリット、タノム、の3代の将軍による26年間にも及ぶ軍事支配に終結をもたらした。ラーマ9世は調停により、軍による民主化運動家に対する暴力的抑圧を終結させ、そして枢密院のメンバーでタマサート大学の学長であった、サンヤ・ダンマサクディ教授を暫定総理大臣に任命した。

　1973年の人民の蜂起以降、農民や労働者達が、学生や、特定の教官からの誠心誠意の支援の下に、タマサート大学で集会をしたり、座り込みをしたりする光景がよく見られた。朝、これらの特権を持たない人々のグループは、ポスト軍事独裁政府に対する不満の表明のためにデモサイトに集った。このような人民の運動は、特定の問題分野では成功を収めた。たとえば、最低賃金法が可決され、その後、労働者の団結権を保護する1975年労働関係法も可決された。また農業地借用代金調整法も可決された。

　このように、特権を持たない人々に便宜を図ることとは別に、1973年から1976年にかけてのタマサート大学は、人々にとっての学習センターとなっていった。学生らは、様々な社会的に恵まれない人々のために、夜間の授業を用意した。メイン講堂は公開議論や社会的、経済的、政治的問題に関するセミナーのために毎日公開されていた。これらの農民、労働者、知識人の三連合前線（Three-United Front）の働きにより、この進歩的運動はインドシナ戦争中タイに駐留していたアメリカ海軍と空軍を追い出すことに成功した。

　そのような雰囲気の中で、LSSGと法学部関係者は1973年10月14日の蜂起

から、1976年10月6日の流血クーデターによる軍事独裁体制の復活に至る3年間の間、さらに活動的になっていった。この時期、タマサート大学法学部はチッティ・ティングサバッド博士、その後プリーディー・カサンサップ博士が学部長を務めており、法律扶助活動を活発化させていった。また法学部は、進歩的法学教授と学生によって、暫定政府に対し、以前の軍事体制下でなされた不法、不公正な措置を矯正するための法的解決策を提出することもした。

LSSG自発的法律理解プログラム

　1973年における人民の蜂起以降の主要な活動の一つとして、農民に対する法律扶助サービスの提供を目的とした、法律理解キャンペーンが挙げられる。1974年11月27日から12月11日にかけての15日間、約70人の学生と教官がナコルンサワン県（Nakornsawan Province）の村々において法律理解プロジェクトを組織した。このプロジェクトはモントリー・ラプスワン（Montree Rupsuwan）という一人の法学生が教官らに、彼の故郷の農民に対する法律扶助を要求したことから始まった。このプロジェクトは、タマサートの非常勤講師をしていた、アジア財団代表、ウィリアム・クラウスナー教授（William J. Klausner）を通して、同財団から助成金を受けていた。私も含めた学生と教官は、我々の法律の知識を、農民が農地を失うことから救うために役立てることができるのでは、と大きな希望を胸にナコルンサワン県に向かった。我々は、学生をそれぞれ7人から10人の7つのグループに分けた。それぞれのグループは一人の教官により監督されていた。それらのグループは仏教寺院、もしくは公立学校に宿泊した。昼間は法律問題に関する調査を行なったり、法律相談などを行なったりした。夜間は非公式の法律理解プログラムや映画の上映などの簡単な余興などをして過ごした。

　結局、法的諸問題の解決には至らなかったが、いかに農民達が合法的に搾取されているかを目の当たりにすることで、この活動は我々の目を開かせるものとなった。バンコクに戻り、我々は法律理解プロジェクトへの参加も含め、公共法律サービスを全学生に必須とすべきである、と法学部に提言した。この提言は他の教官が、公共サービスの必須化は、ボランティア精神の真の価値を壊すものであると感じたため採用されなかった。しかしながら、法学部は継続してLSSGに対する全面的支援を続けた。

法学部教官は、学生と協力して、貧しい人達のための法律相談や社会的に恵まれない人々、特に労働者や農民、を対象にした法律理解プログラムを含めた、公共法律サービスを継続した。この時期までに、法学生の活動家で、優秀な学業成績を修めていた者が教官として採用され、LSSGの活動は、強化された。

　人民の蜂起以降の政治的状況は、タマサート大学法学部に大きな影響を与えた。学生達は、必須科目の一つを法制史から労働法に、その方がより人々の生活に密着しているとの理由づけで、変更することに成功した。タイ弁護士連合（The Lawyers Federation of Thailand）は、他の機関からの幅広い弁護士の参加によるフォーラムを形成するために、学部教官と学生によって旗揚げされた。弁護士連合は、進歩的運動のための法律相談の提供、あるいは政府に提出するための法案の草案作成に重要な役割を演じていた。また、多くの社会主義的イデオロギーに感化された学生は、大衆運動で働くために勉強を中断した。

　タイの知識人らに率いられたポスト1973年運動は、軍部や国内・国外のエリートの政治的、経済的利益を損ねたといえよう。それゆえに彼らは、民主化運動に対抗する、パラミリタリーグループの形成のために手を取り合った。民主化運動支援のリーダー達の政治的暗殺もしばしば起こった。タマサートのキャンパスは再びそれらのグループによって攻撃され、火をつけられ、そしてその間警察は見てみぬふりをしていた。1976年10月6日、軍は流血のクーデターを引き起こし、タマサートのキャンパスで数百人もの反軍事独裁のデモ参加者を惨殺した。非常事態法と共産主義抑圧法は厳しく行使された。LSSGを含めたすべての学生活動は禁止された。運動の指導者達は共産主義抑圧法の下で、弁明や訴える権利もなく逮捕された。1976年から1978年の間、数千人もの社会的、政治的活動家はタイ共産党に率いられた武力闘争に参加するために、ジャングルの中に逃亡した。

ポスト・1976年流血クーデター
法律理解グループ（Legal Literacy Group= LLG）

　政治的緊張感が緩和される1978年までに、タマサートの法学生達は法律理解グループ（LLG）を形成した。また学部委員会もそのLLGを監督するために設置された。私がアメリカ留学から帰国し、委員会メンバーに任命されたのは

ちょうどそのころであった。私は生徒達の、農村法律理解プログラムにおいて、学生達と非常に密に働いた。財源は主に、通常学生達が夏休みを利用して小規模の地域開発プロジェクトを遂行する際に財政的援助を提供する、大学省であった。それゆえに、LLGは地域開発プロジェクトを法律理解プロジェクトに組み入れて行なっていた。また、学生達もプロジェクトを支えるために資金集めをした。私は学生達が、いかに活発で、才能に溢れ、献身的であるかということに気づかされた。

　活動は、最初に現地の法律問題の所在を認識するために、2日ないし3日間の現地アンケート調査で始まった。アンケート調査の後、学生は2〜10日間の夏季法律理解キャンプを組織した。調査によって集められた情報は、夜間に教官と学生による非公式法律理解プログラム作成のために使用された。各県の裁判官、検察官、土地担当官が通常、情報の提供者として招待された。昼間はキャンプサイト本部において、法律相談をしたり、村民の家を訪れたりした。普通、夏季キャンプの数カ月後に、チームはフォローアップのために村を再訪した。プログラム中に集められた情報は、法改正や政策提言のため、もしくはより完璧な調査プロジェクトのために、分析され、活用された。現在、法律理解プログラムは政府機関や地元組織の側面的支援を背景に、より頻繁に実施されている。

　1978年の学生活動の復活とは別に、数百もの非政府組織（NGO）が組織された。現在、400を超える進歩的NGOが存在している。彼らは、女性、子ども、労働者、農民、障害者、健康と環境、消費者保護の問題分野に、14のネットワークを形成している。これら諸団体はすべて、法的支援を必要としている。その中のいくつかは、彼らのターゲットとしているグループに対し法的支援をしている。私自身も、女性の友機構（the Friends of Women Organization）の設立メンバーであり、事務局長も数年間務めた。その組織は、内部に女権保護センターと呼ばれる下部組織を擁していた。このセンターは、性的暴力によって被害を受けた女性と少女に法的支援を提供するというものである。私は政府から女性に関する法律や規則の見直しを委任された。同時に私は、タイ開発と女性協会（WIDCIT）の会長にも就任した。これらを通して、私は女権運動に助力することができた。

　ちょうどこの時期、アジア財団やフォード財団のようなアメリカ諸機関が法的サービスを支援し始めたということは、特筆に値するであろう。国際法曹委

員会（ICJ）などの国際組織も同様に法律扶助活動の援助に活発であった。その活動は学生と教官の法律理解プログラムへの援助金の供給、フィリピンへの法律扶助活動の研究旅行の補助金、人権に関する地域ワークショップ参加のためのセミナー助成金などが含まれていた。

タマサート大学法律センター

　かつて1970年代に法学生研究会（LSSG）のメンバーであった若手教官たちの継続的な努力によって、タマサート法律センターは法学部の公式の機関として設立された。学生達の法律理解グループはそのセンターの一部となった。大学の援助金もセンターの活動を支援するために割り当てられた。1980年代後半以降は、毎年政府から予算を与えられてきた。

　センターの主要な目的は：
　　＊法律の知識を一般国民に広めること。
　　＊法律扶助の提供。
　　＊法学生に対する専門的、実務技術の提供。
　　＊学生と教官に専門的な倫理と責任を植えつけること。
　センターは以下の活動を行なう：
　　＊すべての事例に対する無料相談と貧困者への訴訟サービスを含む、法律扶助サービスの提供。
　　＊法律理解プログラム。
　　＊法政改革のためのアンケート、調査の遂行。
　センターは常勤の教官である所長によって運営されている。所長は常勤教官、退官講師、卒業生によって構成されている委員会の委員長である。2名の常勤弁護士と、3名の常勤法律顧問、それに何名かの運営スタッフがいる。学生達は基本的にはボランティアで法律センターに参加する。実際に活動する学生の数はだいたい毎年20～30名である。彼らは法律扶助サービス活動に参加するか、あるいは彼ら独自の勉強会を組織し、彼らの正式な活動のために法律センターからの助成金に申し込むか選択することができる。後者の活動の代表的なものとして、1年生のために、2日間のオリエンテーション・キャンプを組織するというものがある。このキャンプの活動の重点は、学生と教官の間の確かな関係を促進することと、学生達にプロ意識を植えつけることである。

ケースミーティングに参加し、また弁護士について裁判に行くことにより、学生は実務的側面の知識と経験を得ることができる。

　法律センターと、それに最も関連のある学生諸活動の発展は、1992年から1997年まで学部長の職にあった、ソムヨット・チュワタイ前学部長（Somyot Chuathai）の長く継続的な献身に影響を受けた。彼はかつてのLSSGの活動的なメンバーであり、人民の蜂起後に旗揚げされた、タイ弁護士連合会の会長であった。

タマサートの公式臨床教育科目

　現在法学部のカリキュラムには、弁護と模擬法廷、法律研修I、法律研修II、の3つの選択的な実習教育科目がある。それらはすべて、3単位のコースで、16週間あるいは、合計48時間の授業がある。学生のイデオロギーに影響を与える、二つの必須科目は、法律専門職と法哲学である。これらの教科とは別に、手続法（刑法、民法、破産法）と証拠法に関する必須科目がある。すべての手続法と実地教科は手続法学科に属している。多数の生徒を相手に全日制、夜間制で教える厳しさと、大変な採点作業のため、法学部はいまだに、外部の実務家に頼らなければならない現状にある。さらに、大学が退官した最高裁判事、熟練弁護士を、法学部の常勤として雇うための資金が減少してきている。法律センターと手続法学科の組織的な協力体制を育成する必要がある。

　実習科目の中で、弁護と模擬法廷が最も古い。現在は両学期に履修が可能である。二人の熟練弁護士によって合同で教えられており、その中の一人は、タマサート法律センターの指導者として大学に雇われた。

　だいたい各学期、40人くらいの学生が登録をする。このコースの主要な目的は、学生達に、民事・刑事に関する実定法および手続法を適用するための実務的な技術を提供することである。コースは弁護と代理の様々な段階を網羅している。全コースを通して、学生は読み、書き、そして弁論の技術が鍛練される。全コースの3分の1は模擬法廷で行なわれ、そこで学生達は特定の訴訟のロール・プレイが課される。また彼らは法律文書の整理と法律事務所運営のための基本的な技術も鍛練される。また学生達は学期末にはテストを受けなければならない。彼らの成績の一部は彼らの教室での演習が反映される。

　法律研修Iと法律研修IIは新たに加わった3単位の選択科目である。これら

二つの実習科目が提供されているのは、法律センターの伝統であった学生ボランティア活動と、学問的作業を融合させることにある。法律センターの活動的な学生メンバーとその他の学生活動家グループは上記二つのコースを取ることを勧められる。これら二つのコースを取ることで、学生達は彼らの研究を彼ら自身の社会的役割の中へ組み入れることが可能になる。かつての傾向としては、学問の世界と活動家の世界には絶対的な乖離が存在した。

　法律研修Ⅰは、成績をつけない3単位コースである。何人かの教官が共同で担当しており（常勤教官二人、弁護と模擬法廷を担当する熟練弁護士、法律センターの指導者一人、幹部検察官一人）、約45人の学生が登録されている。学生達は3つのグループに分かれて、上記の教官の指導をローテーションしながら、16週間あるいは、合計48時間勉強することになる。教官は、民事・刑事手続き、法律サービスおよび契約に関する規定に必要な基本技術、といった彼らの専門分野に集中することになる。コース概要は以下のものを含んでいる。

　　＊法律専門職への導入、教官の仕事方法と経験を学生に教える。
　　＊事実認定／捜査、読み、書き、弁論技術に関する技術。
　　＊法律相談技術指導と法律センターの弁護士による指導の下で実際の法律相談の実地訓練。
　　＊公式文書、通知、訴状の作成に関する実務的な訓練。
　　＊4つの異なったタイプの契約、すなわち会社組織の設立、担保取引、サービスの雇用、販売、に焦点を置いた契約法の適用。
　　＊事例分析、ロール・プレイ。
　　＊研修旅行による裁判の傍聴。

　法律研修Ⅱは法律研修Ⅰからの継続的コースである。このコースは法律の特別の分野における実務的能力をつけることにその目的が置かれている。教官による初歩的な訓練がされた後、学生らは公共部門、あるいは民間部門の中の、特化されたグループの中での作業を割り当てられている。彼らは、同じタマサート大法学生で、夏季ボランティア・プログラムのために法律センターに参加したものと同じ事務所で働く可能性もある。これらの実習コースは、発展の第1段階であり、まだまだ適切な微調整が必要とされる。

これら3つの実習コースは実務的な学習能力のみに関心が置かれているものではなく、専門職の倫理、責任感のほうにも強調が置かれており、それがこのコースを構成しているもう一つの要素である。

結論

タマサート大学法学部における実習的法学教育の発展は2段階あった。第1段階は、学生たちが、彼らの知識と能力を公共のために役立てたいという要望によって促された、学生ボランティア活動である。それは民主的な社会のために、軍事独裁体制に反抗しようという願望に結びついた。1976年10月6日の軍部による流血クーデターはタマサートの学生運動とLSSGを完全に破壊した。法学部の規則は学生達が3年半以内で卒業できるように、改定された。結果として、公式的な実習科目は法律センターと並存していたが、ほとんどの学生がこれらのチャンネルを見過ごし、学業を可能な限り早く終えて、卒業しようという考え方にとらわれるようになった。学生達にとって、経済成長の中での競争に勝つために、また彼らの「学問的能力」の証明のために、3年半の間に、法学士のプログラムを終えることが流儀となっていた。このような教育システムは個人主義と実社会での課外活動に対する興味の欠乏につながる。

それには、プラスの側面もまたある。皮肉的ではあるが、経済の失速は、タイに彼らの将来の再考を余儀なくさせている。世界コミュニティの一員として、タイがグローバリゼーションの影響と、ビジネスと貿易の自由化に対する強力な圧力から逃れることができないのは明白である。ゆえに、タイの法律専門職はこの世界レベルでの変化に対応するために微調整を行なう必要性がある。その一方で、シャム人思想家らによって、仏教と、地域の知恵による代替的な発展方法の模索に力が注がれている。疑う余地もなく、法律は、法理学の両方のレベルの社会規範に影響を及ぼしている。

したがって、法科大学は、自身の存続のためにカリキュラムを変化させなければならない。人々が進歩的改革をもたらすであろうとの希望を胸に闘った、1998年の新憲法は、個人と集団の権利と人民の自由を拡大した。242条は民事・刑事両裁判における弁護士を依頼する権利を規定している。過去20年間、司法長官の法律扶助局と法律協会が政府の補助金を惹きつける、二つの最も影響力を持つ機関であった。将来は、法律サービスの提供のための主要な法律が制

定されるだろう。私の見解では、実習教育コースは総合的学習の機会を与えるものである。学生達は判例における実証的な法的諸原理をしっかりと扱えなければならない。また彼らは議論を形成するにあたり、法の歴史的発展の軌跡をたどることにもなる。事件の社会経済的要因に接することは、適切な専門家による指導と共に、学生達の批判的なものの捉え方を育成する。さらに、憲法はより効果的な権力の抑制と均衡構造を目的に、様々な組織を設定した。これらの組織の新しい部局は、多様なレベルでの公共サービスを提供するために、法律に関する人材を必要とするであろう。タマサート法学部はこれらの事実を念頭に置いて、専門性の高さと、より良いタイを目指す高いボランティア精神を融合させた、実習的法学教育プログラムを作成しなければならない。

*1 —— Preedee Kasemsup, *Philosophy of Law [in Thai]*, Printed by the Faculty of Law Textbook Project, 1996, p.6 .

*2 —— Dr. Tida Saraya, *Dharma Raja During the Sukhothai Period*, printed in 'The Ancient State in South East Asia: Origins and Evolution'.

*3 —— Laung Saranaiyaprassasana (Tannya Na Gongkha), *Pallanakan Kansukusa Kodnai Nai Pratet Thai - the Development of Legal Study in Thailand*, printed and published by Thammasat University, November 1956, p.9 .

………………………………【監訳】佐藤安信（名古屋大学大学院国際開発研究科教授）
………………………【翻訳】砂原美佳（名古屋大学大学院国際開発研究科博士後期課程）
………………………………………………………………福安徳晃（同前期課程）

中国における大学法律相談所プログラム

ニューヨーク大学ロースクール J.S.D. 候補者　古静[*1]

はじめに────────

　中国の法律扶助は1996年以来急激な成長を遂げている[*2]。法律扶助センターの多くは司法部の国家的法律扶助計画開始の努力に応えて、各地方の司法局により設立されている。これまでのところ、政府の関与しない法律扶助供給源はほとんど存在しない。非公式の法律扶助機関の中で、大学を本拠地とする法律扶助センターが多くの関心を集めている。これらの法律扶助センターは中国社会の中での社会的弱者に代替手段を与えている。中国における弁護士不足という観点から、ロースクールの学生が他の法律扶助供給者の負担を軽減できるかもしれない[*3]。さらに公務員の違法行為がからむような訴訟、特に行政法上の場合、公的な法律扶助センターに信頼を置けない市民は、大学相談所を選ぶ。中国政府による非政府組織（NGO）への厳しい規制のために、社会的弱者のために闘うような非政府法律扶助組織が急激に増加するという予測は現実的とはいえない。この意味で、大学相談所プログラムは、公共の利益のための相談を助成し、中国社会の法的変革を促進している。民事訴訟法ならびに行政訴訟法は、弁護士による訴訟代理の独占性を規定しておらず、本人訴訟の可能性を幅広く認めている[*4]。これらの法律が、学生の訴訟代理を現行の中国法の枠内で実現させているのである。

　一方では、大学の法律相談所プログラムを発展させていく上での制限もいくつか存在している。第1に、非常に乏しい予算を与えられている大学側から資金援助を引き出すのはとても困難であるという点。第2に、相談所には強力な監督者が必要だが、中国の法学部は法律相談所を運営するには経験不足である点。第3に、大学の相談所は地域の司法局、裁判所および弁護士会との協力を必要とする点。第4に、大学法律相談所には、その働きを社会に知らしめるための継続的な援助活動が必要である点。これまでのところ、武漢大学の社会弱者権利保護センター（the Center for Protection on the Rights of Disadvantaged

Citizens of Wuhan University、以下 CPRDC と略）と、北京大学の女性法律研究・法務サービスセンター（Center for Women's Law Studies and Legal Services、以下 センターと略）が、最も有名であり、成果を上げている。両者共にフォード財団から資金援助を受けている。以下、主に CPRDC とセンターについて論じていくことにする。両者の経験を通して、中国における大学法律相談所が直面している困難と問題が理解されるだろう。

北京大学の女性法律研究・法務サービスセンター

センターは1995年12月に運営を開始した。これは、中国の女性に法律扶助を与えることを目的とした非営利組織である。センターには、女性の相談者に法律扶助を与えることと、中国における女性の権利についての現在進められている研究という、権利の拡大に取り組む二重の使命がある。

センターの活動内容は以下のとおりである。

(1) 無料法律相談：センターは電話相談に答える人員を配置し、手紙による相談には回答を送付し、さらに個別の面接相談も行なっている。

(2) 訴訟への影響：経済的困難を抱える相談者（依頼人）に訴訟代理人を送ることに加えて、センターは法律事務所と協力して社会全体に重大な影響を与える女性の権利侵害に関連する訴訟を請け負う。

(3) 法の進展を促す：法律相談の窓口を通してセンターのスタッフは、中国国内の法律扶助にとって最も緊迫している問題および立法上ならびに法律施行上の不備な点について詳しく知っている。この経験を土台にしてセンターは裁判官や、行政機関、立法府に中国の女性が直面している問題を知らせるための報告書や論文の出版を目指している。そうすることによって、法の下での女性の権利の進展をさらに促進させようとしている。

(4) ネットワーキング：国内外の法的援助組織や法律団体、報道機関との幅広いつながりを築くことにより、センターは法律扶助活動に関するより進んだ議論を求めている。女性に自分達の権利についての意識を持たせ、そのことで中国女性の権利の擁護を進展させようと努めている。

センターのスタッフには、教授陣、常勤と非常勤の弁護士、法科大学院生が、その任に当たっている。センターは管理部、相談部、訴訟部、研究部の4つの部門に分けられている。管理部は、センターの日常的な活動をすべて担当して

いる。当番弁護士と法的アシスタント（legal assistant）の手配や、ファイル、記録等の管理を行なう。相談部では、依頼者からの相談に電話や文章で回答したり、面接での相談も実施している、さらに、今後の分析や研究に役立つ訴訟の記録をファイルしている。訴訟部は、訴訟を引き受け、そのための審議を計画し、訴訟の終審後、その分析、要約、統計のためのレポートを作成する。研究部は、シンポジウム、セミナー、その他学問的活動を、センターの年間活動計画に基づいて組織している。センターは、3名の常勤弁護士と数名の非常勤弁護士、および約10名の大学院生によって構成されている。

センターでは中国全土からの、家庭内暴力や労働争議、離婚などの訴訟を主に受けつけているが、刑法上や行政法上の訴訟はめったに扱わない(*5)。法律扶助を受けられる基準としては、①経済的に非常に切迫している女性、②繰り返し起きる典型的な社会問題を反映する事件、③女性の権利侵害が甚大で、かつ複雑で重要性を要する事件、である。この基準はかなりゆるやかなものであり、センターは柔軟に適用している。

1997年11月までの時点で、センターは3,000人以上に法律相談を行ない、30通余りの手紙に回答を送付した。弁護士は60件の事件を無料で担当し、そのうち12件は非常に込み入った事件であり、典型的で深刻な社会問題を表わすものであった。60件の事件のうち、28件は裁判または仲裁に至ったケースであり、17件は12月末で終結された(*6)。その他の32件は、現行の手続法や法制度が生み出している障害のために、あるいは依頼者側に問題があったために裁判には至らなかったものである。上記28件のうち、センターが勝訴したのは12件で、全体の42.8パーセントに当たり、敗訴したのは5件で17.8パーセントに当たる。残りの17件が29.4パーセントを占める(*7)。センターの弁護士は敗訴したケースの判決・仲裁・判断は不公平で正当ではないと信じている。敗訴ケースのうち一部は、間違った法の適用が原因であり、事実の無視によるケースもある。センターが勝訴した判決・仲裁・判断でさえも決して満足できるものではない。というのは、あまりにも多くの誤りや手落ちがあり、それが結局訴訟当事者の法的権利の保護を失敗に終わらせているからだ。

センターは内外のメディアを引きつけるような目立つ訴訟も多く手掛けて来た。センターが代理を務めたそのような訴訟のほとんどが、事実関係が明白であり、原告が勝訴する立場にあった。訴訟に関して困難な点は訴訟当事者間の

社会的地位が非常に不均衡なことだ(*8)。司法の腐敗により訴訟手続は歪められ、現行法の中にも不備や欠陥がある。センターは、自らの主な職務は現行システムの問題点を際立たせるような社会的影響のある訴訟を担当することだとはっきり公表している。このような訴訟を担当・研究することで問題の解決法を見い出し、政府に対して法の改革を働きかけることを望んでいる。センターはいくつかの点において米国の典型的なロースクール相談所プログラムとは異なっている。フルタイムの弁護士を法的サービスの中心的相談者として雇用し、ロースクールの学生はそれほど重要ではない役割を受け持っている。センターの第一の役目は学生を実務を通して教育することではないからだ。センターが成功しているのは、以下のような事実の結果である。第1に、フォード財団からの安定した金銭的援助があり、そのため当初から財務上の問題を解決できたこと(*9)。第2に、センターのリーダーである郭教授が計り知れない貴重な役割を果たしていること。現役の経験豊富な弁護士として、教授は政府高官やメディアと良好な関係を築き上げて来たので、政府の干渉を受けることなくセンターの順調な活動を保証し、センターが信望を得る助けとなっていること。第3に、センターは北京大学法学部の名声と大学の学問的リソースから利益を受けていること。法学部の教授は、センターの学生に必要な監督や指導を与えている。第4に、女性の権利のために働く中国最大のNGOとして、センターは国内国外両方のメディアから称賛されている点。これらの条件が相乗して、他の場所では困難と思われるようなセンターの成功を可能にさせている。

　センターは、中国のロースクールに法律相談所プログラムを導入することの可能性を判断する貴重な経験を与えてくれている。残された問題点は、法的な援助（legal assistance）を行なう際に学生がどのような役割を果たすことができるか、ということである。センターでは、ボランティアの学生達が法律扶助ホットラインや、予約なしで訪問して来る依頼者との面接、そして電話と面接に関する記録・管理に取り組んでいる。簡単な質問には学生達が回答し、込み入った問題については常勤の弁護士や、教授に任せている。時間的制限があるため、この働きに貢献している学生が、1件の訴訟について最初から最後まで情報を得るのは非常に困難である。センターの活動における学生に働きは周辺的なものである、というのが妥当であろう。また、学生達のこれらの活動はロースクール・カリキュラムの資格条件とは無関係である。

武漢大学の社会弱者権利保護センター

　CPRDC は、1992 年 5 月に創設された。CPRDC は、教授、弁護士、学生からなる非営利の公共利益団体であり、社会的に不利な立場にある公民に法律扶助を与えている。また、CPRDC は中国で設立された最初の法律扶助組織でもある。この組織は、女性の権利部門、未成年者の権利部門、障害者の権利部門、行政訴訟部門、環境保護部門の 5 つがある。CPRDC は、その活動範囲内で依頼者の経済的状況に関係なく法的なアドバイスや訴訟代理を行なっている。弁護士費用は、依頼者の申し込みの際の経済状況に合わせて、支払いの猶予や減額、もしくは免除される（実際には、弁護士費用が請求されることはめったにない。例外的に依頼者が自発的に弁護士費用の埋め合わせとして CPRDC に寄付する場合がある。しかし依頼者は法律相談所までの交通費を負担することになっている）。各部門の長と補佐的責任者は、法学部の教授達である。CPRDC には、約 30 名の学生と弁護士スタッフ 1 名が活動している。学生は北京大学のセンターと同様に、当番制で任に当たっている。CPRDC による法的な活動は、法律アドバイス（ホットライン、手紙、面接による質問への回答）、法的草案の起草、訴訟代理にまで及んでいる。訴訟が複雑な場合を除いて、通常は 2 名の学生が依頼者の訴訟代理を務める。その後、訴訟は法学部の教授と大学の法学部付属法律事務所の弁護士が担当する。行政訴訟と女性の権利に関する訴訟が、CPRDC の手掛ける訴訟のうち多数を占めている(*10)。刑事訴訟は取り扱っていない。最初の 6 年間で、CPRDC は 7,700 件以上の個別の法的な質問に答え、8,000 通以上の手紙に回答し、340 件の訴訟を引き受けた(*11)。

　さらに、市民に法律扶助を与える別の学生グループもある。無料法律相談は法学生にとって常に重要な課外活動であり、たいていは路上での法律に関する社会教育という形を取っている。それ以外にたとえば北京大学や、中国政法大学などの学生の法律扶助グループもあるが、それらの学生の活動は、散発的で、法律扶助活動においては重要な役割は果たしていない。彼らは事務所や電話を持たず、さらにメンバーが毎年入れ替わるので、安定した活動計画の実行は困難である。

中国における大学法律相談所の発展予測に関する評価

　北京大学の（女性）センターと武漢大学の CPRDC の例では、両者間の差異

よりもむしろ共通性が見られた。どちらも主としてフォード財団から資金援助を受けており、リーダーの卓越した社会的地位から利益を受けている。そして地方および中央政府との良好な関係と共にその独立性をうまく保っている(*12)。両者の活動は民事訴訟中心であり、刑事訴訟はほとんど扱っていない。中国における、大学を拠点とした相談所設立の予測は、明るい見通しからはほど遠い。司法部の法律扶助センターは武漢、北京両大学の活動を称賛し、司法部の指導下にある他の政法大学（学院）においても、相談所プログラムを実施する意向を表明した。しかしながら、その計画は1997年12月の大学法律相談所についての会議の後、はっきりしない理由で延期された(*13)。一番の難問は、相談所を財政的にどのように管理し、運営していくか、ということだろう。相談所の設立には、運営のための場所や事務的設備、そして訴訟にかかる費用を賄う費用が必要である。さらに別の問題も残されている。第1に、相談所プログラムとロースクールのカリキュラムをどのように組み合わせるのか？　相談所での活動は、学生がときどき関わるというよりは、むしろ規則的に訴訟を請け負うように求めるであろうし、教授陣の徹底した監督を要求するだろう。このことは、ロースクールが相談所をカリキュラムの一部として発表し、学生に単位を与えることが必要とされるだろう。第2に、相談所はどのようにその法的活動の質を保証するのだろうか、司法部がこの問題について、特に刑事訴訟の場合には、深く関心を持っているようである。司法部通達は、学生が法律扶助を行なうための資格審査に合格することを求めていた(*14)。民事訴訟における学生の出廷と代理を規定する法律を制定する必要がある。刑事訴訟においては、弁護士でないものの代理について制限があるため、大学法律相談所が、刑事裁判で一定の役割を演じるように期待するのは現実的とはいえない。第3に、法律相談所は、政府とどのような関係を築くべきか？　司法部には、すべての非政府法律扶助活動を指導監督する意図がある。現行の法律扶助の枠内では、地域の公的法律扶助機関が、法律扶助の申請を許可し、法律扶助の事件を割り当てることになるだろう。大学相談所は公的機関から独立した運営を行なうのか、それとも公的機関からの事件の割り当てを受け入れるのだろうか。中国におけるNGOの立場が制限されていることから、大学相談所の成功は、地域の司法局との活動関係によるところが大であろう。このことは、大学相談所が訴訟、特に行政法訴訟を通して法システム関係の争点を際立たせる面で果た

せたはずの役割、そして中国社会の公民権の保護を促進する役割を弱めている。それはすべての大学相談所に次の問いを投げかけた。つまり、相談所の主要な任務は、訴訟に影響を与えることによって法改革を促進させることなのか、それとも単に学生に法的実務に取り組む機会を与えることなのか。法律扶助相談所の主要な任務の定義づけが訴訟を選択し、扱う方法を決定することになるだろう。裁判方式の改革の提唱を目的とする北京大学のセンターを手本にすることは、他の相談所にとって非常に困難となるかもしれない。

　さらに、大学法律相談所は、他のすべての法律扶助センターと共通の問題に直面している。それは主に、人員と資金の不足、またNGOによる法律扶助活動を保証するシステムの不在、さらには、法律扶助弁護士に対する世間のやむことのない誤解が与える心理的プレッシャー、そして法システムに宿る不公正さである。これらの問題に対する解決方法は、法律扶助のメカニズム全体の発達に依っている。現在、国際的な支援活動は、中国の大学に対して相談所の運営方法についての指導を行ない、法律扶助活動における学生代理のためのルールの制定を助けるという方面において積極的役割を演じ得るだろう。

*1── 筆者はニューヨーク大学法学部のJ.S.D.候補者であり、1998年夏に、北京大学の女性法律研究・法務サービスセンターで活動した。この論文は、筆者の観察記録とセンターの1997年版年間報告書に基づいている。武漢大学の法律扶助に関する情報は、筆者自身の同大学訪問と、教授や活動中の学生とのインタビューから得たものである。

*2── 中国の国家法律扶助センターは、1996年12月に設立された。1999年8月29日付チャイナデイリー紙によれば、31の省、県、市、自治区が法律扶助機関を設立している。国家法律扶助機関の統計によれば1998年には、約500の法律扶助センターが中国全土にあり、6万件以上の訴訟の法律扶助を扱い、80万人以上に法律相談を実施した。"China : State Pushes Legal Aid Legislation"，チャイナデイリー紙1999年8月23日付参照（Westlaw ALLNEWSデータベースにも収録されている）。

　ここ2年間で、法律扶助センターの数は急激に増加した模様だが、公的出版物が発表している数字は互いに矛盾している。新華イングリッシュ・ニューズ・ワイヤーは、法律扶助プログラムが、1998年に8万件の訴訟に資金援助をし、100万人に法律相談を実施したと伝えている。この数字はチャイナデイリーが示したものとは明らかに異なっている。"Chinese Legal Aid Lawyers Reach Out for Poor"，新華イングリッシュ・ニューズ・ワイヤー1999年3月27日付参照（Westlaw ALLNEWSデータベースにも収録）。

　『中国法律年鑑』1998年によれば、1997年末時点の公的法律扶助センターは131カ所である。

『中国法律年鑑』(法律出版社、1998年) 参照。上記の法律扶助センターのうち、いくつが非政府法律扶助センターであるかについての統計はない。

*3 ── 1997年末までに、中国には8,441の法律事務所があり、98,902人の弁護士(そのうち47,574人が常勤、18,695人が非常勤、12,892人は特別招聘) がいる。『中国法律年鑑』1998年 (法律出版社、1998年) 参照。

*4 ── 中華人民共和国民事訴訟法58条、および行政訴訟法30条参照。

*5 ── これらの事件数が少ないからといって、必ずしもセンターが意図的にそのような事件の処理を避けているわけではない。郭教授が言及しているが、センターが代理を務めた事件では、依頼人全員が、政府の役人の違法行為に対する行政訴訟の抗告訴訟権を放棄する選択を行なった。The Study Report on the Cases Handled by the Center for Women's Law Studies and Legal Services of Peking University (1997).

*6 ── 前掲論文参照。

*7 ── 前掲論文参照。

*8 ── センターへの依頼人の多くは地方出身で、あまり教育を受けていない女性であり、相手方は、たいていの場合、地方政府の役人や国営企業である。たとえば、ある地方出身女性のグループが、その雇用者(国営企業)を相手取って、2年分の未払い賃金要求の訴訟を起こしたこと、郷の役人を巻き込み、数名の女性村民が傷害や辱めを受け、違法に逮捕された事件など。

*9 ── 以下に述べるように、センターはまだある程度の資金問題を抱えている。センターには、増加する訴訟取り扱い件数に見合った費用や給料を賄う資金が必要である。

*10 ── Benjamine L. Liebman, "Legal and Public Interest Lawyering in China" 34 *Tex. Int'l L. J.* 211, 233 参照。

*11 ── 前掲論文234頁参照。

*12 ── CPRDCの創設者であり、指導者でもある万鄂湘教授は、1998年に武漢中級人民裁判所副所長に就任した。前掲論文234頁参照。

*13 ── 会議の席上、司法部は、中国における法律扶助相談所に関する意見(通達)草案を示した。3頁の文書で、中国において法律扶助活動を行なうことの重要性や、すべての政・法大学(学院)に法律扶助相談所を設立することを強力に推進することが要約されていた。さらに、相談所に統一名称を与え、責任部門を指定し、承認手続や、資金源、その他についても提案していた。

　　政法学院において法律扶助活動を展開することに関する司法部の意見(通達)(以下「意見」と略す)参照。意見(通達)が短命に終わったのは、おそらくその実現不可能性のためであろう。それは資金問題をまったく解決しないからである。

　　「意見」は、大学に、その限られた教育資金を法律扶助相談所のために使用するよう要求している。筆者は、大学側が、この意見に対して厳しく反対するよう期待する。なぜなら、それが大学の予算問題をさらに悪化させるからだ。

*14 — 前掲文書2頁参照。

………………………………………【監訳】季 衛東（神戸大学大学院法学研究科教授）
………………………………【翻訳】高島志保美（神戸大学法学部夜間主コース3回生）

アジアの法律扶助
公益的弁護士活動と臨床的法学教育と共に

2001年2月10日　第1版第1刷発行

編　者：財団法人法律扶助協会
発行人：成澤壽信
編集人：桑山亜也
発行所：現代人文社
　　　　〒160-0016　東京都新宿区信濃町20佐藤ビル201
　　　　電話：03-5379-0307（代表）　FAX：03-5379-5388
　　　　E-mail: genjin@gendaijinbun-sha.com
　　　　振替：00130-3-52366
発売所：大学図書
印刷所：シナノ
装　丁：清水良洋
検印省略　PRINTED IN JAPAN
ISBN4-87798-049-0 C3032
©2001 Japan Legal Aid Association

本書の一部あるいは全部を無断で複写・転載・転訳載などをすること、または磁気媒体等に入力することは、法律で認められた場合を除き、著作者および出版者の権利の侵害となりますので、これらの行為をする場合には、あらかじめ小社または編著者宛に承諾を求めてください。